Naturkonstanten

Einheiten und Zahlenwerte wichtiger Naturkonstanten

Größe	Formelzeichen	Wert
Absoluter Nullpunkt der Temperatur	T_0	$0\,\text{K} = -273{,}15\,°\text{C}$
Atomare Masseneinheit	u	$1{,}660\,539 \cdot 10^{-27}\,\text{kg}$
Avogadrokonstante	N_A	$6{,}022\,1 \cdot 10^{23}\,\text{mol}^{-1}$
Bohr'scher Radius	a_0	$5{,}291\,772\,1 \cdot 10^{-11}\,\text{m}$
Boltzmannkonstante	k	$1{,}380\,7 \cdot 10^{-23}\,\text{J} \cdot \text{K}^{-1}$
Compton-Wellenlänge	λ_C	$2{,}426\,310\,215 \cdot 10^{-12}\,\text{m}$
Elementarladung	e	$1{,}602\,2 \cdot 10^{-19}\,\text{A} \cdot \text{s}$
Fallbeschleunigung	g	$9{,}81\,\text{m} \cdot \text{s}^{-2}$ (Mitteleuropa) $9{,}78\,\text{m} \cdot \text{s}^{-2}$ (Äquator) $9{,}83\,\text{m} \cdot \text{s}^{-2}$ (Polnähe)
Faradaykonstante	$F = e \cdot N_A$	$9{,}648\,5 \cdot 10^4\,\text{A} \cdot \text{s} \cdot \text{mol}^{-1}$
Feldkonstanten		
Elektrische Feldkonstante	ε_0	$\varepsilon_0 = 1/(\mu_0 c^2) = 8{,}854\,187\,82 \cdot 10^{-12}\,\text{A} \cdot \text{s} \cdot \text{V}^{-1} \cdot \text{m}^{-1}$
Magnetische Feldkonstante	μ_0	$4\pi \cdot 10^{-7}\,\text{V} \cdot \text{s} \cdot \text{A}^{-1} \cdot \text{m}^{-1}$
Gravitationskonstante	G, γ	$6{,}673 \cdot 10^{-11}\,\text{m}^3 \cdot \text{kg}^{-1} \cdot \text{s}^{-2}$
Lichtgeschwindigkeit im Vakuum	c	$2{,}997\,924\,58 \cdot 10^8\,\text{m} \cdot \text{s}^{-1}$ ($\approx 300\,000\,\text{km/s}$)
Molares Normvolumen idealer Gase	V_{mn}	$22{,}414\,\text{l} \cdot \text{mol}^{-1}$ (bei $0°\text{C}$ und $1013\,\text{hPa}$)
Planck'sches Wirkungsquantum	h	$6{,}626\,1 \cdot 10^{-34}\,\text{J} \cdot \text{s} = 4{,}1357 \cdot 10^{-15}\,\text{eV} \cdot \text{s}$
Ruhemasse des α-Teilchens	m_α	$6{,}644\,2 \cdot 10^{-27}\,\text{kg}$
Rydbergfrequenz für das H-Atom	R_H	$3{,}289\,841\,96 \cdot 10^{15}\,\text{Hz}$
Rydbergkonstante	R_∞	$1{,}097\,373\,16 \cdot 10^7\,\text{m}^{-1}$
Solarkonstante	S	$1{,}367\,\text{kW} \cdot \text{m}^{-2}$
Stefan-Boltzmann-Konstante	σ	$5{,}670\,4 \cdot 10^{-8}\,\text{W} \cdot \text{m}^{-2} \cdot \text{K}^{-4}$
Universelle Gaskonstante	$R = k \cdot N_A$	$8{,}314\,5\,\text{J} \cdot \text{mol}^{-1} \cdot \text{K}^{-1}$
Wien'sche Verschiebungskonstante	b	$2{,}897\,77 \cdot 10^{-3}\,\text{m} \cdot \text{K}$

Elektron, Neutron, Proton

Größe		Formelzeichen	Wert
Elektron	Ladung (Elementarladung)	e	$1{,}602\,2 \cdot 10^{-19}\,\text{A} \cdot \text{s}$
	Ruhemasse	m_e	$9{,}109\,39 \cdot 10^{-31}\,\text{kg}$
	spezifische Ladung	$\dfrac{e}{m_e}$	$1{,}758\,820\,174 \cdot 10^{11}\,\text{C} \cdot \text{kg}^{-1}$
Neutron	Ruhemasse	m_n	$1{,}674\,93 \cdot 10^{-27}\,\text{kg}$
Proton	Ruhemasse	m_p	$1{,}672\,62 \cdot 10^{-27}\,\text{kg}$

Informatik

Astronomie

Physik

Chemie

Biologie

Mathematik

Mathematische Zeichen

Relationen, Operationen, Funktionen, besondere Zahlen

$+; -; \cdot; :$	plus; minus; mal; geteilt durch	$\lvert a \rvert$	absoluter Betrag von a
$=; \neq; \approx$	gleich; ungleich; ungefähr gleich	$\widehat{=}; \sim$	entspricht; direkt proportional
$>; <$	größer; kleiner	$\geq; \leq$	größer oder gleich; kleiner oder gleich
$\mid; \nmid$	teilt; teilt nicht	$\sqrt{}; \sqrt[n]{}$	Quadratwurzel ($= 2$-te Wurzel); n-te Wurzel
$\neg; \wedge; \vee$	nicht (Negation); und zugleich (Konjunktion); oder auch (Alternative)	∞	unendlich
$\Rightarrow$	daraus folgt; wenn ..., dann ...; impliziert	$\Leftrightarrow$	äquivalent; ... genau dann, wenn ...
$f : x \mapsto f(x)$	Zuordnung, Funktion	D_f, W_f	Definitionsmenge und Wertemenge von f
$f(x); f(2)$	Funktionsterm von f; Funktionswert an der Stelle 2	f^{-1}	Umkehrfunktion von f
$n!$	Fakultät ($n! = 1 \cdot 2 \cdot 3 \cdot \ldots \cdot n$)	$\binom{n}{k}$	n über k (Binomialkoeffizient)
$\prod\limits_{k=1}^{n} a_k$	Produkt $a_1 \cdot a_2 \cdot a_3 \cdot \ldots \cdot a_n$	$\sum\limits_{k=1}^{n} a_k$	Summe $a_1 + a_2 + a_3 + \ldots + a_n$
π	Kreiszahl $\pi = 3{,}141\,592\,653\,589\ldots$	e	Euler'sche Zahl $e = 2{,}718\,281\,828\,459\ldots$

Mengen und Mengenoperationen

$\cap$	Schnittmenge	$\bar{A}$	Komplementmenge
$\cup$	Vereinigungsmenge	$A \setminus B$	Differenzmenge
$\subseteq; \subset$	Teilmenge von; echte Teilmenge von	$\emptyset; \{\}$	leere Menge
$\in; \notin$	ist Element von; ist nicht Element von	$G; L$	Grundmenge; Lösungsmenge
$\mathbb{N}$	Menge der natürlichen Zahlen	$\mathbb{Z}$	Menge der ganzen Zahlen
$\mathbb{Q}$	Menge der rationalen Zahlen	$\mathbb{Q}^+$	Menge der positiven rationalen Zahlen (Bruchzahlen ohne Null)
$\mathbb{R}$	Menge der reellen Zahlen	$\mathbb{R}^+$	Menge der positiven reellen Zahlen (ohne Null)
$\mathbb{R}_{\geq 0}; \mathbb{R}_0^+$	Menge der nichtnegativen reellen Zahlen	$\mathbb{C}$	Menge der komplexen Zahlen
$\{a; b; \ldots\}$	Menge der Elemente $a, b, \ldots$	$\{x \mid \ldots\}$	Menge aller x, für die gilt ...
$[a; b]$	abgeschlossenes Intervall $\{x \in \mathbb{R} \mid a \leq x \leq b\}$	$]a; b[$	offenes Intervall $\{x \in \mathbb{R} \mid a < x < b\}$
$[a; b[$	halboffenes Intervall $\{x \in \mathbb{R} \mid a \leq x < b\}$	$]a; b]$	halboffenes Intervall $\{x \in \mathbb{R} \mid a < x \leq b\}$

Analysis

(a_n)	Zahlenfolge $a_1, a_2, a_3, \ldots$	$\lim\limits_{n \to \infty} a_n$	Limes (Grenzwert) der Zahlenfolge (a_n) für n gegen unendlich
$\sum\limits_{k=1}^{\infty} a_k$	unendliche Reihe; $\sum\limits_{k=1}^{\infty} a_k = \lim\limits_{n \to \infty} \left(\sum\limits_{k=1}^{n} a_k \right)$	$\lim\limits_{x \to x_0} f(x)$	Limes $f(x)$ für x gegen x_0 (Grenzwert von f an der Stelle x_0)
		$\lim\limits_{\substack{x \to x_0 \\ x > x_0}} f(x)$	rechtsseitiger Grenzwert (analog für linksseitige Grenzwerte mit $x < x_0$)
f'; $\dfrac{df}{dx}$	erste Ableitung der Funktion f; falls f von x abhängt, auch die zweite Schreibweise (lies: „df nach dx")	f''; f'''; $f^{(n)}$	zweite, dritte, n-te Ableitung von f
$\int\limits_a^b f(x)\,dx$	bestimmtes Integral der Funktion f mit den Integrationsgrenzen a und b	$\int f(x)\,dx$	unbestimmtes Integral der Funktion f

Geometrie

$\parallel$; $\perp$	parallel zu; senkrecht zu	$\overset{\frown}{AB}$	Kreisbogen von A nach B
AB	Gerade durch die Punkte A und B	$\sphericalangle ASB$	Winkel ASB (S Scheitel, $\overleftarrow{SA}$ erster Schenkel, $\overleftarrow{SB}$ zweiter Schenkel)
$\overline{AB}$	Strecke mit den Endpunkten A und B		
$\overrightarrow{AB}$	Strahl mit Anfangspunkt A durch B	$\llcorner$	rechter Winkel (90°-Winkel)
$|\overline{AB}|$	Länge der Strecke $\overline{AB}$	$d(P; g)$	Abstand von P zu der Geraden g
$\cong$; $\sim$	kongruent; ähnlich	$\triangle ABC$	Dreieck ABC

Vektoren und Matrizen

$\overrightarrow{AB}$	Vektor (Pfeil) von A nach B	$\vec{a} = \begin{pmatrix} a_1 \\ a_2 \\ \vdots \\ a_n \end{pmatrix}$	Vektor mit den Komponenten (auch: „Koordinaten") $a_1, a_2, \ldots, a_n \in \mathbb{R}$ (Vektor im $\mathbb{R}^n$)
$|\overrightarrow{AB}|$; $|\vec{a}|$	Betrag (Länge) des Vektors $\overrightarrow{AB}$ bzw. des Vektors $\vec{a}$		
$A_{(m,n)}$	Matrix mit m Zeilen und n Spalten		
$\vec{a} \cdot \vec{b}$	Skalarprodukt der Vektoren $\vec{a}$ und $\vec{b}$	$\vec{a} \times \vec{b}$	Vektorprodukt (Kreuzprodukt) der Vektoren $\vec{a}$ und $\vec{b}$ (nur für Vektoren im $\mathbb{R}^3$)

Griechisches Alphabet

A	α	Alpha	H	η	Eta	N	ν	Ny	T	τ	Tau
B	β	Beta	Θ	ϑ θ	Theta	Ξ	ξ	Xi	Y	υ	Ypsilon
Γ	γ	Gamma	I	ι	Jota	O	o	Omikron	Φ	φ	Phi
Δ	δ	Delta	K	$\varkappa$	Kappa	Π	π	Pi	X	χ	Chi
E	ε	Epsilon	Λ	λ	Lambda	P	ϱ	Rho	Ψ	ψ	Psi
Z	ζ	Zeta	M	μ	My	Σ	σ, ς	Sigma	Ω	ω	Omega

Frakturbuchstaben

Lateinische Buchstaben	A	B	C	D	E	F	G	H	I	J	K	L	M
Frakturbuchstaben	𝔄 𝔞	𝔅 𝔟	ℭ 𝔠	𝔇 𝔡	𝔈 𝔢	𝔉 𝔣	𝔊 𝔤	ℌ 𝔥	ℑ 𝔦	𝔍 𝔧	𝔎 𝔨	𝔏 𝔩	𝔐 𝔪

Lateinische Buchstaben	N	O	P	Q	R	S	T	U	V	W	X	Y	Z
Frakturbuchstaben	𝔑 𝔫	𝔒 𝔬	𝔓 𝔭	𝔔 𝔮	ℜ 𝔯	𝔖 𝔰	𝔗 𝔱	𝔘 𝔲	𝔙 𝔳	𝔚 𝔴	𝔛 𝔵	𝔜 𝔶	ℨ 𝔷

Zahlen

Zahlenbereiche

Natürliche Zahlen $\mathbb{N}$ $\mathbb{N} = \{0, 1, 2, \ldots\}$	*Uneingeschränkt ausführbare Rechenoperationen:* Addition, Multiplikation
Ganze Zahlen $\mathbb{Z}$ $\mathbb{Z} = \{\ldots, -2, -1, 0, 1, 2, \ldots\}$	Der Bereich der ganzen Zahlen umfasst die natürlichen Zahlen und die zu ihnen entgegengesetzten Zahlen. *Uneingeschränkt ausführbare Rechenoperationen:* Addition, Subtraktion, Multiplikation
Gebrochene Zahlen **(Bruchzahlen)** $\mathbb{Q}^+$ $\mathbb{Q}^+ = \left\{ \dfrac{p}{q} \,\middle|\, p, q \in \mathbb{N}, p, q \neq 0 \right\}$	Gebrochene Zahlen können auch durch (endliche oder periodische) Dezimalbrüche angegeben werden. *Uneingeschränkt ausführbare Rechenoperationen:* Addition, Multiplikation, Division (außer durch 0)
Rationale Zahlen $\mathbb{Q}$ $\mathbb{Q} = \left\{ \dfrac{p}{q} \,\middle|\, p, q \in \mathbb{Z} \text{ und } q \neq 0 \right\}$	Die rationalen Zahlen bestehen aus den positiven gebrochenen Zahlen, den zu ihnen entgegengesetzten Zahlen und der Zahl 0. Jede rationale Zahl kann als Dezimalbruch dargestellt werden. Die rationalen Zahlen liegen dicht auf der Zahlengeraden, es gibt aber Punkte (Lücken), zu denen keine rationale Zahl gehört. *Uneingeschränkt ausführbare Rechenoperationen:* Addition, Subtraktion, Multiplikation, Division (außer durch 0)
Reelle Zahlen $\mathbb{R}$	Die rationalen und die irrationalen Zahlen bilden den Zahlenbereich der reellen Zahlen. Irrationale Zahlen sind unendliche, nichtperiodische Dezimalbrüche. Beispiele für irrationale Zahlen und ihre Darstellung mithilfe rationaler Näherungswerte: $\pi = 3{,}141\,592\,653\,589\,793\,238\,462\,643\ldots$; $\sqrt{2} = 1{,}414\,213\,562\ldots$ *Uneingeschränkt ausführbare Rechenoperationen:* Addition, Subtraktion, Multiplikation, Division (außer durch 0). Das Radizieren ist auf nichtnegative Radikanden beschränkt.
Komplexe Zahlen $\mathbb{C}$ $\mathbb{C} = \{a + bi \,|\, a, b \in \mathbb{R}; i^2 = -1\}$	$\mathbb{C} = \{a + bi \,|\, a, b \in \mathbb{R}; i^2 = -1\}$ Die komplexen Zahlen können nicht auf einer Zahlengeraden, sondern in der Gauß'schen Zahlenebene dargestellt werden. (↗ S. 12) *Uneingeschränkt ausführbare Rechenoperationen:* Addition, Subtraktion, Multiplikation, Division (außer durch 0) und Radizieren (Wurzelziehen) sind stets ausführbar.
Teilmengenbeziehungen zwischen den Zahlenbereichen	$\mathbb{N} \subset \mathbb{Z} \subset \mathbb{Q} \subset \mathbb{R} \subset \mathbb{C}$, $\mathbb{N} \subset \mathbb{Q}^+ \subset \mathbb{Q} \subset \mathbb{R} \subset \mathbb{C}$

Intervalle im Bereich der reellen Zahlen

Abgeschlossene Intervalle	$[a; b]$ ist die Menge aller reellen Zahlen x mit $a \leq x \leq b$. Die Randwerte a und b gehören zum Intervall.	$[-2{,}5; 2]$
Offene Intervalle	$]a; b[$ ist die Menge aller reellen Zahlen x mit $a < x < b$. Die Randwerte a und b gehören nicht zum Intervall. $]a; +\infty[$ ist die Menge aller reellen Zahlen x mit $x > a$.	$]-1; 3[$
Halboffene Intervalle	$[a; b[$ ist die Menge aller reellen Zahlen x mit $a \leq x < b$. $]a; b]$ ist die Menge aller reellen Zahlen x mit $a < x \leq b$. $[a; +\infty[$ ist die Menge aller reellen Zahlen x mit $x \geq a$. $]-\infty; a]$ ist die Menge aller reellen Zahlen x mit $x \leq a$.	$]-3; 3]$ $x \leq -1$ $x \geq 2$

Teiler und Vielfache natürlicher Zahlen ⊙ 008-1

Teiler und Vielfache	Für *natürliche Zahlen a* und *b* gilt: Ist *a* ein Vielfaches von *b*, d. h. $a = n \cdot b$ mit $n \in \mathbb{N}$, so heißt *b* **Teiler von a**. Man schreibt in diesem Fall: *b|a* (*b* teilt *a*) Ist *b* ein Teiler von *a*, so nennt man *a* ein **Vielfaches von b**.
kgV und ggT	Das **kleinste gemeinsame Vielfache (kgV)** von natürlichen Zahlen ist die kleinste natürliche Zahl, die alle beteiligten Zahlen als Teiler besitzt. Der **größte gemeinsame Teiler (ggT)** von natürlichen Zahlen ist die größte natürliche Zahl, die alle beteiligten Zahlen als Vielfache besitzt.
Teilbarkeits-regeln	

Teiler *t*	Eine natürliche Zahl ist durch *t* teilbar, …
2	wenn sie auf 0, 2, 4, 6 oder 8 endet, sonst nicht.
3	wenn ihre Quersumme (Summe aller Ziffern) durch 3 teilbar ist, sonst nicht.
4	wenn ihre letzten beiden Ziffern eine durch 4 teilbare Zahl darstellen, sonst nicht.
5	wenn sie auf 0 oder 5 endet, sonst nicht.
6	wenn sie durch 2 und durch 3 teilbar ist, sonst nicht.
8	wenn ihre letzten drei Ziffern eine durch 8 teilbare Zahl darstellen, sonst nicht.
9	wenn ihre Quersumme (Summe aller Ziffern) durch 9 teilbar ist, sonst nicht.
10	wenn sie auf 0 endet, sonst nicht.

Primzahlen ↻ 008-1

Natürliche Zahlen $n \neq 1$, die nur 1 und sich selbst als Teiler haben, bezeichnet man als **Primzahlen.** Jede natürliche Zahl besitzt eine eindeutige **Primfaktorzerlegung**, die man meist unter Verwendung der Potenzschreibweise angibt.

Beispiel: $720 = 2 \cdot 5 \cdot 2 \cdot 2 \cdot 2 \cdot 3 \cdot 3 = 2^4 \cdot 3^2 \cdot 5$

Die ersten 130 Primzahlen lauten:

2	31	73	127	179	233	283	353	419	467	547	607	661
3	37	79	131	181	239	293	359	421	479	557	613	673
5	41	83	137	191	241	307	367	431	487	563	617	677
7	43	89	139	193	251	311	373	433	491	569	619	683
11	47	97	149	197	257	313	379	439	499	571	631	691
13	53	101	151	199	263	317	383	443	503	577	641	701
17	59	103	157	211	269	331	389	449	509	587	643	709
19	61	107	163	223	271	337	397	457	521	593	647	719
23	67	109	167	227	277	347	401	461	523	599	653	727
29	71	113	173	229	281	349	409	463	541	601	659	733

Römische Zahlzeichen

I	1	V	5	X	10	L	50	C	100	D	500	M	1000

Stehen diese Ziffern nebeneinander, so wird je nach ihrer Reihenfolge addiert bzw. subtrahiert.

1	I	6	VI	11	XI	16	XVI	40	XL	90	XC	500	D
2	II	7	VII	12	XII	17	XVII	50	L	100	C	600	DC
3	III	8	VIII	13	XIII	18	XVIII	60	LX	200	CC	700	DCC
4	IV	9	IX	14	XIV	19	XIX	70	LXX	300	CCC	800	DCCC
5	V	10	X	15	XV	20	XX	80	LXXX	400	CD	900	CM

Zahlen im Zehnersystem/Dezimalzahlen

Im dekadischen Zahlensystem, kurz: Zehnersystem oder Dezimalsystem, wird als Basis die Zahl 10 benutzt, d.h., die einzelnen Stellen sind Potenzen von 10 (**Zehnerpotenzen**).
Zur Darstellung der einzelnen Zahlen werden die zehn Ziffern 0, 1, 2, 3, 4, 5, 6, 7, 8 und 9 benutzt.
Die Stelle einer Ziffer innerhalb der ganzen Zahl ergibt ihren Wert.

Eine **Stellentafel** im Dezimalsystem hat folgende Form:

Billionen			Milliarden			Millionen			Tausend					
10^{14}	10^{13}	10^{12}	10^{11}	10^{10}	10^9	10^8	10^7	10^6	10^5	10^4	10^3	10^2	10^1	10^0
					4	3	0	5	2	6	0	0	4	4

Für die in der dezimalen Stellentafel dargestellte Zahl 4 305 260 044 gilt:
$$4\,305\,260\,044 = 4 \cdot 10^9 \qquad + 3 \cdot 10^8 \qquad + 5 \cdot 10^6 \qquad + 2 \cdot 10^5 \qquad + 6 \cdot 10^4 \qquad + 4 \cdot 10^1 + 4 \cdot 10^0$$
$$= 4 \cdot 1\,000\,000\,000 + 3 \cdot 100\,000\,000 + 5 \cdot 1\,000\,000 + 2 \cdot 100\,000 + 6 \cdot 10\,000 + 4 \cdot 10\ + 4 \cdot 1$$

Die in der Stellentafel dargestellte Zahl 4 305 260 044 lautet:
vier Milliarden dreihundertfünf Millionen zweihundertsechzig Tausend vierundvierzig.

Zahlen im Zweiersystem/Dualzahlen ↻ 009-1

Im dualen Zahlensystem, kurz: Zweiersystem oder Dualsystem, wird als Basis die Zahl 2 benutzt, d.h., die einzelnen Stellen sind Potenzen von 2.
Zur Darstellung der einzelnen Zahlen werden nur zwei Ziffern benötigt: 0 und 1.

Eine Stellentafel im Dualsystem hat folgende Form:

2^{10} $(=1024)$	2^9 $(=512)$	2^8 $(=256)$	2^7 $(=128)$	2^6 $(=64)$	2^5 $(=32)$	2^4 $(=16)$	2^3 $(=8)$	2^2 $(=4)$	2^1 $(=2)$	2^0 $(=1)$
		1	0	1	0	1	1	0	1	1

Für die in der dualen Stellentafel dargestellte Zahl $[101011011]_2$ gilt:
$$[101011011]_2 = 1 \cdot 2^8 + 1 \cdot 2^6 + 1 \cdot 2^4 + 1 \cdot 2^3 + 1 \cdot 2^1 + 1 \cdot 2^0$$
$$= 256 + 64 + 16 + 8 + 2 + 1 = 347$$

Für die Addition von Dualzahlen gilt: $0+0=0;\ 0+1=1;\ 1+0=1;\ 1+1=10$
Für die Multiplikation von Dualzahlen gilt: $0 \cdot 0=0;\ 0 \cdot 1=0;\ 1 \cdot 0=0;\ 1 \cdot 1=1$

Zahlen im Hexadezimalsystem/Hexadezimalzahlen ↻ 009-1

Im Hexadezimalsystem wird als Basis die Zahl 16 benutzt, d.h., die einzelnen Stellen sind Potenzen von 16.
Zur Darstellung der einzelnen Zahlen werden 16 Ziffern benötigt: 0, 1, 2, 3, 4, 5, 6, 7, 8, 9, A, B, C, D, E, F.

Eine Stellentafel im Hexadezimalsystem hat folgende Form:

16^8 $(=4\,294\,967\,296)$	16^7 $(=268\,435\,456)$	16^6 $(=16\,777\,216)$	16^5 $(=1\,048\,576)$	16^4 $(=65\,536)$	16^3 $(=4\,096)$	16^2 $(=256)$	16^1 $(=16)$	16^0 $(=1)$
		A	0	6	0	3	7	F

Für die in der hexadezimalen Stellentafel dargestellte Zahl $[A06037F]_{16}$ gilt:
$$[A06037F]_{16} = 10 \cdot 16^6 \qquad + 6 \cdot 16^4 \quad + 3 \cdot 16^2 + 7 \cdot 16^1 + 15 \cdot 16^0$$
$$= 10 \cdot 16\,777\,216 + 6 \cdot 65\,536 + 3 \cdot 256 + 7 \cdot 16 + 15 \cdot 1 = 168\,166\,271$$

Mathematik

Rechenoperationen und Rechengesetze

Rechenoperationen

1. Stufe	Addition	$a + b = c$	a, b **Summanden**		c **Summe**
	Subtraktion	$a - b = c$	a **Minuend**	b **Subtrahend**	c **Differenz**
2. Stufe	Multiplikation	$a \cdot b = c$	a, b **Faktoren**		c **Produkt**
	Division	$a : b = c \, (b \neq 0)$	a **Dividend**	b **Divisor**	c **Quotient**
3. Stufe	Potenzieren	$a^b = c$	a **Basis**	b **Exponent**	c **Potenz**
	Radizieren $\sqrt[n]{a} = c$ $(a \geq 0; n \in \mathbb{N}, n > 0)$		a **Radikand**	n **Wurzelexponent**	c **(n-te) Wurzel**
	Logarithmieren $\log_a b = c$ $(a, b > 0; a \neq 1)$		a **Basis**	b **Numerus**	c **Logarithmus**
Vorrangregeln	Sind mehrere *Rechenoperationen verschiedener Stufen* auszuführen, so haben stets die Operationen der höheren Stufe den Vorrang: Es gilt Punkt- vor Strichrechnung sowie Potenzieren, Radizieren und Logarithmieren vor Punkt- und Strichrechnung. Zuerst müssen jedoch die Operationen in den Klammern ausgeführt werden.				

Rechengesetze für die Grundrechenarten

Kommutativgesetze	$a + b = b + a$	Kommutativgesetz der Addition
	$a \cdot b = b \cdot a$	Kommutativgesetz der Multiplikation
Assoziativgesetze	$(a + b) + c = a + (b + c) = a + b + c$	Assoziativgesetz der Addition
	$(a \cdot b) \cdot c = a \cdot (b \cdot c) = a \cdot b \cdot c$	Assoziativgesetz der Multiplikation
Distributivgesetze	$(a + b) \cdot c = a \cdot c + b \cdot c$	$a \cdot (b + c) = a \cdot b + a \cdot c$
	$(a - b) \cdot c = a \cdot c - b \cdot c$	$a \cdot (b - c) = a \cdot b - a \cdot c$
	$(a + b) : c = a : c + b : c \, (c \neq 0)$	$(a - b) : c = a : c - b : c \, (c \neq 0)$

Monotoniegesetze	$a < b \Rightarrow a + c < b + c$	$a < b; c > 0 \Rightarrow a \cdot c < b \cdot c$	$a < b; c < 0 \Rightarrow a \cdot c > b \cdot c$

Termumformungen ↻ 010-1 ◉ 010-1

Auflösen von Klammern	$a + (b + c) = a + b + c$	$a + (b - c) = a + b - c$
	$a - (b + c) = a - b - c$	$a - (b - c) = a - b + c$
Ausmultiplizieren	$a \cdot (b + c - d) = ab + ac - ad$	$(a + b) \cdot (c + d) = ac + ad + bc + bd$
Ausklammern	$ab + ac - ad = a \cdot (b + c - d)$	
Binomische Formeln	$(a + b)^2 = a^2 + 2ab + b^2$	$(a - b)^2 = a^2 - 2ab + b^2$	$(a + b) \cdot (a - b) = a^2 - b^2$

Mittelwerte

	bei 2 Größen a_1, a_2	bei n Größen $a_1, a_2, \ldots, a_n$
Arithmetisches Mittel	$A = \dfrac{a_1 + a_2}{2}$	$A = \dfrac{a_1 + a_2 + \ldots + a_n}{n} = \dfrac{1}{n} \sum\limits_{i=1}^{n} a_i$
Geometrisches Mittel	$G = \sqrt{a_1 \cdot a_2} \;\; (a_1, a_2 > 0)$	$G = \sqrt[n]{a_1 \cdot a_2 \cdot \ldots \cdot a_n} = \sqrt[n]{\prod\limits_{i=1}^{n} a_i} \;\; (a_i > 0)$
Harmonisches Mittel	$H = \dfrac{2 \cdot a_1 \cdot a_2}{a_1 + a_2} \;\; (a_1, a_2 > 0)$	$H = \dfrac{n}{\dfrac{1}{a_1} + \dfrac{1}{a_2} + \ldots + \dfrac{1}{a_n}} = \dfrac{n}{\sum\limits_{i=1}^{n} \dfrac{1}{a_i}} \;\; (a_i > 0)$

Rechnen mit Brüchen

Erweitern/Kürzen	$\dfrac{a}{b} = \dfrac{a \cdot c}{b \cdot c}$ $(b \neq 0,\, c \neq 0)$	$\dfrac{a}{b} = \dfrac{a : c}{b : c}$ $(b \neq 0,\, c \neq 0,\, a \text{ und } b \text{ teilbar durch } c)$
Addition/ Subtraktion	$\dfrac{a}{b} + \dfrac{c}{d} = \dfrac{ad + bc}{bd}$ $(b \neq 0,\, d \neq 0)$	$\dfrac{a}{b} - \dfrac{c}{d} = \dfrac{ad - bc}{bd}$ $(b \neq 0,\, d \neq 0)$
Multiplikation/ Division	$\dfrac{a}{b} \cdot \dfrac{c}{d} = \dfrac{a \cdot c}{b \cdot d}$ $(b \neq 0,\, d \neq 0)$	$\dfrac{a}{b} : \dfrac{c}{d} = \dfrac{a \cdot d}{b \cdot c}$ $(b \neq 0,\, c \neq 0,\, d \neq 0)$

Potenzen

Definitionen für a^k	Für $k \in \mathbb{N}$ und $a \in \mathbb{R}$ gilt: $a^k = \underbrace{a \cdot a \cdot \ldots \cdot a}_{k\text{ Faktoren}}$ $a^{-k} = \dfrac{1}{a^k}$ $(a \neq 0)$	Sonderfälle: $a^1 = a$ $a^0 = 1$ (0^0 ist nicht definiert.)
	Für $k = \dfrac{p}{q}$ mit $p \in \mathbb{Z},\, q \in \mathbb{N}$ und $q \neq 0$ gilt: $\quad a^{\frac{p}{q}} = (a^p)^{\frac{1}{q}} = \sqrt[q]{a^p}$; $\;a^{\frac{1}{q}} = \sqrt[q]{a}$ $(a > 0)$	
Potenzgesetze	Für $a, b \in \mathbb{R},\, a, b \neq 0$ und $m, n \in \mathbb{Z}$ oder aber $a, b \in \mathbb{R},\, a, b > 0$ und $m, n \in \mathbb{Q}$ gilt: ► $a^m \cdot b^m = (a \cdot b)^m$ ► $a^m \cdot a^n = a^{m+n}$ ► $(a^m)^n = a^{m \cdot n}$ ► $\dfrac{a^m}{a^n} = a^{m-n}$ ► $\dfrac{a^m}{b^m} = \left(\dfrac{a}{b}\right)^m$	

Wurzeln

Definition für $\sqrt[n]{a}$	Für $a \in \mathbb{R}_0^+$ und $n \in \mathbb{N}$ $(n \geq 1)$ ist die **n-te Wurzel aus a** (in Zeichen: $\sqrt[n]{a}$) die eindeutig bestimmte nichtnegative Zahl x mit $x^n = a$. $\sqrt[2]{a}$ $(a \in \mathbb{R}_0^+)$ nennt man auch **Quadratwurzel** und schreibt dafür kurz $\sqrt{a}$.
Wurzelgesetze	► $\sqrt[n]{a} \cdot \sqrt[n]{b} = \sqrt[n]{ab}$ ► $\dfrac{\sqrt[n]{a}}{\sqrt[n]{b}} = \sqrt[n]{\dfrac{a}{b}}$ (für $b \neq 0$) ► $\sqrt[n]{\sqrt[m]{a}} = \sqrt[m]{\sqrt[n]{a}} = \sqrt[nm]{a}$ ► $\left(\sqrt[n]{a}\right)^m = \sqrt[n]{a^m}$

Logarithmen

Definition für $\log_a b$	Für $a, b \in \mathbb{R}^+$ und $a \neq 1$ ist der **Logarithmus von b zur Basis a** diejenige Zahl, mit der man a potenzieren muss, um b zu erhalten. Man schreibt für diese Zahl $\log_a b$. Die Zahl $x = \log_a b$ ist die eindeutig bestimmte Lösung der Gleichung $a^x = b$. Für $a > 0$ und $a \neq 1$ gilt: $\log_a a = 1$ $\log_a 1 = 0$ $\log_a \dfrac{1}{a} = -1$ $\log_a(a^c) = c$
Logarithmengesetze	Für $a \in \mathbb{R},\, a > 0,\, a \neq 1$ und $b, b_1, b_2 \in \mathbb{R}^+$ und $r \in \mathbb{Q}$ und $n \in \mathbb{N},\, n \neq 0$ gilt: ► $\log_a(b_1 \cdot b_2) = \log_a b_1 + \log_a b_2$ ► $\log_a b^r = r \cdot \log_a b$ ► $\log_a \left(\dfrac{b_1}{b_2}\right) = \log_a b_1 - \log_a b_2$ ► $\log_a \sqrt[n]{b} = \dfrac{1}{n} \cdot \log_a b$
Zusammenhang zwischen Logarithmen (Basiswechsel)	$\log_a b = \dfrac{\log_c b}{\log_c a}$ Spezialfall: $\log_a b = \dfrac{1}{\log_b a}$
spezielle Logarithmen	► Der Logarithmus $\log_{10} x$ zur Basis 10 wird als **Zehnerlogarithmus** oder **dekadischer Logarithmus** bezeichnet. Die übliche Abkürzung dafür ist **$\lg x$**. ► Der Logarithmus $\log_e x$ zur Basis e heißt **natürlicher Logarithmus $\ln x$**. Für $x \in \mathbb{R},\, x > 0$ gilt: $\ln x = \dfrac{\lg x}{\lg e}$, also $\ln x \approx 2{,}3026 \cdot \lg x$

Rundungsregeln

➤ Folgt der Rundungsstelle eine 0, 1, 2, 3 oder 4, wird **abgerundet**. Der Stellenwert an der Rundungsstelle bleibt unverändert.

➤ Folgt der Rundungsstelle eine 5, 6, 7, 8 oder 9, wird **aufgerundet**. Der Stellenwert an der Rundungsstelle wird um 1 erhöht.

➤ Beim Runden ist auf sinnvolle Genauigkeit zu achten!

Komplexe Zahlen

Komplexe Zahlen in Normalform	Der Bereich der komplexen Zahlen $\mathbb{C}$ umfasst alle Zahlen der Form $z = a + b\,\mathrm{i}\,(a, b \subset \mathbb{R};\ \mathrm{i}^2 = -1)$. a nennt man Realteil von z (Re z) und b Imaginärteil von z (Im z). Alle komplexen Zahlen mit $b = 0$ sind reelle Zahlen, also $\mathbb{R} \subset \mathbb{C}$. Alle komplexen Zahlen mit $a = 0$ und $b \neq 0$ sind imaginäre Zahlen. Die Zahl $z = a - b\,\mathrm{i}$ heißt die zu $z = a + b\,\mathrm{i}$ konjugiert komplexe Zahl.	Darstellung der komplexen Zahlen in der Gauß'schen Zahlenebene 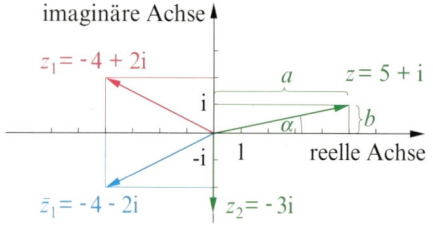
Rechenoperationen mit komplexen Zahlen in Normalform	Gegeben sind die komplexen Zahlen $z = a + b\,\mathrm{i}$, $z_1 = a_1 + b_1\,\mathrm{i}$, $z_2 = a_2 + b_2\,\mathrm{i}$. ➤ Gleichheit: z_1 und z_2 sind genau dann gleich, wenn $a_1 = a_2$ und $b_1 = b_2$. ➤ Addition: $z_1 + z_2 = (a_1 + a_2) + (b_1 + b_2)\,\mathrm{i}$ ➤ Subtraktion: $z_1 - z_2 = (a_1 - a_2) + (b_1 - b_2)\,\mathrm{i}$ ➤ Multiplikation: $z_1 \cdot z_2 = (a_1 a_2 - b_1 b_2) + (a_1 b_2 + a_2 b_1)\,\mathrm{i}$ ➤ Division: $z_1 : z_2 = \dfrac{a_1 a_2 + b_1 b_2}{a_2^2 + b_2^2} + \dfrac{a_2 b_1 - a_1 b_2}{a_2^2 + b_2^2}\,\mathrm{i}$ für $z_2 \neq 0 + 0\,\mathrm{i}$ ➤ Inverses: $\dfrac{1}{z} = \dfrac{a}{a^2 + b^2} - \dfrac{b}{a^2 + b^2}\,\mathrm{i}$ für $z \neq 0 + 0\,\mathrm{i}$ ➤ Betrag: $|z| = \sqrt{a^2 + b^2}$	
Komplexe Zahlen in trigonometrischer Form	Wegen $|z| = r = \sqrt{a^2 + b^2}$, $a = |z| \cdot \cos \alpha$ und $b = |z| \cdot \sin \alpha$ mit $0° \leq \alpha < 360°$ folgt aus $z = a + b\,\mathrm{i}$: $z = |z| \cdot \cos \alpha + |z| \cdot \sin \alpha\,\mathrm{i}$ $\quad = |z| \cdot (\cos \alpha + \sin \alpha\,\mathrm{i})$ $\quad = r \cdot (\cos \alpha + \sin \alpha\,\mathrm{i})$	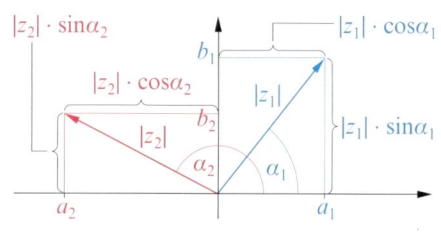
Rechenoperationen mit komplexen Zahlen in trigonometrischer Form	Gegeben sind die komplexen Zahlen $z = r \cdot (\cos \alpha + \sin \alpha\,\mathrm{i})$, $z_1 = r_1 \cdot (\cos \alpha_1 + \sin \alpha_1\,\mathrm{i})$, $z_2 = r_2 \cdot (\cos \alpha_2 + \sin \alpha_2\,\mathrm{i})$. ➤ Gleichheit: z_1 und z_2 sind genau dann gleich, wenn $r_1 = r_2$ und $\alpha_1 = \alpha_2$. ➤ Addition: $z_1 + z_2 = (r_1 \cdot \cos \alpha_1 + r_2 \cdot \cos \alpha_2) + (r_1 \cdot \sin \alpha_1 + r_2 \cdot \sin \alpha_2)\,\mathrm{i}$ ➤ Subtraktion: $z_1 - z_2 = (r_1 \cdot \cos \alpha_1 - r_2 \cdot \cos \alpha_2) + (r_1 \cdot \sin \alpha_1 - r_2 \cdot \sin \alpha_2)\,\mathrm{i}$ ➤ Multiplikation: $z_1 \cdot z_2 = r_1 r_2 [\cos (\alpha_1 + \alpha_2) + \sin (\alpha_1 + \alpha_2)\,\mathrm{i}]$ ➤ Division: $z_1 : z_2 = \dfrac{r_1}{r_2} [\cos (\alpha_1 - \alpha_2) + \sin (\alpha_1 - \alpha_2)\,\mathrm{i}]$ für $z_2 \neq 0 + 0\,\mathrm{i}$ ➤ Inverses: $\dfrac{1}{z} = \dfrac{1}{r} [\cos \alpha - \sin \alpha\,\mathrm{i}]$ für $z \neq 0 + 0\,\mathrm{i}$ ➤ Potenzieren: $z^n = r^n [\cos (n\alpha) + \sin (n\alpha)\,\mathrm{i}]$ (Satz von de Moivre)	

Gleichungen und Funktionen

Gleichungen und Funktionen stehen in enger Beziehung zueinander. Funktionale Abhängigkeiten können häufig durch Gleichungen beschrieben werden. Bestimmte Typen von Gleichungen entsprechen dabei bestimmten Funktionstypen.

Grundbegriffe zu Gleichungen und Funktionen

Grundbegriffe	Die **Definitionsmenge D** einer Gleichung mit einer **Variablen** (Unbekannten) gibt an, welche Zahlen für die Variable eingesetzt werden dürfen.
	Eine Zahl aus der Definitionsmenge ist eine **Lösung** der Gleichung, wenn beim Einsetzen der Zahl für die Variable eine wahre Aussage entsteht.
	Alle Zahlen, die Lösungen der Gleichung sind, bilden die **Lösungsmenge L.**
Äquivalenz-umformungen ⊙ 013-1	Die wichtigsten **Äquivalenzumformungen** sind: ▶ Beide Seiten der Gleichung werden mit derselben von null verschiedenen Zahl multipliziert bzw. durch dieselbe von null verschiedene Zahl dividiert. ▶ Auf beiden Seiten der Gleichung wird dieselbe Zahl oder derselbe Term addiert bzw. subtrahiert.
Der Funktions-begriff ⊙ 013-2	Eine **Zuordnung** ordnet jedem Element einer Menge (**Definitionsbereich**) einen oder mehrere Werte einer anderen Menge (**Wertebereich**) zu. Eine **Funktion** ist eine *eindeutige* Zuordnung: Jedem Element (**Argument**) des Definitionsbereichs D_f wird jeweils **genau ein Funktionswert** aus dem Wertebereich W_f zugeordnet. Man schreibt $f: x \mapsto y$.
	Oft lässt sich der zu x gehörende Funktionswert y durch einen **Funktionsterm** $f(x)$ berechnen. Die Gleichung $y = f(x)$ heißt **Funktionsgleichung**.
	Der **Graph** G_f einer Funktion f besteht aus allen Punkten $P(x; f(x))$ mit $x \in D_f$.

Eigenschaften von Funktionen und ihren Graphen

Nullstellen und Schnittpunkte ⊙ 013-3	Eine Zahl $x \in D_f$ heißt **Nullstelle** einer Funktion f, wenn gilt: $f(x) = 0$.
	Die Graphen zweier Funktionen f und g haben an der Stelle x einen Schnittpunkt, wenn gilt: $f(x) = g(x)$.
Monotonie ⊙ 013-4	Eine Funktion f bzw. ihr Graph heißt auf einer Teilmenge $M \subseteq D_f$ ▶ **monoton steigend**, wenn für alle $x_1, x_2 \in M$ mit $x_1 < x_2$ gilt: $f(x_1) \leq f(x_2)$. ▶ **monoton fallend**, wenn für alle $x_1, x_2 \in M$ mit $x_1 < x_2$ gilt: $f(x_1) \geq f(x_2)$. ▶ **streng monoton steigend**, wenn für alle $x_1, x_2 \in M$ mit $x_1 < x_2$ gilt: $f(x_1) < f(x_2)$. ▶ **streng monoton fallend**, wenn für alle $x_1, x_2 \in M$ mit $x_1 < x_2$ gilt: $f(x_1) > f(x_2)$.
Symmetrie ⊙ 013-5	Der Graph einer Funktion kann achsensymmetrisch bzgl. irgendeiner Geraden oder punktsymmetrisch bzgl. irgendeines Punktes sein. ▶ Der Graph einer Funktion f ist **achsensymmetrisch bzgl. der y-Achse**, wenn für jedes $x \in D_f$ gilt: $-x \in D_f$ und $f(-x) = f(x)$ ▶ Der Graph einer Funktion f ist **punktsymmetrisch zum Koordinatenursprung (0; 0)**, wenn für jedes $x \in D_f$ gilt: $-x \in D_f$ und $f(-x) = -f(x)$
Periodizität	Eine Funktion f heißt **periodisch**, wenn es eine positive Zahl p gibt, sodass für alle $x \in D_f$ gilt: $x + p \in D_f$ und $f(x + p) = f(x)$. Die Zahl p heißt **Periode** von f.
Umkehrbarkeit von Funktionen	Eine Funktion f, bei der zu jedem Funktionswert genau ein Argument gehört, ist **umkehrbar**, d. h., es gibt eine **Umkehrfunktion** f^{-1}, die jedem Funktionswert $y \in W_f$ der ursprünglichen Funktion f das zugehörige Argument $x \in D_f$ zuordnet. **Definitionsmenge** von f^{-1} ist $D_{f^{-1}} = W_f$, die **Wertemenge** von f^{-1} ist $W_{f^{-1}} = D_f$

Mathematik

Direkte und indirekte (umgekehrte) Proportionalität ⊙ 014-1

	Direkte Proportionalität (Direkt proportionale Zuordnungen)	Indirekte (umgekehrte) Proportionalität (Antiproportionale Zuordnungen)
Definition	Zwei Größen sind **direkt proportional** zueinander, wenn die Verhältnisse einander zugeordneter Werte der beiden Größen stets gleich sind (**Quotientengleichheit**). Für alle Wertepaare $(x_i; y_i)$ und $(x_k; y_k)$ gilt: ➤ $\frac{y_i}{x_i} = m\,(x_i \neq 0)$ bzw. $y_i = m \cdot x_i$ ➤ $\frac{y_i}{x_i} = \frac{y_k}{x_k}$ (Verhältnisgleichung) m heißt **Proportionalitätsfaktor**.	Zwei Größen sind **indirekt proportional** zueinander, wenn die Produkte einander zugeordneter Werte der beiden Größen stets gleich sind (**Produktgleichheit**). Für alle Wertepaare $(x_i; y_i)$ und $(x_k; y_k)$ gilt: ➤ $x_i \cdot y_i = k$ bzw. $y_i = \frac{k}{x_i}$ $(x_i \neq 0)$ ➤ $x_i \cdot y_i = x_k \cdot y_k$ (Produktgleichung)
Grafische Darstellung	Eine direkt proportionale Zuordnung $x \mapsto y$ ist eine Funktion mit der Gleichung $y = k \cdot x$. Der **Graph** liegt auf einer **Ursprungsgeraden**.	Eine indirekt proportionale Zuodnung $x \mapsto y$ ist eine Funktion mit der Gleichung $y = \frac{a}{x}(x \neq 0)$. Der **Graph** liegt auf einer **Hyperbel**.
Dreisatz	Grundaufgabe: Von zwei Wertepaaren $(x_1; y_1)$ und $(x_2; y_2)$ sind drei Werte bekannt, der vierte Wert ist gesucht. Lösung nach dem **Dreisatzschema**, für den Fall, dass y_2 aus x_1, y_1 und x_2 zu ermitteln ist: Schluss auf die Einheit, Schluss auf das Gesuchte. Ergebnis: $y_2 = \frac{y_1}{x_1} \cdot x_2$	Ergebnis: $y_2 = \frac{y_1 \cdot x_1}{x_2}$

Prozent- und Zinsrechnung ⊙ 014-2

	Prozentrechnung	Zinsrechnung
Grundgleichung	$\frac{W}{p} = \frac{G}{100}$ $\left(\text{auch } W = \frac{G \cdot p}{100}\right)$ G – **Grundwert** p – **Prozentzahl** W – **Prozentwert** Der **Prozentsatz** $(p\%)$ gibt einen Bruchteil des Grundwertes *in Prozent* (Hundertstel) an.	$\frac{Z}{p} = \frac{K}{100}$ $\left(\text{auch } Z = \frac{K \cdot p}{100}\right)$ K – **Kapital** $p\%$ – **Zinssatz** Z – **Zinsen**
Grundaufgaben	Zu berechnen ist W: $W = \frac{G \cdot p}{100}$ Zu berechnen ist $p\%$: $p\% = \frac{p}{100} = \frac{W}{G}$ Zu berechnen ist G: $G = \frac{W \cdot 100}{p}$	Zu berechnen ist Z: $Z = \frac{K \cdot p}{100}$ Zu berechnen ist $p\%$: $p\% = \frac{p}{100} = \frac{Z}{K}$ Zu berechnen ist K: $G = \frac{Z \cdot 100}{p}$

Kapitalanlage und Schuldentilgung ⊙ 015-1

Zinsen für feste Anlagezeit	ein Jahr: $Z = \dfrac{K \cdot p}{100}$ $\qquad$ m Monate: $Z = \dfrac{K \cdot m \cdot p}{100 \cdot 12}$ $\qquad$ i Tage: $Z = \dfrac{K \cdot i \cdot p}{100 \cdot 360}$
Zinseszinsen	Bei einem Startkapital K_0 und einem Jahreszinssatz von $p\%$ beträgt das **Kapital nach n Jahren $K_n = K_0 \cdot \left(1 + \dfrac{p}{100}\right)^n$**.
Kapitalverrentung	**Vorschüssige Zahlungsweise**: Am Jahresanfang wird jeweils eine Rate R eingezahlt und am Jahresende wird das Gesamtkapital mit $p\%$ verzinst. Kapital nach n Jahren: $K_n = K_0 \cdot q^n \mid R \cdot q \cdot \dfrac{q^n - 1}{q - 1}$ mit $q = 1 + \dfrac{p}{100}$ $\qquad$ **Nachschüssige Zahlungsweise**: Am Jahresende wird jeweils eine Rate R eingezahlt und anschließend wird das Gesamtkapital mit $p\%$ verzinst. Kapital nach n Jahren: $K_n = K_0 \cdot q^n + R \cdot \dfrac{q^n - 1}{q - 1}$ mit $q - 1 + \dfrac{p}{100}$ In beiden Formeln bezeichnet K_0 ein eventuell vorhandenes Startkapital.
Abschreibungen	*lineare Abschreibung:* jährliche Abschreibung $= \dfrac{\text{Anschaffungskosten}}{\text{Zahl der Nutzungsjahre}}$ *geometrisch-degressive Abschreibung:* jährliche Abschreibung $= p\%$ des Vorjahreswertes Zeitwert nach t Jahren: $K_t = K_0 \cdot \left(1 - \dfrac{p}{100}\right)^t$
Annuitäten	Eine Kreditsumme K_0, die zu einem Zinssatz von $p\%$ je Zinsperiode aufgenommen wurde, wird in der Regel durch eine oder mehrere Rückzahlungen (**Annuitäten**) jeweils am Ende einer Zinsperiode getilgt. Eine *Annuität A* besteht aus dem Zinsanteil Z und dem Tilgungsanteil T: $A = Z + T$. ▸ *Zinsanteil*: am Ende der Zinsperiode entstandene und fällige Zinsen, bezogen auf die zu Beginn der Zinsperiode vorhandene Restschuld ▸ *Tilgungsanteil*: Zahlungsanteil, der zur Minderung der jeweiligen Restschuld beiträgt Nach vollständiger Tilgung der Schuld ist die Summe der Tilgungsanteile aller Annuitäten gleich der aufgenommenen Kreditsumme K_0.
Tilgungsarten	▸ *gesamtfällige Schuld mit vollständiger Zinsansammlung:* K_0 wird am Ende der Laufzeit von n Zinsperioden zusammen mit den angefallenen Zinsen mit einer Annuität A zurückgezahlt. $\qquad A = K_0 \cdot \left(1 + \dfrac{p}{100}\right)^n$ ▸ *gesamtfällige Schuld ohne Zinsansammlung:* K_0 wird am Ende der Laufzeit von n Zinsperioden mit einer Zahlung A getilgt, die Zinsen Z_i werden je Zinsperiode gezahlt. $\qquad A_k = Z_k = K_0 \cdot \dfrac{p}{100}$, für $k = 1, \ldots, n - 1$ $\quad A = K_0 \cdot \left(1 + \dfrac{p}{100}\right)$ ▸ *Ratentilgung:* Alle Annuitäten haben denselben Tilgungsanteil T, bei insgesamt n Raten gilt: $T = K_0/n$. Die am Ende der k-ten Zinsperiode fälligen Zinsen werden bezogen auf die zu Beginn dieser Zinsperiode bestehende Restschuld K_{k-1} berechnet. Für die k-te Annuität gilt: $\quad A_k = \dfrac{K_0}{n} + K_{k-1} \cdot \dfrac{p}{100}$ $= \dfrac{K_0}{n}\left(1 + (n - k + 1) \cdot \dfrac{p}{100}\right)$ ▸ *Annuitätentilgung:* Alle Annuitäten sind gleich hoch; soll die Schuld K_0 in n Zinsperioden durch regelmäßige Zahlungen gleichbleibender Annuitäten A abgetragen werden, so gilt: $\quad A = K_0 \cdot q^n \cdot \dfrac{q - 1}{q^n - 1}$ mit $q = 1 + \dfrac{p}{100}$
Effektivzinsberechnung bei Annuitätentilgung	Sind n Annuitäten A zur Tilgung einer tatsächlich ausgezahlten Kreditsumme K erforderlich, ergibt sich der Effektivzinssatz e wie folgt: 1. Gleichung $0 = K \cdot q^n - A \dfrac{q^n - 1}{q - 1}$ näherungsweise nach q auflösen 2. Effektivzinssatz e (in %) aus $q = 1 + \dfrac{e}{100}$ berechnen

Mathematik ▶

Lineare Gleichungen und lineare Gleichungssysteme ⊘ 016-1

Lineare Gleichungen	Eine Gleichung, in der die Variable nur in der ersten Potenz auftritt, heißt **lineare Gleichung**. Eine lineare Gleichung der **Form $ax + b = 0$** hat **genau eine Lösung**, nämlich $x = -\dfrac{b}{a}\,(a, b \in \mathbb{R};\, a \neq 0)$.
Lineares Gleichungssystem (LGS) mit 2 Variablen	*Allgemeine Form*: (I) $\;a_1 x + b_1 y + c_1 = 0$ $\qquad a_1, b_1, c_1, a_2, b_2, c_2 \in \mathbb{R}$ (II) $a_2 x + b_2 y + c_2 = 0$ *Lösungen* sind *Zahlenpaare* $(x; y)$, die beim Einsetzen *beide* Gleichungen erfüllen.
Rechnerisches Lösen linearer Gleichungssysteme	➤ **Gleichsetzungsverfahren** Zwei Gleichungen werden nach derselben Variablen aufgelöst und die entstandenen Terme werden gleichgesetzt. ➤ **Einsetzungsverfahren** Eine Gleichung wird nach einer Variablen aufgelöst. Die Variable wird in der anderen Gleichung durch den entstandenen Term ersetzt. ➤ **Additionsverfahren** Beide Seiten einer Gleichung werden mit einer Zahl ($\neq 0$) multipliziert, sodass in beiden Gleichungen die Koeffizienten vor einer der Variablen dem Betrage nach gleich sind, aber unterschiedliches Vorzeichen haben. Dann werden die linken und rechten Seiten der beiden Gleichungen addiert.
Lösungsmengen von LGS mit 2 Variablen	Das LGS hat Das LGS hat Das LGS hat *genau eine Lösung,* *keine Lösung.* *unendlich viele Lösungen.* $(x_0; y_0)$.
Grafisches Lösen linearer Gleichungssysteme mit 2 Variablen	

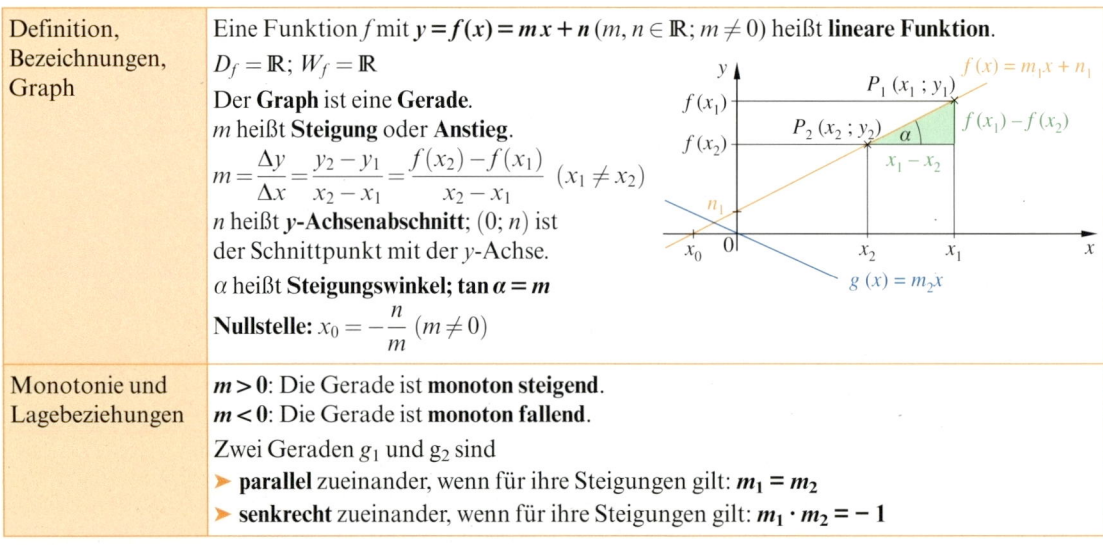

Zur Lösung linearer Gleichungssysteme siehe auch ↗ **Lineare Algebra, S. 72.**

Lineare Funktionen

Definition, Bezeichnungen, Graph	Eine Funktion f mit $y = f(x) = mx + n$ $(m, n \in \mathbb{R};\, m \neq 0)$ heißt **lineare Funktion**. $D_f = \mathbb{R};\; W_f = \mathbb{R}$ Der **Graph** ist eine **Gerade**. m heißt **Steigung** oder **Anstieg**. $m = \dfrac{\Delta y}{\Delta x} = \dfrac{y_2 - y_1}{x_2 - x_1} = \dfrac{f(x_2) - f(x_1)}{x_2 - x_1}\;(x_1 \neq x_2)$ n heißt **y-Achsenabschnitt**; $(0; n)$ ist der Schnittpunkt mit der y-Achse. α heißt **Steigungswinkel**; $\tan \alpha = m$ **Nullstelle**: $x_0 = -\dfrac{n}{m}\;(m \neq 0)$
Monotonie und Lagebeziehungen	$m > 0$: Die Gerade ist **monoton steigend**. $m < 0$: Die Gerade ist **monoton fallend**. Zwei Geraden g_1 und g_2 sind ➤ **parallel** zueinander, wenn für ihre Steigungen gilt: $m_1 = m_2$ ➤ **senkrecht** zueinander, wenn für ihre Steigungen gilt: $m_1 \cdot m_2 = -1$

Konstante Funktionen/Betragsfunktion

Konstante Funktionen	Eine Funktion f mit $f(x) = c$ $(c \in \mathbb{R})$ heißt **konstante Funktion**. Es ist $D_f = \mathbb{R}$; $W_f = \{c\}$. Eine konstante Funktion hat die Steigung $\boldsymbol{m = 0}$. Ihr Graph ist eine **zur x-Achse parallele (waagerechte, horizontale) Gerade**.
Betragsfunktion	$f(x) = \lvert x \rvert = \begin{cases} x & \text{für } x \geq 0 \\ -x & \text{für } x < 0 \end{cases}$ $(D_f = \mathbb{R}; W_f = \mathbb{R}_0^+)$

Koordinatengleichungen von Geraden in der Ebene

Allgemeine Form	Die allgemeine Form der Gleichung einer Geraden in der Ebene lautet: $\boldsymbol{ax + by = c}$ $(a, b, c \in \mathbb{R}; a^2 + b^2 \neq 0)$ (Falls $a \neq 0$ und $b \neq 0$ ist, ist dies die Gleichung einer linearen Funktion; für $a = 0$ und $b \neq 0$ erhält man eine zur x-Achse parallele Gerade (↗ konstante Funktion), für $a \neq 0$ und $b = 0$ erhält man eine zur y-Achse parallele Gerade.)
Zwei-Punkte-Form	Für die Gerade durch $P_0(x_0; y_0)$ und $P_1(x_1; y_1)$ gilt $\dfrac{y - y_0}{x - x_0} = \dfrac{y_1 - y_0}{x_1 - x_0}$ oder $y = \dfrac{y_1 - y_0}{x_1 - x_0} \cdot x + \left(y_0 - \dfrac{y_1 - y_0}{x_1 - x_0} \cdot x_0\right)$.
Achsenabschnittsform	Schneidet die Gerade g die x-Achse in $P_1(a; 0)$ und die y-Achse in $P_2(0; b)$, so gilt: $\dfrac{x}{a} + \dfrac{y}{b} = 1$ für $a \neq 0; b \neq 0$

Quadratische Funktionen

Allgemeine Form	Funktionsgleichung: $\boldsymbol{y = f(x) = ax^2 + bx + c}$ $(a, b, c \in \mathbb{R}, a \neq 0)$ Scheitelpunkt: $S\left(-\dfrac{b}{2a}; \dfrac{4ac - b^2}{4a}\right)$ Nullstellen: $x_{1/2} = -\dfrac{b}{2a} \pm \sqrt{\dfrac{b^2 - 4ac}{4a^2}}$
Normalform	Funktionsgleichung: $\boldsymbol{y = f(x) = x^2 + px + q}$ $(p, q \in \mathbb{R}, a \neq 0)$ Scheitelpunkt: $S\left(-\dfrac{p}{2}; -\dfrac{p^2}{4} + q\right)$ Nullstellen: $x_{1/2} = -\dfrac{p}{2} \pm \sqrt{\left(\dfrac{p}{2}\right)^2 - q}$
Scheitelpunktform	Funktionsgleichung: $\boldsymbol{y = f(x) = a(x + d)^2 + e}$ $(a, d, e \in \mathbb{R}, a \neq 0)$ Scheitelpunkt: $S(-d; e)$ Nullstellen: $x_{1/2} = -d \pm \sqrt{-\dfrac{e}{a}}$
Grafische Darstellung	Der **Graph** einer quadratischen Funktion heißt **Parabel**. Der Graph der Funktion $y = x^2$ heißt **Normalparabel**. 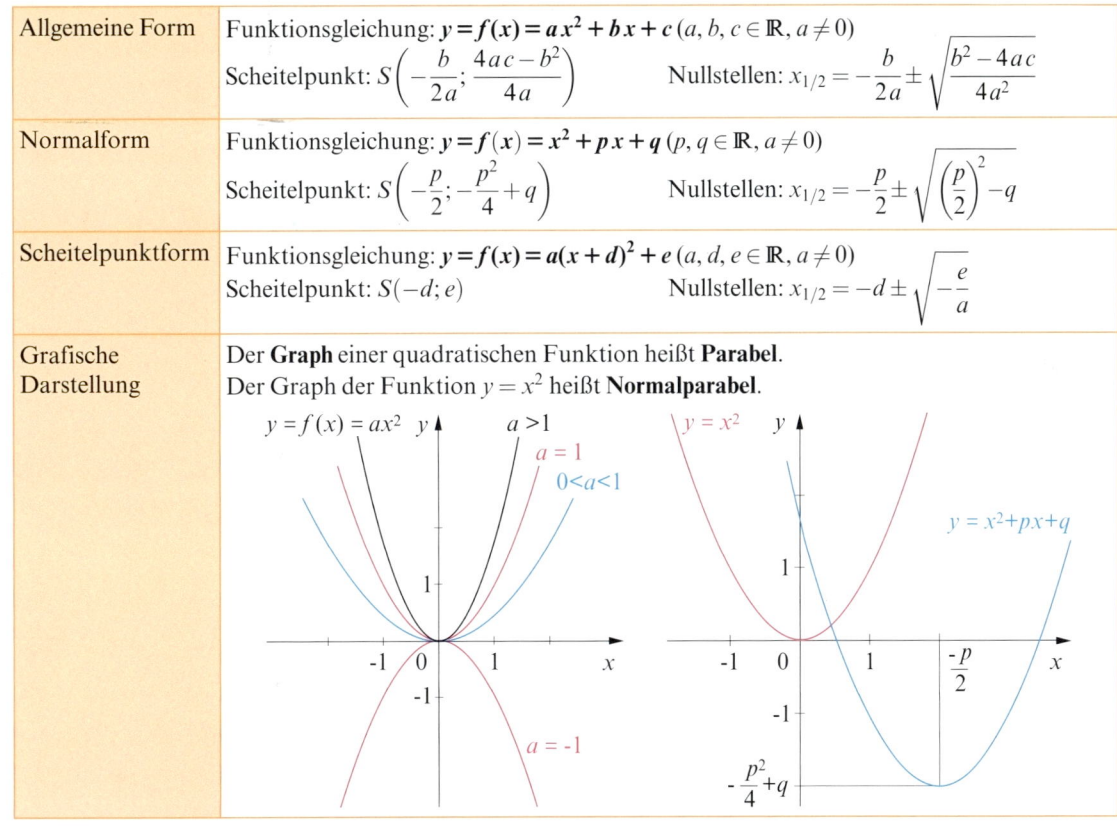

Mathematik

Quadratische Gleichungen ⊙ 018-1

	Allgemeine Form	Normalform
Quadratische Gleichungen	$ax^2 + bx + c = 0 \ (a, b, c \in \mathbb{R}, a \neq 0)$	$x^2 + px + q = 0 \ (p, q \in \mathbb{R})$
Diskriminante	$D = b^2 - 4ac$	$D = \left(\dfrac{p}{2}\right)^2 - q$
Lösungsformeln	$x_{1/2} = -\dfrac{b}{2a} \pm \sqrt{\dfrac{b^2 - 4ac}{4a^2}}$	$x_{1/2} = -\dfrac{p}{2} \pm \sqrt{\left(\dfrac{p}{2}\right)^2 - q} = -\dfrac{p}{2} \pm \sqrt{D}$
Anzahl der Lösungen	$D > 0$: *zwei* Lösungen $\quad$ (für Normalform: $x_1 = -\frac{p}{2} + \sqrt{D}$ und $x_2 = -\frac{p}{2} - \sqrt{D}$) $\\$ $D = 0$: genau *eine* Lösung $\quad$ (für Normalform: $x_1 = x_2 = -\frac{p}{2}$) $\\$ $D < 0$: *keine* Lösung im Bereich der reellen Zahlen	
Satz von Vieta	Für die Lösungen x_1 und x_2 einer quadratischen Gleichung $x^2 + px + q = 0$ gilt: $\\$ $x_1 + x_2 = -p$ und $x_1 \cdot x_2 = q$	
Linearfaktoren	Hat $x^2 + px + q = 0$ die Lösungen x_1 und x_2, so gilt: $x^2 + px + q = (x - x_1) \cdot (x - x_2)$	
Biquadratische Gleichungen	$ax^4 + bx^2 + c = 0 \ (a, b, c \in \mathbb{R}, a \neq 0)$ $\\$ *Lösungen:* $x_{1/2} = \pm\sqrt{u_1}$ und $x_{3/4} = \pm\sqrt{u_2}$, falls $u_1 \geq 0$ und $u_2 \geq 0$ Lösungen der durch die Substitution $x^2 = u$ erhaltenen Gleichung $au^2 + bu + c = 0$ sind.	

Gleichungen höheren Grades/Bruchgleichungen/Wurzelgleichungen ⊙ 018-2

Gleichungen n-ten Grades	Eine **Gleichung n-ten Grades** ist eine Gleichung der Form $p(x) = 0$, wobei $\\$ $p(x) = a_n x^n + \ldots + a_2 x^2 + a_1 x + a_0 \ (n \in \mathbb{N}, a_i \in \mathbb{R}, a_n \neq 0)$ $\\$ ein **Polynom vom Grad n** ist. $\\$ Falls eine Lösung x_1 der Gleichung bekannt ist, so ergibt die ↗ **Polynomdivision** $p(x) : (x - x_1) = p_1(x)$ ein Polynom $p_1(x)$ vom Grad $(n-1)$. Es ist dann zur Ermittlung weiterer Lösungen die (einfachere) Gleichung $p_1(x) = 0$ zu lösen.
Polynomdivision	Wird ein Polynom $f(x)$ durch ein Polynom $g(x)$ geteilt (Grad $f \geq$ Grad g), so entsteht ein Polynom $p(x)$ und evtl. ein Restpolynom $r(x)$: $\\$ $f(x) = p(x) \cdot g(x) + r(x)$ $\\$ $r(x)$ ist entweder das Nullpolynom oder ein Polynom mit Grad $r \leq$ Grad p. $\\$ Der Divisionsalgorithmus entspricht der schriftlichen Division natürlicher Zahlen. $\quad$ *Beispiel:* $$\begin{aligned} &(x^4 - 3x^3 - 10x^2 + x + 2) : (x + 2) = x^3 - 5x^2 + 1 \\ &\underline{-(x^4 + 2x^3)} \\ &\quad\ 0 - 5x^3 - 10x^2 \\ &\quad\ \underline{-(-5x^3 - 10x^2)} \\ &\qquad\qquad\quad 0 + x \\ &\qquad\qquad\quad \underline{-(x + 2)} \\ &\qquad\qquad\qquad\ -2 + 2 \\ &\qquad\qquad\qquad\ \underline{0 = r(x)} \end{aligned}$$
Bruchgleichungen	Eine Gleichung, bei der die Variable im Nenner auftritt, heißt **Bruchgleichung**. Die **Definitionsmenge** enthält nur Zahlen, für die die Nenner ungleich null sind. $\\$ Eine Bruchgleichung der Form $\frac{p(x)}{q(x)} = \frac{u(x)}{v(x)}$ kann durch *Über-Kreuz-Multiplizieren* in die Gleichung $p(x) \cdot v(x) = u(x) \cdot q(x)$ umgeformt werden. $\\$ Falls p, q, u und v *Polynome* sind, entsteht so eine Gleichung n-ten Grades. $\\$ *Achtung:* Prüfen, ob die gefundenen Lösungen zur Definitionsmenge gehören!
Wurzelgleichungen	Bei **Wurzelgleichungen** tritt die Variable auch im Radikanden einer Wurzel auf. Die **Definitionsmenge** enthält nur Zahlen, für die der Radikand nicht negativ wird. $\\$ Kann man durch Äquivalenzumformungen den **Wurzelterm isolieren**, das heißt, die Gleichung auf die Form $\sqrt{R(x)} = f(x)$ bringen, führt anschließendes Potenzieren beider Seiten der Gleichung oft zum Ziel. Probe machen!

Potenzfunktionen

$f(x) = x^n$ mit $n \in \mathbb{N}$, n gerade	**Definitionsbereich**: $D_f = \mathbb{R}$ **Wertebereich**: $W_f = \mathbb{R}_0^+$ f hat genau eine **Nullstelle**: $x_0 = 0$ Der **Graph** ist eine **Parabel**.	(Graph: $y = x^2$, $y = x^4$, $y = x^0$ mit $x \neq 0$)

Gemeinsame Punkte der Graphen: $(0; 0)$, $(1; 1)$, $(-1; 1)$

Die Funktion $y = x^0$ ist eine konstante Funktion mit einer „Lücke" bei $x = 0$. Sie gehört nicht zu den Potenzfunktionen.
Für $n = 1$ erhält man eine lineare und für $n = 2$ eine quadratische Funktion.

$f(x) = x^n$ mit $n \in \mathbb{N}$, n ungerade	**Definitionsbereich**: $D_f = \mathbb{R}$ **Wertebereich**: $W_f = \mathbb{R}$ f hat genau eine **Nullstelle**: $x_0 = 0$ Der **Graph** ist eine **Parabel**.	(Graph: $y = x^3$, $y = x^5$, $y = x^1$)

Gemeinsame Punkte der Graphen:
$(0; 0)$, $(1; 1)$, $(-1; -1)$

$f(x) = x^{-n} = \dfrac{1}{x^n}$ mit $n \in \mathbb{N}$, n gerade	**Definitionsbereich**: $D_f = \mathbb{R} \setminus \{0\}$ **Wertebereich**: $W_f = \mathbb{R}^+$ f hat **keine Nullstelle.** Der **Graph** ist eine **Hyperbel**.	(Graph: $y = x^{-2}$, $y = x^{-4}$)

Gemeinsame Punkte der Graphen: $(1; 1)$, $(-1; 1)$

$f(x) = x^{-n} = \dfrac{1}{x^n}$ mit $n \in \mathbb{N}$, n ungerade	**Definitionsbereich**: $D_f = \mathbb{R} \setminus \{0\}$ **Wertebereich**: $W_f = \mathbb{R} \setminus \{0\}$ f hat **keine Nullstelle.** Der **Graph** ist eine **Hyperbel**.	(Graph: $y = x^{-1}$, $y = x^{-3}$)

Gemeinsame Punkte der Graphen:
$(1; 1)$, $(-1; -1)$

$f(x) = x^q$ mit $q = \dfrac{m}{n}$, $m \in \mathbb{Z}$, $n \in \mathbb{N}$, m und n teilerfremd	**Definitionsbereich**: $D_f = \mathbb{R}_0^+$ für $m > 0$; $\qquad\qquad\qquad D_f = \mathbb{R}^+$ für $m < 0$ **Wertebereich**: $W_f = \mathbb{R}_0^+$ für $m > 0$; $\qquad\qquad\qquad W_f = \mathbb{R}^+$ für $m < 0$ Die **Wurzelfunktionen** $f(x) = \sqrt[n]{x}$ $(m = 1)$ und $f(x) = \dfrac{1}{\sqrt[n]{x}}$ $(m = -1)$ sind	(Graph: $y = \sqrt{x} = x^{\frac{1}{2}}$, $y = \sqrt[3]{x} = x^{\frac{1}{3}}$)

die ⬈ Umkehrfunktionen von Potenzfunktionen mit ganzzahligen Exponenten.
Gemeinsamer Punkt der Graphen: $(1; 1)$

Winkelfunktionen – Sinusfunktion und Kosinusfunktion

	Sinusfunktion	Kosinusfunktion
Darstellung am Einheitskreis		
Graph der Funktion		
Definitionsbereich	$\mathbb{R}$	$\mathbb{R}$
Wertebereich	$[-1; 1]$	$[-1; 1]$
Periodizität	Periode 360° bzw 2π: $\sin x = \sin(x + k \cdot 360°)$, wobei $k \in \mathbb{Z}$	Periode 360° bzw 2π: $\cos x = \cos(x + k \cdot 360°)$, wobei $k \in \mathbb{Z}$
Symmetrie	punktsymmetrisch zum Koordinatenursprung: $\sin(-x) = -\sin x$	achsensymmetrisch zur y-Achse: $\cos(-x) = \cos x$
Quadrantenbeziehungen	II: $\sin(180°-x) = \sin x$ III: $\sin(180°+x) = -\sin x$ IV: $\sin(360°-x) = -\sin x$	II: $\cos(180°-x) = -\cos x$ III: $\cos(180°+x) = -\cos x$ IV: $\cos(360°-x) = \cos x$
Nullstellen	$k \cdot 180°$ bzw. $k \cdot \pi$, wobei $k \in \mathbb{Z}$	$90° + k \cdot 180°$ bzw. $\frac{\pi}{2} + k \cdot \pi$, wobei $k \in \mathbb{Z}$

Die Funktion $y = a \cdot \sin(bx + c)\,(a \neq 0; b \neq 0)$ ☉ 020-1

	$y = \sin x$	$y = a \cdot \sin x$	$y = \sin(bx)$	$y = \sin(x+c)$	$y = a \cdot \sin(bx+c)$
kleinste Periode	2π bzw. 360°	2π bzw. 360°	$\frac{2\pi}{\|b\|}$ bzw. $\frac{360°}{\|b\|}$	2π bzw. 360°	$\frac{2\pi}{\|b\|}$ bzw. $\frac{360°}{\|b\|}$
Nullstellen	$k \cdot \pi, k \in \mathbb{Z}$	$k \cdot \pi, k \in \mathbb{Z}$	$k \cdot \frac{\pi}{b}, k \in \mathbb{Z}$	$k\pi - c, k \in \mathbb{Z}$	$\frac{k\pi - c}{b}, k \in \mathbb{Z}$
Auswirkung des Parameters		Streckung ($\|a\|>1$) bzw. Stauchung ($\|a\|<1$) in y-Richtung	Streckung ($\|b\|<1$) bzw. Stauchung ($\|b\|>1$) in x-Richtung	Verschiebung in positive ($c<0$) bzw. negative ($c>0$) x-Richtung	Streckung bzw. Stauchung in y-Richtung und Verschiebung in x-Richtung bezogen auf $y = \sin(bx)$

Winkelfunktionen – Tangensfunktion und Kotangensfunktion

	Tangensfunktion	Kotangensfunktion
Darstellung am Einheitskreis	*(Einheitskreis mit $P(u_P; v_P)$, $\tan x$)*	*(Einheitskreis mit $\cot x$, $P(u_P; v_P)$)*
Graph der Funktion	*(Graph mit Periode π, $y = \tan x$, $y = \cot x$)*	
Definitionsbereich	$\mathbb{R} \setminus \left\{ (2k+1) \cdot \dfrac{\pi}{2} \right\}, k \in \mathbb{Z}$	$\mathbb{R} \setminus \{ k \cdot \pi \}, k \in \mathbb{Z}$
Wertebereich	$\mathbb{R}$	$\mathbb{R}$
Periodizität	Periode 180° bzw. π: $\tan x = \tan(x + k \cdot 180°)$, wobei $k \in \mathbb{Z}$	Periode 180° bzw. π: $\cot x = \cot(x + k \cdot 180°)$, wobei $k \in \mathbb{Z}$
Symmetrie	punktsymmetrisch zum Koordinatenursprung: $\tan(-x) = -\tan x$	punktsymmetrisch zum Koordinatenursprung: $\cot(-x) = -\cot x$
Quadranten-beziehungen	II: $\tan(180° - x) = -\tan x$ III: $\tan(180° + x) = \tan x$ IV: $\tan(360° - x) = -\tan x$	II: $\cot(180° - x) = -\cot x$ III: $\cot(180° + x) = \cot x$ IV: $\cot(360° - x) = -\cot x$
Nullstellen	$k \cdot 180°$ bzw. $k \cdot \pi$, wobei $k \in \mathbb{Z}$	$90° + k \cdot 180°$ bzw. $\dfrac{\pi}{2} + k \cdot \pi$, wobei $k \in \mathbb{Z}$

Spezielle Funktionswerte der Winkelfunktionen

x	0	$\dfrac{\pi}{6}$	$\dfrac{\pi}{4}$	$\dfrac{\pi}{3}$	$\dfrac{\pi}{2}$	$\dfrac{2\pi}{3}$	$\dfrac{3\pi}{4}$	$\dfrac{5\pi}{6}$	π	$\dfrac{5\pi}{4}$	$\dfrac{3\pi}{2}$	2π
	0°	30°	45°	60°	90°	120°	135°	150°	180°	225°	270°	360°
$\sin x$	0	$\dfrac{1}{2}$	$\dfrac{1}{2}\sqrt{2}$	$\dfrac{1}{2}\sqrt{3}$	1	$\dfrac{1}{2}\sqrt{3}$	$\dfrac{1}{2}\sqrt{2}$	$\dfrac{1}{2}$	0	$-\dfrac{1}{2}\sqrt{2}$	-1	0
$\cos x$	1	$\dfrac{1}{2}\sqrt{3}$	$\dfrac{1}{2}\sqrt{2}$	$\dfrac{1}{2}$	0	$-\dfrac{1}{2}$	$-\dfrac{1}{2}\sqrt{2}$	$-\dfrac{1}{2}\sqrt{3}$	-1	$-\dfrac{1}{2}\sqrt{2}$	0	1
$\tan x$	0	$\dfrac{1}{3}\sqrt{3}$	1	$\sqrt{3}$	–	$-\sqrt{3}$	-1	$-\dfrac{1}{3}\sqrt{3}$	0	1	–	0

Mathematik ▶

Darstellung einer Winkelfunktion durch eine andere Funktion desselben Winkels

Komplementwinkelbeziehung:	$\sin x = \cos(90° - x)$; $\cos x = \sin(90° - x)$
	$\tan x = \cot(90° - x)$; $\cot x = \tan(90° - x)$
„trigonometrischer Pythagoras":	$\sin^2 x + \cos^2 x = 1$

$\sin^2 x = 1 - \cos^2 x$	$\cos^2 x = 1 - \sin^2 x$	$\tan^2 x = \dfrac{\sin^2 x}{1 - \sin^2 x}$	$\cot^2 x = \dfrac{1 - \sin^2 x}{\sin^2 x}$
$\sin^2 x = \dfrac{\tan^2 x}{1 + \tan^2 x}$	$\cos^2 x = \dfrac{1}{1 + \tan^2 x}$	$\tan^2 x = \dfrac{1 - \cos^2 x}{\cos^2 x}$	$\cot^2 x = \dfrac{\cos^2 x}{1 - \cos^2 x}$

Additionstheoreme

$\sin(\alpha + \beta) = \sin\alpha \cdot \cos\beta + \cos\alpha \cdot \sin\beta$	$\sin(\alpha - \beta) = \sin\alpha \cdot \cos\beta - \cos\alpha \cdot \sin\beta$
$\cos(\alpha + \beta) = \cos\alpha \cdot \cos\beta - \sin\alpha \cdot \sin\beta$	$\cos(\alpha - \beta) = \cos\alpha \cdot \cos\beta + \sin\alpha \cdot \sin\beta$
$\tan(\alpha + \beta) = \dfrac{\tan\alpha + \tan\beta}{1 - \tan\alpha \cdot \tan\beta}$	$\tan(\alpha - \beta) = \dfrac{\tan\alpha - \tan\beta}{1 + \tan\alpha \cdot \tan\beta}$

Summen/Differenzen sowie Funktionen des doppelten und des halben Winkels

$\sin\alpha + \sin\beta = 2 \cdot \sin\dfrac{\alpha+\beta}{2} \cos\dfrac{\alpha-\beta}{2}$	$\sin\alpha - \sin\beta = 2 \cdot \cos\dfrac{\alpha+\beta}{2} \sin\dfrac{\alpha-\beta}{2}$
$\cos\alpha + \cos\beta = 2 \cdot \cos\dfrac{\alpha+\beta}{2} \cos\dfrac{\alpha-\beta}{2}$	$\cos\alpha - \cos\beta = -2 \cdot \sin\dfrac{\alpha+\beta}{2} \sin\dfrac{\alpha-\beta}{2}$
$\tan\alpha + \tan\beta = \dfrac{\sin(\alpha+\beta)}{\cos\alpha \cdot \cos\beta}$	$\tan\alpha - \tan\beta = \dfrac{\sin(\alpha-\beta)}{\cos\alpha \cdot \cos\beta}$

$\sin 2\alpha = 2 \cdot \sin\alpha\cos\alpha = \dfrac{2 \cdot \tan\alpha}{1 + \tan^2\alpha}$	$\sin\dfrac{\alpha}{2} = \sqrt{\dfrac{1 - \cos\alpha}{2}} \qquad \tan\dfrac{\alpha}{2} = \sqrt{\dfrac{1 - \cos\alpha}{1 + \cos\alpha}}$
$\cos 2\alpha = \cos^2\alpha - \sin^2\alpha = 1 - 2 \cdot \sin^2\alpha$ $\qquad\qquad = 2 \cdot \cos^2\alpha - 1$	$\cos\dfrac{\alpha}{2} = \sqrt{\dfrac{1 + \cos\alpha}{2}} \qquad\qquad = \dfrac{\sin\alpha}{1 + \cos\alpha}$
$\tan 2\alpha = \dfrac{2 \cdot \tan\alpha}{1 - \tan^2\alpha}\ (\tan^2\alpha \neq 1)$	$\qquad\qquad = \dfrac{1 - \cos\alpha}{\sin\alpha}$
$\sin 3\alpha = 3 \cdot \sin\alpha - 4 \cdot \sin^3\alpha$	$\cos 3\alpha = 4 \cdot \cos^3\alpha - 3 \cdot \cos\alpha$

Ebene Kurven in Parameterdarstellung ☉ 022-1

Definition	Eine **ebene Kurve** ist eine Abbildung $\varphi: I \to \mathbb{R}^2$, $t \mapsto (x(t); y(t))$ eines Intervalls $I \subset \mathbb{R}$ in die Ebene $\mathbb{R}^2$ mit Funktionen $x: I \to \mathbb{R}$ und $y: I \to \mathbb{R}$. Die Koordinaten der Kurvenpunkte sind Funktionen des **Kurvenparameters** t.
geschlossene Kurven; Doppelpunkte	Eine Kurve $\varphi: I = [t_0; t_1] \to \mathbb{R}^2$ heißt **geschlossene Kurve**, wenn $\varphi(t_0) = \varphi(t_1)$ gilt, wenn also der **Anfangspunkt** $\varphi(t_0)$ und der **Endpunkt** $\varphi(t_1)$ der Kurve übereinstimmen. Wird allgemein für zwei verschiedene Parameterwerte $s_1, s_2 \in [t_0; t_1]$, $s_1 \neq s_2$ derselbe Punkt durchlaufen, so heißt dieser Punkt $\varphi(s_1) = \varphi(s_2)$ ein **Doppelpunkt** der Kurve.
Spur einer Kurve	Gegeben sei eine Kurve $\varphi: I \to \mathbb{R}^2$, $t \mapsto (x(t); y(t))$ in der Ebene. Die Menge aller Punkte der Ebene, die zur Kurve gehören, also das Bild der Kurve, heißt die **Spur der Kurve**: $\mathrm{Spur}(\varphi) = \{\varphi(t) \mid t \in I\} = \{(x(t); y(t)) \mid t \in I\}$

Rationale Funktionen

Ganzrationale Funktionen ⊙ 023-1	Eine Funktion f mit $y = f(x) = a_n x^n + \dots + a_2 x^2 + a_1 x + a_0$ ($n \in \mathbb{N}$, $a_i \in \mathbb{R}$, $a_n \neq 0$) heißt **ganzrationale Funktion** oder **Polynomfunktion vom Grad n**. Der **Definitionsbereich** ist $D_f = \mathbb{R}$. Eine ganzrationale Funktion vom Grad n hat **höchstens n Nullstellen**. Zwischen zwei benachbarten Nullstellen liegt mindestens ein ↗ Maximum oder ↗ Minimum.
Gebrochen-rationale Funktionen	Eine Funktion f mit $y = f(x) = \dfrac{u(x)}{v(x)}$, wobei u und v Polynome sind, heißt **gebrochenrationale Funktion**. Der **Definitionsbereich** ist $D_f = \mathbb{R} \setminus \{x \mid v(x) = 0\}$ (↗ Asymptoten gebrochenrationaler Funktionen, S. 51)

Graph einer ganzrationalen Funktion 4. Grades

Exponentialfunktionen/Logarithmusfunktionen ↻ 023-1

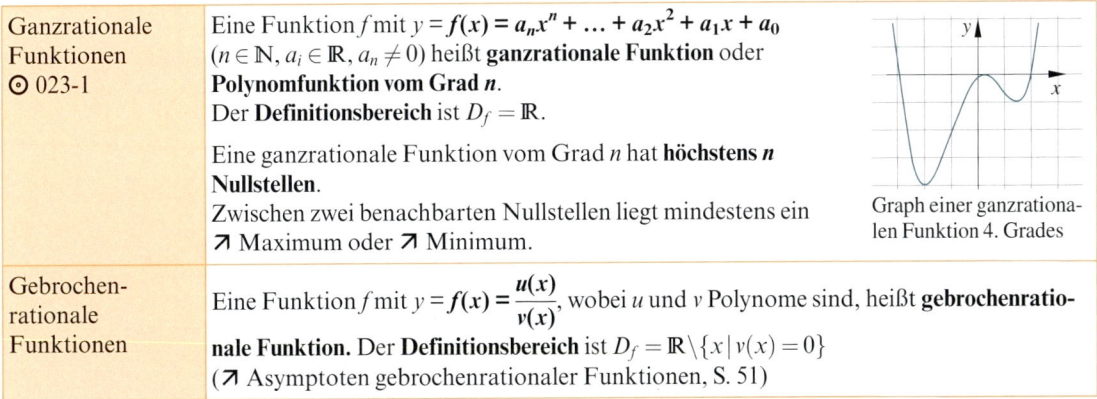

Exponential-funktionen	Jede Funktion f mit $f(x) = a^x$ mit $a \in \mathbb{R}^+$, $a \neq 1$, heißt **Exponentialfunktion.** **Definitionsbereich**: $D_f = \mathbb{R}$; **Wertebereich**: $D_f = \mathbb{R}^+$ Die Funktion f hat **keine Nullstelle**. Der **Graph** von f ist ➤ **für $a > 1$** streng monoton **steigend**, ➤ **für $a < 1$** streng monoton **fallend**. Alle Graphen gehen durch $(0; 1)$.
Logarithmusfunk-tionen	$y = f(x) = \log_a x$ ist die Umkehrfunktion der Funktion $y = a^x$ mit $a \in \mathbb{R}^+$, $a \neq 1$. **Definitionsbereich**: $D_f = \mathbb{R}^+$ **Wertebereich**: $W_f = \mathbb{R}$ f hat genau eine **Nullstelle**: $x_0 = 1$ Die Umkehrfunktion zu $y = e^x$ ist die Funktion des **natürlichen Logarithmus** $f(x) = \ln x$. Die Umkehrfunktion zu $y = 10^x$ ist die Funktion des **dekadischen Logarithmus** $f(x) = \lg x$. Alle Graphen gehen durch $(1; 0)$.

Exponentielles Wachstum ⊙ 023-2

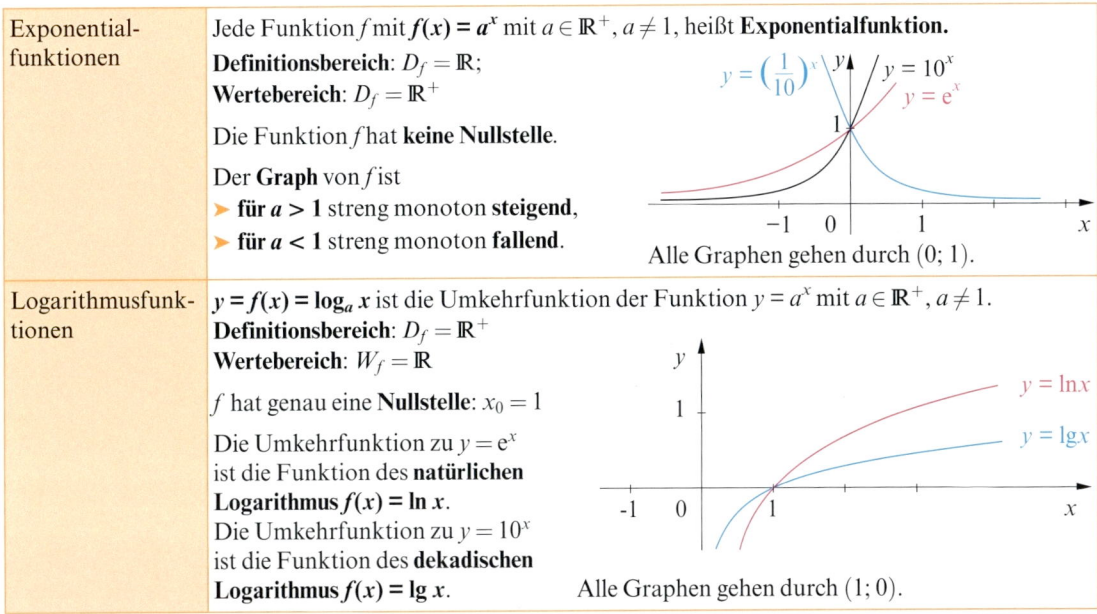

Beschreibung	Beim exponentiellen Wachstum ändert sich eine Größe N in gleichen Zeitabständen stets um den **gleichen Faktor**, das heißt, für jeden Zeitpunkt t gilt $N(t+1) = N(t) \cdot q$ ($q > 0$; $q \neq 1$) q heißt **Wachstumsfaktor**.
Wachstums-funktion	$N(t) = N_0 \cdot q^t$. N_0: **Anfangswert** bei $t = 0$ ($N_0 > 0$) q: **Wachstumsfaktor** ($q > 0$; $q \neq 1$) $y = N_0 \cdot q^t$, $q > 1$ (exp. Zunahme) $y = N_0 \cdot q^t$, $0 < q < 1$ (exp. Abnahme)
Halbwertszeit/ Verdopplungszeit	Bei exponentieller Zunahme gibt die **Verdopplungszeit T_2** die Zeit an, in der sich der Wert der Größe N verdoppelt. Bei exponentieller Abnahme gibt die **Halbwertszeit $T_{1/2}$** die Zeit an, in der sich der Wert der Größe N halbiert.

Mathematik ▶

Grundbegriffe der Geometrie

Koordinatensysteme ↻ 024-1

Kartesische Koordinatensysteme

Koordinaten eines Punktes in einer Ebene
$P(x_P; y_P)$
$Q(x_Q; y_Q)$

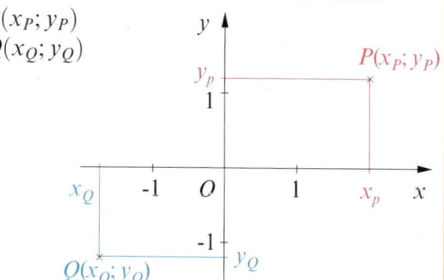

Koordinaten eines Punktes im Raum
$P(x_P; y_P; z_P)$

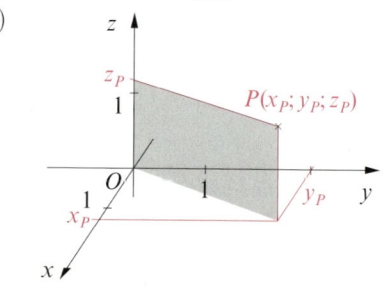

Polarkoordinaten

Koordinaten eines Punktes in einer Ebene
$P(r; \varphi)$ mit $0 < r < \infty$ und $0 \leq \varphi < 360°$

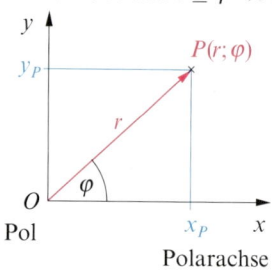

Koordinaten eines Punktes im Raum
$P(r; \lambda; \varphi)$ mit $0 < r < \infty$; $-180° \leq \lambda < 180°$; $-90° < \varphi < 90°$

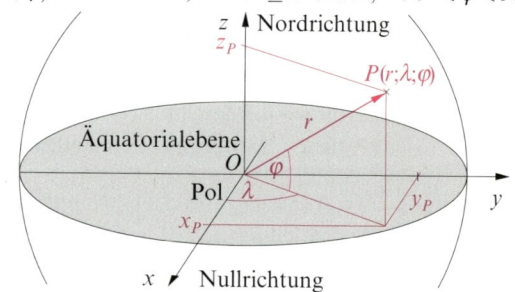

Zur Umrechnung von kartesischen Koordinaten in Polarkoordinaten gilt:
$x = r \cdot \cos \varphi$
$y = r \cdot \sin \varphi \qquad r = \sqrt{x^2 + y^2}$

Zur Umrechnung von kartesischen Koordinaten in Polarkoordinaten gilt:
$x = r \cdot \cos \varphi \cos \lambda$
$y = r \cdot \sin \lambda \cos \varphi \qquad r = \sqrt{x^2 + y^2 + z^2}$
$z = r \cdot \sin \varphi$

Winkelmaße ↻ 024-2

Gradmaß	Beim Gradmaß wird dem Vollwinkel die Zahl 360 zugeordnet.

Einheit: 1 Grad (1°)
(360ster Teil des Vollwinkels)
1 Winkelminute (1′)
1 Winkelsekunde (1″)
$1° = 60' = 3600''$

Taschenrechner: Taste ⎣DEG⎦

Bogenmaß

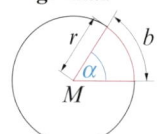

Beim Bogenmaß wird jedem Winkel das Verhältnis $\dfrac{b}{r}$ von Bogenlänge und Radius zugeordnet.

Einheit: 1 Radiant
(wenn Bogenlänge $b =$ Radius r)

$\alpha = 1 \text{ rad}$
$\approx 57,296°$

Taschenrechner: Taste ⎣RAD⎦

Umrechnungsgleichungen: Bezeichnet man die Winkelgröße im Gradmaß mit α und die Winkelgröße im Bogenmaß mit arc α (lat. *arcus* = Bogen), so gilt:

$$\text{arc } \alpha = \frac{\pi}{180°} \cdot \alpha \approx 0{,}01745 \cdot \alpha \text{ und } \alpha = \frac{180°}{\pi} \cdot \text{arc } \alpha \approx 57{,}29578 \cdot \text{arc } \alpha$$

Grad	1	10	30	45	60	72	90	180	270
rad	$\approx 0{,}0175$	$\approx 0{,}175$	$\dfrac{\pi}{6} \approx 0{,}524$	$\dfrac{\pi}{4} \approx 0{,}785$	$\dfrac{\pi}{3} \approx 1{,}047$	$\dfrac{2\pi}{5} \approx 1{,}257$	$\dfrac{\pi}{2} \approx 1{,}571$	π	$\dfrac{3\pi}{2}$

Winkelarten

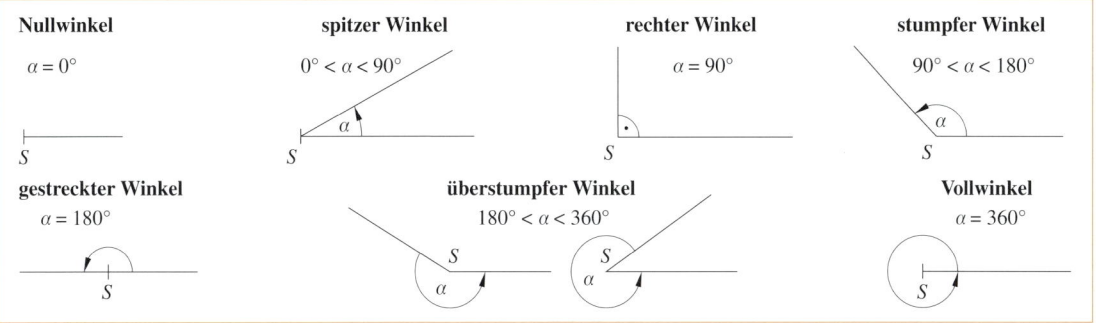

| Nullwinkel | spitzer Winkel | rechter Winkel | stumpfer Winkel |
| $\alpha = 0°$ | $0° < \alpha < 90°$ | $\alpha = 90°$ | $90° < \alpha < 180°$ |

| gestreckter Winkel | überstumpfer Winkel | Vollwinkel |
| $\alpha = 180°$ | $180° < \alpha < 360°$ | $\alpha = 360°$ |

Kongruenz und Ähnlichkeit

Kongruenz	Zwei Figuren heißen zueinander **kongruent** oder **deckungsgleich**, wenn man sie durch geeignete Abbildungen (Bewegungen) zur Deckung bringen kann. Als **Kongruenzabbildung** wird jede Abbildung der Ebene auf sich bezeichnet, bei der das Bild jeder beliebigen Figur kongruent zur Originalfigur ist. Jede Kongruenzabbildung ist darstellbar als *Hintereinanderausführung von Parallelverschiebungen, Drehungen und Spiegelungen*. **Für alle Kongruenzabbildungen gilt:** Streckenlängen und Winkelgrößen bleiben erhalten.
Ähnlichkeit	Figuren, die durch **maßstäbliche Vergrößerung oder Verkleinerung** auseinander hervorgehen, heißen **zueinander ähnlich**. Der **Maßstab** wird auch als **Ähnlichkeitsfaktor k** bezeichnet. Als **Ähnlichkeitsabbildung** wird jede Abbildung der Ebene bezeichnet, bei der das Bild jeder beliebigen Figur zur Originalfigur ähnlich ist. Jede Ähnlichkeitsabbildung ist darstellbar als *Hintereinanderausführung von Kongruenzabbildungen und zentrischen Streckungen*. **Für alle Ähnlichkeitsabbildungen gilt:** Winkelgrößen und Längen*verhältnisse* bleiben erhalten.

Kongruenz- und Ähnlichkeitssätze für Dreiecke

Kongruenzsätze	Ähnlichkeitssätze
Dreiecke sind kongruent,	Dreiecke sind zueinander ähnlich,
➤ wenn sie in den drei Seiten übereinstimmen (sss),	➤ wenn jede Seite des einen Dreiecks mit je einer Seite des anderen Dreiecks das gleiche Verhältnis bildet,
➤ wenn sie in einer Seite und den dieser Seite anliegenden Winkeln übereinstimmen (wsw),	➤ wenn sie in zwei Winkeln übereinstimmen **(Hauptähnlichkeitssatz),**
➤ wenn sie in zwei Seiten und dem von diesen Seiten eingeschlossenen Winkel übereinstimmen (sws),	➤ wenn sie in einem Winkel übereinstimmen und die dem Winkel anliegenden Seiten gleiche Verhältnisse bilden,
➤ wenn sie in zwei Seiten und dem der größeren Seite gegenüberliegenden Winkel übereinstimmen (SsW).	➤ wenn zwei Seiten des einen Dreiecks mit je einer Seite des anderen Dreiecks das gleiche Verhältnis bilden und wenn sie in dem Winkel übereinstimmen, der jeweils der größeren Seite gegenüberliegt.

Zentrische Steckung

Eine **zentrische Streckung** $(Z; k)$ mit dem **Streckungszentrum** Z und dem **Streckungs-faktor** k ist eine Abbildung, die jedem Punkt $A \neq Z$ einen Punkt A' zuordnet, der auf der Geraden ZA liegt, und für den gilt: $\left|\overline{ZA'}\right| = |k| \cdot \left|\overline{ZA}\right|$.
Der Bildpunkt von Z ist Z selbst: $Z' = Z$.

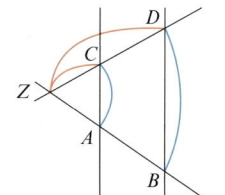

Eigenschaften einer zentrischen Streckung $(Z; k)$
➤ Originalfigur und Bildfigur sind zueinander ähnlich.
➤ Für das Bild $\overline{A'B'}$ der Strecke $\overline{AB}$ gilt $\left|\overline{A'B'}\right| = |k| \cdot \left|\overline{AB}\right|$.
➤ Für die Flächeninhalte A_F und $A_{F'}$ einer Fläche F und ihres Bildes F' gilt $A_{F'} = |k|^2 \cdot A_F$.
➤ Für die Volumina V und V' eines Körpers K und seines Bildes K' gilt $V' = |k|^3 \cdot V$.
➤ Winkelgrößen bleiben erhalten.

Strahlensätze ⊙ 026-1

Wenn zwei Strahlen mit einem gemeinsamen Anfangspunkt von zwei Parallelen geschnitten werden, dann gelten für die dabei entstehenden Teilstrecken folgende Sätze:

1. Strahlensatz
$\left|\overline{ZA}\right| : \left|\overline{ZB}\right| = \left|\overline{ZC}\right| : \left|\overline{ZD}\right|$ bzw. $\left|\overline{ZA}\right| : \left|\overline{AB}\right| = \left|\overline{ZC}\right| : \left|\overline{CD}\right|$

2. Strahlensatz
$\left|\overline{AC}\right| : \left|\overline{BD}\right| = \left|\overline{ZA}\right| : \left|\overline{ZB}\right|$ bzw. $\left|\overline{AC}\right| : \left|\overline{BD}\right| = \left|\overline{ZC}\right| : \left|\overline{ZD}\right|$

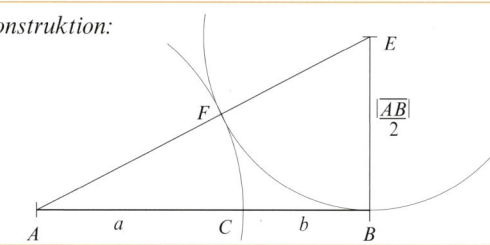

Umkehrung des 1. Strahlensatzes
Zwei Strahlen mit einem gemeinsamen Anfangspunkt werden von zwei Geraden geschnitten.
Wenn für die Teilstrecken $\left|\overline{ZA}\right| : \left|\overline{ZB}\right| = \left|\overline{ZC}\right| : \left|\overline{ZD}\right|$ gilt, so sind die beiden Geraden parallel zueinander.
Achtung: Die Umkehrung des zweiten Strahlensatzes gilt nicht.
Hinweis: Mithilfe der Strahlensätze kann eine gegebene Strecke konstruktiv in einem vorgegebenen Verhältnis geteilt werden (**Streckenteilung**).

Goldener Schnitt

Wird eine Strecke $\overline{AB}$ in zwei Teilstrecken $\overline{AC}$ und $\overline{CB}$ geteilt und steht die größere Teilstrecke zur kleineren im gleichen Verhältnis wie die Gesamtstrecke zur größeren Teilstrecke, so spricht man vom Goldenen Schnitt:
$\left|\overline{AC}\right| : \left|\overline{CB}\right| = \left|\overline{AB}\right| : \left|\overline{AC}\right|$ bzw. $\dfrac{a}{b} = \dfrac{a+b}{a}$

Konstruktion:

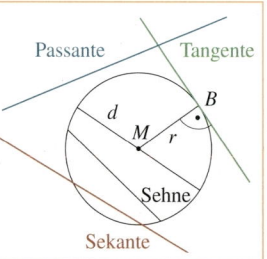

Begriffe am Kreis

Ein Kreis vom **Radius** r besteht aus allen Punkten der Ebene, die von einem gegebenen **Mittelpunkt** M den gleichen Abstand r haben.
Die Verbindungsstrecke zweier beliebiger Kreispunkte heißt **Sehne**, ihre Verlängerung zur Geraden heißt **Sekante**.

Eine Sehne durch M heißt **Durchmesser** d.

Eine Gerade, die mit dem Kreis genau einen **Berührungspunkt** B gemeinsam hat, heißt **Tangente**. Der **Berührungsradius** $\overline{MB}$ steht senkrecht auf der Tangente.

Darstellung von Körpern durch Schrägbilder und Zweitafelbilder

Schrägbild bei Quader und quadratischer Pyramide ($\alpha = 45°$; $q = 0,5$)

Die Darstellung mit dem Verzerrungswinkel $\alpha = 45°$ und dem Verkürzungsfaktor $q = 0,5$ wird als **Kavalierperspektive** bezeichnet.

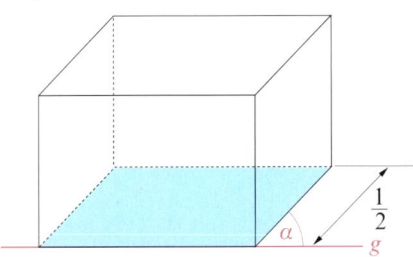 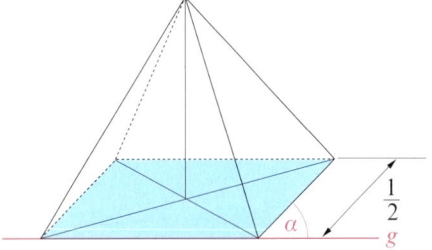

① Die Strecken, die parallel zur Zeichenebene verlaufen, werden in wahrer Länge gezeichnet. Parallele Strecken bleiben parallel.
② In die Tiefe gehende Strecken werden im Winkel von $\alpha = 45°$ an die Horizontale g angetragen und auf die Hälfte verkürzt.
③ Punkte werden verbunden, nicht sichtbare Strecken werden gestrichelt gezeichnet.

Schrägbilder mit anderen Verzerrungen

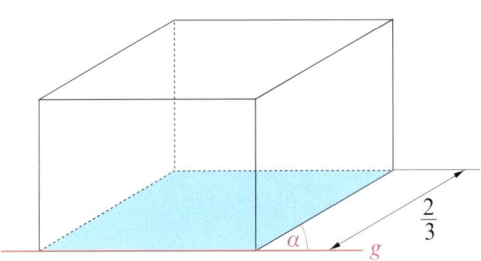 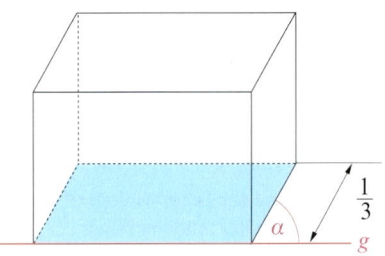

Verzerrungswinkel $\alpha = 30°$
Verkürzungsfaktor $q = \dfrac{2}{3}$

Verzerrungswinkel $\alpha = 60°$
Verkürzungsfaktor $q = \dfrac{1}{3}$

Senkrechte Dreitafelprojektion – Ansichten

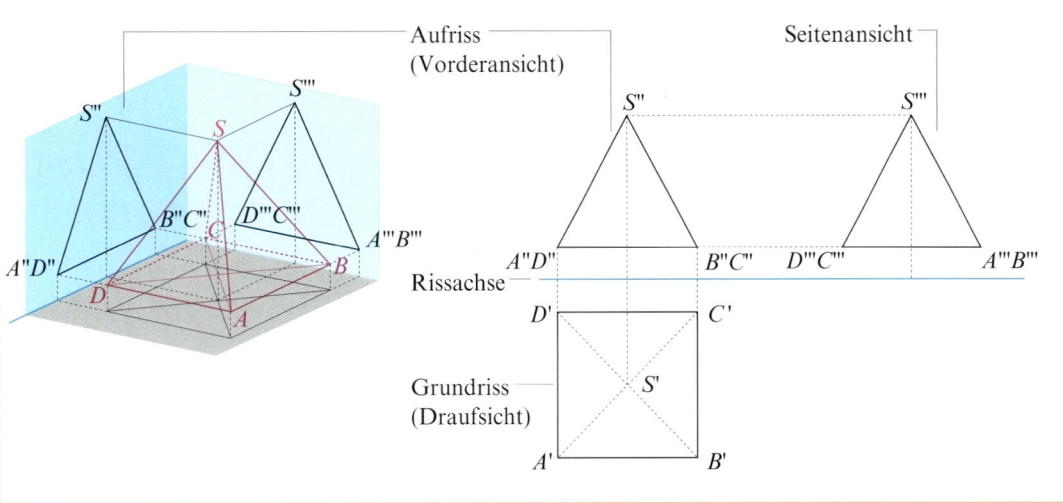

Mathematik ▶

Ebene Figuren

Einteilung der Dreiecke

Einteilung der Dreiecke nach den Seiten		
unregelmäßig (alle Seiten sind paarweise verschieden lang) $a \neq b \neq c \neq a$ 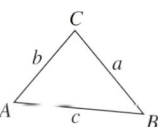	**gleichschenklig** (ein Paar gleich langer Seiten)	
	nicht gleichseitig (genau zwei Seiten sind gleich lang) $a = b \neq c$ 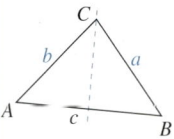	**gleichseitig** (alle Seiten sind gleich lang) $a = b = c$ 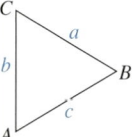

Einteilung der Dreiecke nach den Innenwinkeln		
spitzwinklig (alle Innenwinkel sind spitz) 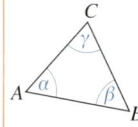 $\alpha < 90°$ $\beta < 90°$ $\gamma < 90°$	**rechtwinklig** (es gibt einen rechten Winkel) 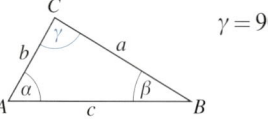 $\gamma = 90°$	**stumpfwinklig** (ein Innenwinkel ist stumpf) 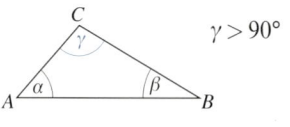 $\gamma > 90°$

Sätze im allgemeinen Dreieck

Dreiecksungleichung	Die Summe der Längen zweier Seiten ist stets größer als die Länge der dritten Seite: $a + b > c$ $\qquad$ $a + c > b$ $\qquad$ $b + c > a$
Sätze über Innenwinkel und Außenwinkel	**Summe der Innenwinkel:** $\alpha + \beta + \gamma = 180°$ **Summe der Außenwinkel:** $\alpha_1 + \beta_1 + \gamma_1 = 360°$ **Außenwinkelsatz:** $\alpha_1 = \beta + \gamma$, $\beta_1 = \alpha + \gamma$, $\gamma_1 = \alpha + \beta$
Höhen	Die **Höhen** eines Dreiecks sind die Lote von den Eckpunkten auf die jeweils gegenüberliegende Seite (oder deren Verlängerung). Die Höhen schneiden sich in genau einem Punkt, dem **Höhenschnittpunkt.** Die Längen von je zwei Höhen stehen im umgekehrten Verhältnis wie die Längen der zugehörigen Seiten.
Seitenhalbierende	Die **Seitenhalbierenden** eines Dreiecks verbinden jeweils den Mittelpunkt einer Seite mit dem gegenüberliegenden Eckpunkt. Sie schneiden sich im **Schwerpunkt** S des Dreiecks. S teilt die Seitenhalbierenden im Verhältnis $2 : 1$.
Winkelhalbierende	Die **Winkelhalbierenden** eines Dreiecks schneiden sich im **Inkreismittelpunkt**. Dies ist der Mittelpunkt des Kreises, der alle Dreiecksseiten berührt.
Mittelsenkrechte	Die **Mittelsenkrechten** eines Dreiecks sind die Mittelsenkrechten seiner Seiten. Sie schneiden sich im **Umkreismittelpunkt**, dem Mittelpunkt des Kreises, auf dem alle drei Eckpunkte des Dreiecks liegen.

Berechnungsformeln für Dreiecke ↗ „Ebene Figuren – Übersicht und Berechnungsformeln", S. 30
Kongruenz- und Ähnlichkeitssätze für Dreiecke ↗ S. 25

Rechtwinklige Dreiecke – Grundbegriffe

Bezeichnungen	Die in einem rechtwinkligen Dreieck dem rechten Winkel gegenüberliegende Seite heißt **Hypotenuse**. Sie wird von der zugehörigen Höhe in die **Hypotenusenabschnitte** unterteilt. Die Hypotenuse ist die längste Seite im rechtwinkligen Dreieck. Die beiden kürzeren Seiten, die den rechten Winkel einschließen, heißen **Katheten**.	
Satz des Thales	Liegen die Ecken eines Dreiecks so auf einem Kreis, dass eine Seite des Dreiecks der Kreisdurchmesser ist, so ist das Dreieck rechtwinklig. Umgekehrt liegt der Umkreismittelpunkt eines rechtwinkligen Dreiecks auf der Hypotenuse.	$\gamma = 90°$

Satzgruppe des Pythagoras (Flächensätze am rechtwinkligen Dreieck) ⊙ 029-1

Satz des Pythagoras	Kathetensatz	Höhensatz
$a^2 + b^2 = c^2$	$b^2 = q \cdot c; \ \ a^2 = p \cdot c$	$h^2 = p \cdot q$
In jedem rechtwinkligen Dreieck ist das Hypotenusenquadrat flächengleich mit der Summe der Kathetenquadrate.	In jedem rechtwinkligen Dreieck ist ein Kathetenquadrat flächengleich zu dem Rechteck aus Hypotenuse und zugehörigem Hypotenusenabschnitt.	In jedem rechtwinkligen Dreieck ist das Quadrat über der Höhe flächengleich zu dem Rechteck aus den beiden Hypotenusenabschnitten.

Trigonometrische Beziehungen in Dreiecken ⊙ 029-2

Sinus, Kosinus, Tangens im rechtwinkligen Dreieck	**Sinus** von α $\qquad \sin \alpha = \dfrac{\text{Gegenkathete}}{\text{Hypotenuse}}$ **Kosinus** von α $\qquad \cos \alpha = \dfrac{\text{Ankathete}}{\text{Hypotenuse}}$ **Tangens** von α $\quad \tan \alpha = \dfrac{\text{Gegenkathete}}{\text{Ankathete}} = \dfrac{\sin \alpha}{\cos \alpha}$	
Sinussatz	In jedem Dreieck verhalten sich die Längen zweier Seiten wie die Sinuswerte der gegenüberliegenden Winkel.	$\dfrac{a}{b} = \dfrac{\sin \alpha}{\sin \beta}; \ \ \dfrac{a}{c} = \dfrac{\sin \alpha}{\sin \gamma}; \ \ \dfrac{b}{c} = \dfrac{\sin \beta}{\sin \gamma}$
Kosinussatz	In jedem Dreieck ist das Quadrat einer Seitenlänge gleich der Summe der Quadrate der beiden anderen Seitenlängen vermindert um das doppelte Produkt aus diesen beiden Seitenlängen und dem Kosinus des von ihnen eingeschlossenen Winkels.	$a^2 = b^2 + c^2 - 2bc \cdot \cos \alpha$ $b^2 = a^2 + c^2 - 2ac \cdot \cos \beta$ $c^2 = a^2 + b^2 - 2ab \cdot \cos \gamma$

Mathematik

Ebene Figuren – Übersicht und Berechnungsformeln

(Bezeichnungen: u – Umfang; A – Flächeninhalt; h – Höhe; h_s – Höhe auf der Seite s; r – Radius)

Allgemeines Dreieck

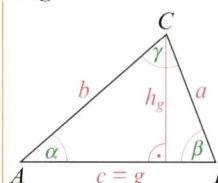

$u = a + b + c$

$A = \frac{1}{2} g \cdot h_g = \frac{1}{2} ab \cdot \sin \gamma$

$\alpha + \beta + \gamma = 180°$

$\frac{a}{\sin \alpha} = \frac{b}{\sin \beta} = \frac{c}{\sin \gamma}$

$c^2 = a^2 + b^2 - 2ab \cdot \cos \gamma$

Rechtwinkliges Dreieck ($\gamma = 90°$)

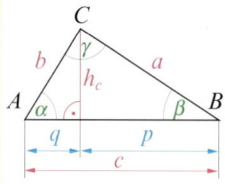

$A = \frac{1}{2} ab; \; a^2 + b^2 = c^2$

$h_c^2 = p \cdot q; \; a^2 = p \cdot c$

$b^2 = q \cdot c; \; \sin \alpha = \frac{a}{c}$

$\cos \alpha = \frac{b}{c}; \; \tan \alpha = \frac{a}{b}$

Gleichschenkliges Dreieck

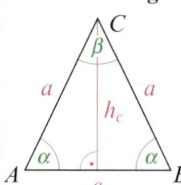

$u = 2a + c; \; \beta = 180° - 2\alpha$

$h_c = \sqrt{a^2 - \frac{1}{4} c^2}; \; A = \frac{1}{2} c \cdot h_c$

1 Symmetrieachse

Gleichseitiges Dreieck

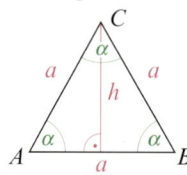

$u = 3a$

$A = \frac{a^2}{4} \sqrt{3}$ mit $h = \frac{a}{2} \sqrt{3}$

$\alpha = 60°$

3 Symmetrieachsen

Allgemeines (unregelmäßiges) Viereck

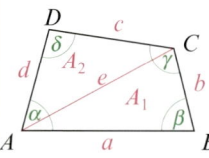

$u = a + b + c + d$

$A = A_1 + A_2$

$\alpha + \beta + \gamma + \delta = 360°$

Allgemeines n-Eck

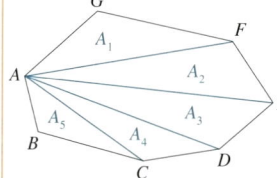

$A = A_1 + A_2 + \ldots + A_{n-2}$

Innenwinkelsumme:

$(n - 2) \cdot 180°$.

Trapez ($a \parallel c$)

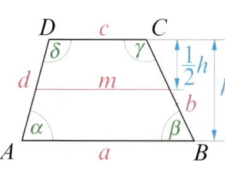

$A = \frac{1}{2} (a + c) \cdot h = m \cdot h$

$m = \frac{1}{2} (a + c)$

$\alpha + \delta = 180°$

$\beta + \gamma = 180°$

Parallelogramm ($a \parallel c; b \parallel d$)

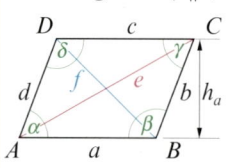

$u = 2(a + b)$

$A = a \cdot h_a = b \cdot h_b$

$A = ab \cdot \sin \alpha$

$\quad = ab \cdot \sin \beta$

$a = c; b = d$

$\beta = \delta; \; \alpha + \beta = 180°$

$\alpha = \gamma; \; \alpha + \delta = 180°$

Die Diagonalen halbieren einander.
Ein Parallelogramm hat keine Symmetrieachse.

Raute (Rhombus) ($a \parallel c; b \parallel d$)

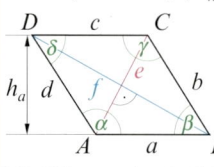

Die Diagonalen halbieren einander. Eine Raute hat 2 Symmetrieachsen.

$u = 4a$

$A = a \cdot h_a$

$A = \frac{1}{2} e \cdot f; \; e \perp f$

$A = a^2 \cdot \sin \alpha = a^2 \cdot \sin \beta$

$a = b = c = d$

$\alpha = \gamma; \; \beta = \delta$

$\alpha + \beta = 180°$

Drachenviereck ($a = b; c = d$)

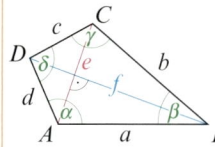

$u = 2(a + d)$

$A = \frac{1}{2} e \cdot f$

$\alpha = \gamma$

$e \perp f$

Eine Diagonale (in der Zeichnung e) wird von der anderen (f) halbiert. Es gibt eine Symmetrieachse.

Rechteck ($a \parallel c; b \parallel d; a \perp b$)

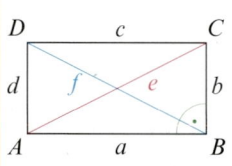

$u = 2(a + b)$

$A = ab$

$a = c, \; b = d$

$e = f$

$e = \sqrt{a^2 + b^2}$

$\alpha = \beta = \gamma = \delta = 90°$

Die Diagonalen sind gleich lang und halbieren einander. Ein Rechteck hat zwei Symmetrieachsen.

Quadrat ($a \parallel c; b \parallel d; a \perp b$)

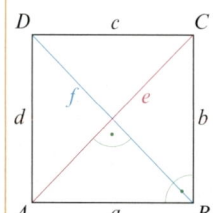

$u = 4a$

$A = a^2$

$a = b = c = d$

$\alpha = \beta = \gamma = \delta = 90°$

$e = f; \; e \perp f$

$e = a\sqrt{2}$

Die Diagonalen sind orthogonal, gleich lang und halbieren einander. Es gibt vier Symmetrieachsen.

Sehnenviereck

Die Summe der Gegenwinkel im Sehnenviereck ist stets 180°. Es gibt einen Umkreis.

$\alpha + \gamma = 180°$
$\beta + \delta = 180°$

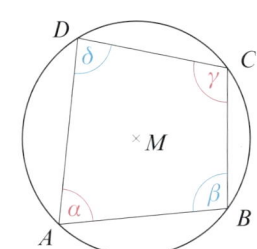

Tangentenviereck

Die Summe der Gegenseiten im Tangentenviereck ist jeweils gleich groß. Es gibt einen Inkreis.

$a + c = b + d$

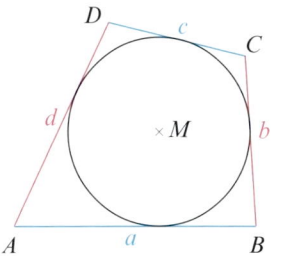

Regelmäßiges *n*-Eck

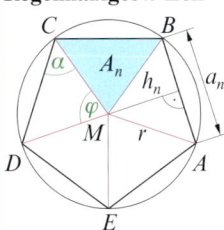

$u = n \cdot a_n; \quad A = n \cdot A_n$

$\varphi = \dfrac{360°}{n}; \quad \alpha = \dfrac{180° - \varphi}{2}$

$h_n^2 = r^2 - \left(\dfrac{1}{2} a_n\right)^2$

$a_n = 2r \cdot \sin \dfrac{\varphi}{2}$

$A_n = \dfrac{1}{2} r^2 \cdot \sin \varphi$

Kreis (*r* – Radius)

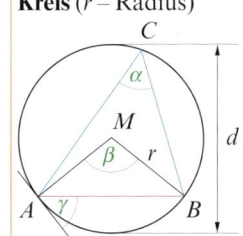

$u = 2\pi r = \pi d$

$A = \pi r^2 = \dfrac{1}{4} \pi d^2$

$\alpha = \dfrac{\beta}{2}; \quad \alpha = \gamma$

α Peripheriewinkel
β Zentriwinkel über $\overset{\frown}{AB}$
γ Sehnen-Tangenten-Winkel

Kreisbogen

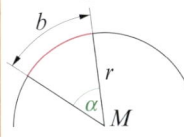

$b : u = \alpha : 360°$

$b = \dfrac{\pi r}{180°} \alpha$

$b = r \cdot \operatorname{arc} \alpha$

Kreisausschnitt (Sektor)

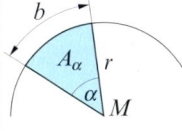

$A_\alpha : A = \alpha : 360°$
$\qquad\quad = \operatorname{arc} \alpha : 2\pi$

$A_\alpha = \dfrac{\pi r^2}{360°} \alpha$

$A_\alpha = \dfrac{1}{2} b \cdot r = \dfrac{1}{2} r^2 \operatorname{arc} \alpha$

Winkel an ebenen Figuren ↻ 031-1

Winkelpaare an sich schneidenden Geraden

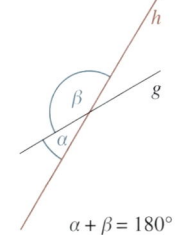	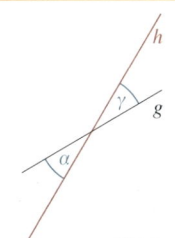	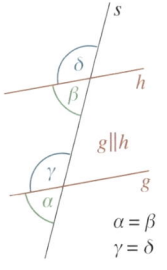	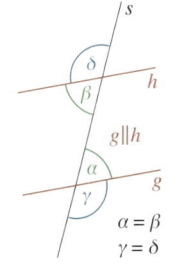
$\alpha + \beta = 180°$	$\alpha = \gamma$	$\alpha = \beta$ $\gamma = \delta$	$\alpha = \beta$ $\gamma = \delta$
Nebenwinkel ergänzen sich zu 180°.	**Scheitelwinkel** sind gleich groß.	**Stufenwinkel** an geschnittenen Parallelen sind gleich groß.	**Wechselwinkel** an geschnittenen Parallelen sind gleich groß.

Sätze über Winkel am Kreis

Satz des Thales	**Mittelpunktswinkelsatz**	**Umfangswinkelsatz** **Sehnensatz**	**Sekantensatz**
$\gamma = 90°$ 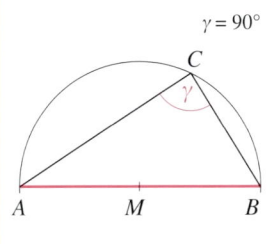	$\gamma = \dfrac{\alpha}{2}$ 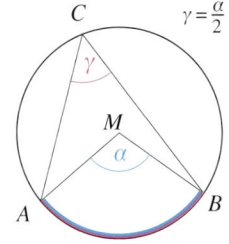	$\gamma_1 = \gamma_2$ 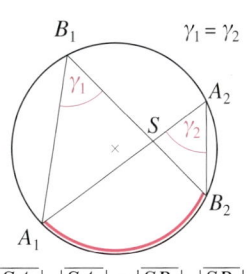	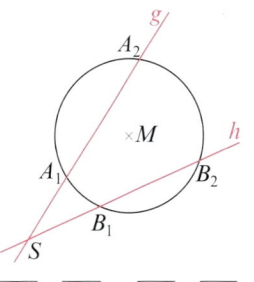
		$\lvert \overline{SA_1}\rvert \cdot \lvert \overline{SA_2}\rvert = \lvert \overline{SB_1}\rvert \cdot \lvert \overline{SB_2}\rvert$	$\lvert \overline{SA_1}\rvert \cdot \lvert \overline{SA_2}\rvert = \lvert \overline{SB_1}\rvert \cdot \lvert \overline{SB_2}\rvert$

Körper

Prismen, Zylinder, Pyramiden, Kegel ↻ 032-1

(A_O = Oberflächeninhalt; A_G = Grundflächeninhalt; A_M = Mantelflächeninhalt; V = Volumen)

Würfel

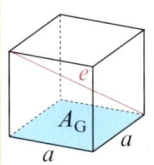

$A_G = a^2$

$V = a^3; \quad e = a \cdot \sqrt{3}$
$A_O = 6a^2$

Netz:

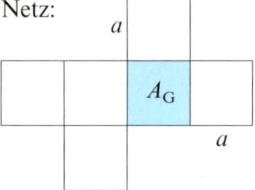

Quader

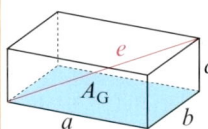

$A_G = ab$

$V = abc; \quad e = \sqrt{a^2 + b^2 + c^2}$
$A_O = 2(ab + ac + bc)$

Netz:

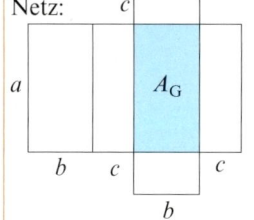

Prisma

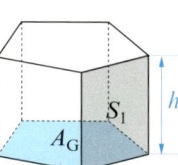

$V = A_G \cdot h$
$A_O = 2A_G + S_1 + S_2 + \ldots + S_n$

Netz:

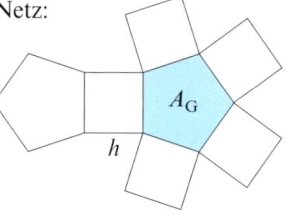

Kreiszylinder

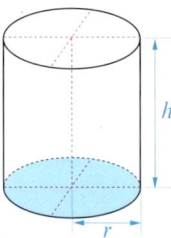

$V = \pi r^2 h; \quad A_M = 2\pi rh$
$A_O = 2\pi r (r + h)$

Netz:

Deckfläche

Mantel $\quad h$

$2 \cdot r \cdot \pi$

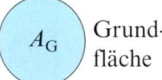

A_G Grundfläche

Pyramide

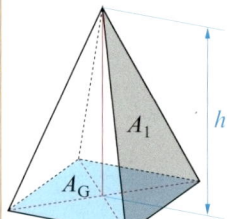

$V = \frac{1}{3} A_G \cdot h$

$A_O = A_G + A_1 + A_2 + \ldots + A_n$

Netz:

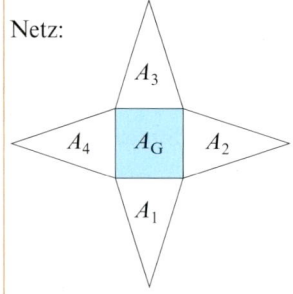

Kreiskegel

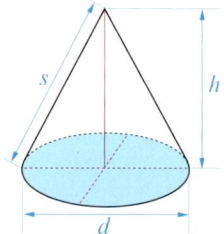

$V = \frac{1}{3} \pi r^2 h; \quad s^2 = r^2 + h^2$

$A_O = \pi r (r + s); \quad A_M = \pi rs$

Netz:

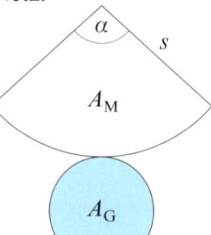

Kreiskegelstumpf

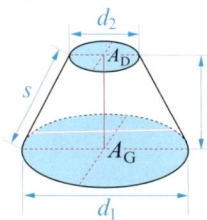

$V = \frac{1}{3}\pi \cdot h \cdot (r_1^2 + r_1 \cdot r_2 + r_2^2)$

$A_O = \pi(r_1^2 + s(r_1 + r_2) + r_2^2)$

$s^2 = (r_1 - r_2)^2 + h^2$

Pyramidenstumpf

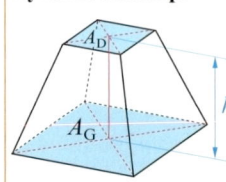

$V = \frac{1}{3}h \cdot (A_G + \sqrt{A_G \cdot A_D} + A_D)$

$A_O = A_G + A_D + A_M$

Kugel und Kugelteile ↻ 033-1

Kugel

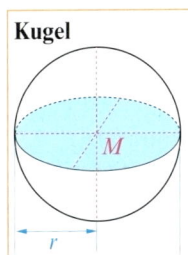

$$A_O = 4\pi \cdot r^2$$
$$V = \frac{4}{3}\pi \cdot r^3$$

Kugelschicht

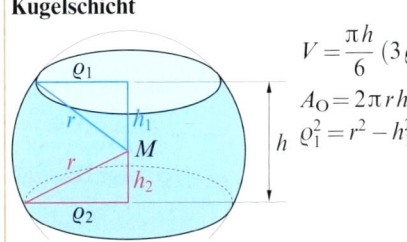

$$V = \frac{\pi h}{6}(3\varrho_1^2 + 3\varrho_2^2 + h^2)$$
$$A_O = 2\pi r h + \pi(\varrho_1^2 + \varrho_2^2)$$
$$\varrho_1^2 = r^2 - h_1^2$$

Kugelabschnitt (Kugelkappe)

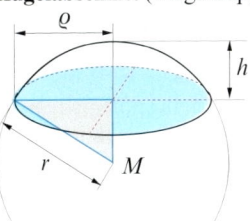

$$V = \frac{1}{6}\pi h(3\varrho^2 + h^2)$$
$$A_O = 2\pi r h + \varrho^2\pi$$
$$\varrho = \sqrt{h(2r - h)}$$

Kugelausschnitt (Kugelsektor)

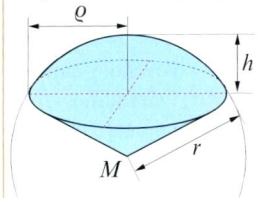

$$V = \frac{2\pi}{3}r^2 h$$
$$A_O = \pi \varrho r + 2\pi r h$$
$$\varrho = \sqrt{h(2r - h)}$$

Satz des Cavalieri ☉ 033-1

Wenn zwei Körper gleich große Höhen und in gleicher Höhe gleiche Querschnittsflächeninhalte besitzen, so sind ihre Volumina gleich groß.

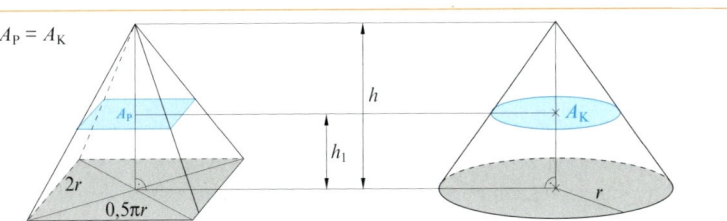

Regelmäßige Polyeder (Platonische Körper) ↻ 033-2

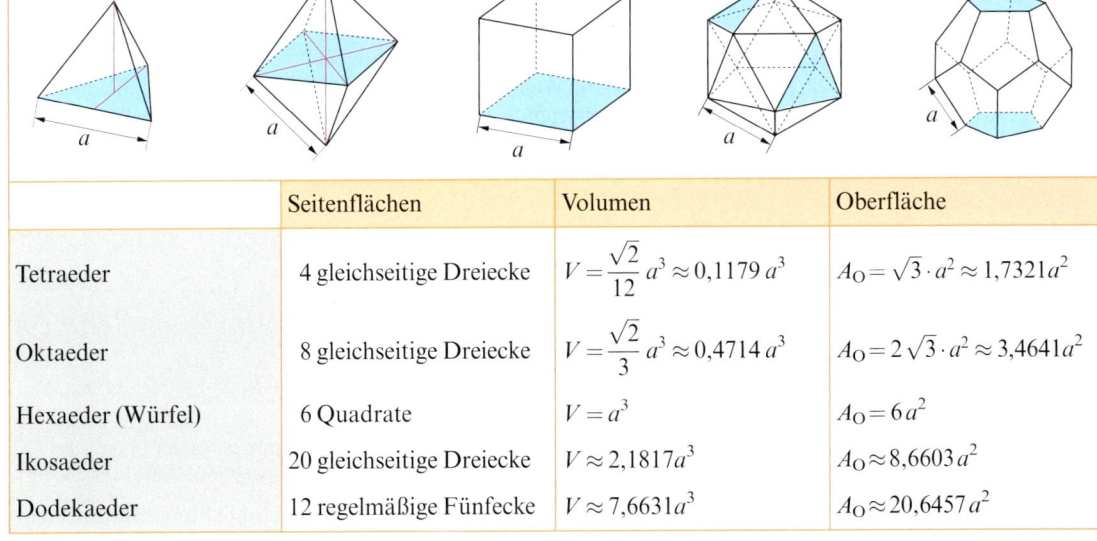

	Seitenflächen	Volumen	Oberfläche
Tetraeder	4 gleichseitige Dreiecke	$V = \frac{\sqrt{2}}{12}a^3 \approx 0{,}1179\,a^3$	$A_O = \sqrt{3} \cdot a^2 \approx 1{,}7321 a^2$
Oktaeder	8 gleichseitige Dreiecke	$V = \frac{\sqrt{2}}{3}a^3 \approx 0{,}4714\,a^3$	$A_O = 2\sqrt{3} \cdot a^2 \approx 3{,}4641 a^2$
Hexaeder (Würfel)	6 Quadrate	$V = a^3$	$A_O = 6\,a^2$
Ikosaeder	20 gleichseitige Dreiecke	$V \approx 2{,}1817 a^3$	$A_O \approx 8{,}6603\,a^2$
Dodekaeder	12 regelmäßige Fünfecke	$V \approx 7{,}6631 a^3$	$A_O \approx 20{,}6457\,a^2$

Stochastik

Diagramme ⊙ 034-1

Piktogramme Figurendiagramme zur Visualisierung absoluter Häufigkeiten (↗ S. 36) und Größen. Jedem Symbol entspricht eine bestimmte Anzahl bzw. Größe. 1500　 750	**Säulendiagramme** Meist Veranschaulichung der zeitlichen Entwicklung absoluter oder relativer Häufigkeiten (↗ S. 36). 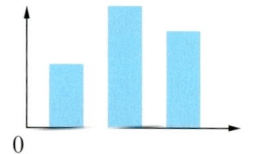	**Balkendiagramme** Balkendiagramme (Strichdiagramme) können prinzipiell wie Balkendiagramme eingesetzt werden. 
Streifendiagramme Darstellung von Anteilen an einem Ganzen (meist in %). Anteile sind proportional zu den Längen der zugehörigen Teilstreifen. 	**Kreisdiagramme** Darstellung von Anteilen an einem Ganzen (meist in %). Anteile sind proportional zur Größe des Winkels des zugehörigen Kreissektors (z. B. 100 % = 360°, 1 % = 3,6°). 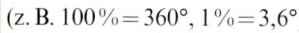	**Liniendiagramme** Darstellung von proportionalen und linearen Zusammenhängen. Besonders aussagekräftig sind Liniendiagramme, wenn verschiedene Datenreihen gruppiert werden können. 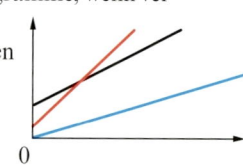
Histogramme Häufig werden Datenreihen durch eine Klasseneinteilung geordnet. Zwischen den Säulen wird kein Zwischenraum gelassen. Der Flächeninhalt einer Säule entspricht der zugehörigen Klassenhäufigkeit. 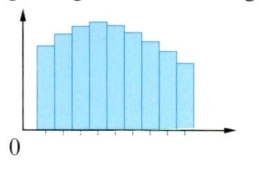	**Boxplots** Die Daten werden der Größe nach geordnet, die 5 folgenden Werte ergeben die Lage des Boxplots: Minimalwert, Viertelwert, Median, Dreiviertelwert, Maximalwert. Die „Box" markiert den Bereich, in dem 50 % der Werte liegen. 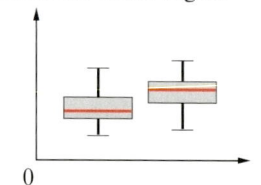	**Streudiagramme** Für Zusammenhänge zwischen zwei Größen können Messwerte als „Punktwolke" dargestellt werden (siehe auch S.35: Regressionsgerade, Korrelationskoeffizient). 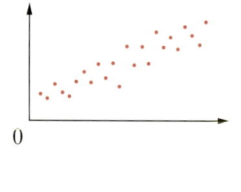

Beachte: Bei der Darstellung von Daten in Diagrammen sollte stets darauf geachtet werden, dass keine falschen Eindrücke entstehen. Dabei spielt bereits die Wahl der Diagrammart eine wichtige Rolle. Bei Darstellungen im Koordinatensystem ist auf eine sinnvolle und geeignete Skalierung der Achsen zu achten (insbesondere: bei Null beginnend; Lücken kennzeichnen).

Kenngrößen der Häufigkeitsverteilung einer Datenreihe ⊙ 034-2

Arithmetisches Mittel $\bar{x}$ (↗ Seite 10)	Berechnung von $\bar{x}$ aus der Summe aller Ergebnisse $x_1, x_2, \ldots, x_n$: Berechnung von $\bar{x}$ mithilfe **absoluter** bzw. **relativer Häufigkeiten**, wenn bei den n Ergebnissen r verschiedene Ergebnisse auftreten:	$\bar{x} = \dfrac{x_1 + x_2 + \ldots + x_n}{n}$ $\bar{x} = \dfrac{x_1 \cdot H_n(x_1) + x_2 \cdot H_n(x_2) + \ldots + x_r \cdot H_n(x_r)}{n}$ $\bar{x} = x_1 \cdot h_n(x_1) + x_2 \cdot h_n(x_2) + \ldots + x_r \cdot h_n(x_r)$
Zentralwert $\tilde{x}$ (Median)	$\tilde{x}$ halbiert die der Größe nach geordnete Datenreihe. Für $2n+1$ Daten ist es der $(n+1)$-te Wert, für $2n$ Daten ist es das arithmetische Mittel aus n-tem und $(n+1)$-tem Wert.	
Modalwert m	m ist der am häufigsten beobachtete Wert. (Eine Datenreihe kann mehrere Modalwerte haben.)	

Mathematik ◀

Kenngrößen zur Charakterisierung der Streuung von Daten ⊙ 035-1

Spannweite d	d ist die Differenz zwischen dem größten und dem kleinsten Wert einer Datenreihe: $d = x_{max} - x_{min}$
Halbweite H	H ist die Differenz zwischen dem oberen Viertelwert $x_{3/4}$ und dem unteren Viertelwert $x_{1/4}$ einer Datenreihe: $H = x_{3/4} - x_{1/4}$ (Der Viertelwert $x_{1/4}$ halbiert die untere Hälfte der Datenreihe, $x_{3/4}$ halbiert die obere Hälfte der Datenreihe.)
Mittlere quadratische Abweichung (empirische Varianz) s^2	Berechnung der mittleren quadratischen Abweichung der Beobachtungswerte vom Mittelwert $\bar{x}$ der Beobachtungswerte ➤ unter Hinzuziehung der absoluten Häufigkeiten $H_n(x_1), H_n(x_2), \ldots, H_n(x_r)$: $$s^2 = \frac{(x_1 - \bar{x})^2 \cdot H_n(x_1) + (x_2 - \bar{x})^2 \cdot H_n(x_2) + \ldots + (x_r - \bar{x})^2 \cdot H_n(x_r)}{n}$$ ➤ unter Hinzuziehung der relativen Häufigkeiten $h_n(x_1), h_n(x_2), \ldots, h_n(x_r)$: $$s^2 = (x_1 - \bar{x})^2 \cdot h_n(x_1) + (x_2 - \bar{x})^2 \cdot h_n(x_2) + \ldots + (x_r - \bar{x})^2 \cdot h_n(x_r) = \sum_{i=1}^{r}(x_i - \bar{x})^2 \cdot h_n(x_i)$$
Standard-abweichung s	Ein weiteres Maß für die Streuung um den Mittelwert $\bar{x}$ ist die Standardabweichung s: $$s = \sqrt{s^2} = \sqrt{(x_1 - \bar{x})^2 \cdot h_n(x_1) + (x_2 - \bar{x})^2 \cdot h_n(x_2) + \ldots + (x_r - \bar{x})^2 \cdot h_n(x_r)}$$
Regressions-gerade (Ausgleichs-gerade)	Die Ausgleichsgerade für die Messpunkte $(x_1; y_1), (x_2; y_2), \ldots, (x_n; y_n)$ hat die Gleichung $y = \frac{s_{xy}}{s_x^2}(x - \bar{x}) + \bar{y}$. Dabei gilt: $\quad s_{xy} = \frac{1}{n} \cdot [(y_1 - \bar{y})(x_1 - \bar{x}) + (y_2 - \bar{y})(x_2 - \bar{x}) + \ldots + (y_n - \bar{y})(x_n - \bar{x})]$ $\qquad\qquad s_x^2 = \frac{1}{n} \cdot \left[(x_1 - \bar{x})^2 + (x_2 - \bar{x})^2 + \ldots + (x_n - \bar{x})^2\right].$
Korrelations-koeffizient r_{xy}	$$r_{xy} = \frac{s_{xy}}{s_x s_y} = \frac{(x_1 - \bar{x})(y_1 - \bar{y}) + (x_2 - \bar{x})(y_2 - \bar{y}) + \ldots + (x_n - \bar{x})(y_n - \bar{y})}{\sqrt{(x_1 - \bar{x})^2 + (x_2 - \bar{x})^2 + \ldots + (x_n - \bar{x})^2} \cdot \sqrt{(y_1 - \bar{y})^2 + (y_2 - \bar{y})^2 + \ldots + (y_n - \bar{y})^2}}$$

Kombinatorik

Potenzen von Binomen	Wenn $a, b \in \mathbb{R}$ und $n \in \mathbb{N}$, so gilt: $(a \pm b)^0 = 1 \ldots\ldots\ldots\ldots\ldots\ldots\ldots\ldots\ldots\ldots$ $(a \pm b)^1 = a \pm b \ldots\ldots\ldots\ldots\ldots\ldots\ldots\ldots$ $(a \pm b)^2 = a^2 \pm 2ab + b^2 \ldots\ldots\ldots\ldots\ldots$ $(a \pm b)^3 = a^3 \pm 3a^2b + 3ab^2 \pm b^3 \ldots\ldots$ $(a \pm b)^4 = a^4 \pm 4a^3b + 6a^2b^2 \pm 4ab^3 + b^4 \ldots$ $(a \pm b)^5 = a^5 \pm 5a^4b + 10a^3b^2 \pm 10a^2b^3 + 5ab^4 \pm b^5$	Pascal'sches Dreieck $\quad\quad\quad 1$ $\quad\quad 1 \quad 1$ $\quad 1 \quad 2 \quad 1$ $1 \quad 3 \quad 3 \quad 1$ $1 \quad 4 \quad 6 \quad 4 \quad 1$ $1 \quad 5 \quad 10 \quad 10 \quad 5 \quad 1$
Binomial-koeffizienten	$\dbinom{n}{k} = \dfrac{n(n-1)\ldots[n-(k-1)]}{k!} = \dfrac{n!}{k!(n-k)!}$ $\quad (n, k \in \mathbb{N}; 0 < k \leq n); \qquad \dbinom{n}{0} = 1$ $\dbinom{n}{k} = \dbinom{n}{n-k}; \quad \dbinom{n}{k} + \dbinom{n}{k+1} = \dbinom{n+1}{k+1}$	
Binomischer Satz	$(a+b)^n = \dbinom{n}{0}a^n + \dbinom{n}{1}a^{n-1}b + \dbinom{n}{2}a^{n-2}b^2 + \ldots + \dbinom{n}{n-1}ab^{n-1} + \dbinom{n}{n}b^n = \sum_{k=0}^{n}\dbinom{n}{k}a^{n-k}b^k$	
Fakultät	$a! = 1 \cdot 2 \cdot 3 \cdot 4 \cdot \ldots \cdot (a-1) \cdot a \quad (a \in \mathbb{N}, a \geq 2); \quad 0! = 1; \quad 1! = 1;$ $(a+1)! = a! \, (a+1)$	

Mathematik ▶

Permutationen ⊙ 036-1	Die möglichen Anordungen von n Elementen („Gegenständen") heißen **Permutationen**.
	Anzahl der Permutationen, wenn die n Elemente untereinander verschieden sind: $n!$ — Anzahl der Permutationen, wenn es unter den n Elementen $r, s, \ldots, t$ gleiche Elemente gibt: $\dfrac{n!}{r! \cdot s! \cdot \ldots \cdot t!}$

Variationen ⊙ 036-2	Die möglichen Anordnungen von je k Elementen (*mit* Berücksichtigung ihrer Reihenfolge) aus einer Menge mit n Elementen heißen **Variationen**.
	Anzahl der Variationen aus je k Elementen, wenn jedes Element in einer Variation jeweils nur einmal vorkommen kann (Anzahl der Variationen **ohne Zurücklegen**): $\dfrac{n!}{(n-k)!}$ — Anzahl der Variationen aus je k Elementen, wenn jedes Element in einer Variation beliebig oft vorkommen kann (Anzahl der Variationen **mit Zurücklegen**): n^k

Kombinationen ⊙ 036-3	Die möglichen Auswahlen von je k Elementen (*ohne* Berücksichtigung ihrer Reihenfolge) aus einer Menge mit n Elementen heißen **Kombinationen**.
	Anzahl der Kombinationen aus je k Elementen, wenn jedes Element in einer Kombination jeweils nur einmal vorkommen kann: $\binom{n}{k}$ bzw. $\dfrac{n!}{k!(n-k)!}$ — Anzahl der Kombinationen aus je k Elementen, wenn jedes Element in einer Variation beliebig oft vorkommen kann: $\binom{n+k-1}{k}$

Grundbegriffe der Wahrscheinlichkeitsrechnung

Ergebnisse und Ereignisse	Ein **Vorgang mit zufälligem Ergebnis** (ein Zufallsversuch) hat mehrere mögliche Ergebnisse, von denen nicht vorausgesagt werden kann, welches eintritt. Die Menge aller möglichen Ergebnisse ist die **Ergebnismenge Ω**. Jede Teilmenge A von Ω heißt ein zu diesem Zufallsversuch gehörendes **Ereignis** ($A \subseteq \Omega$). Das Ereignis A tritt ein, wenn bei dem Zufallsversuch ein Ergebnis aus A eintritt. Das **Gegenereignis** $\bar{A}$ zu A ist die Menge aller Ergebnisse aus Ω, die nicht zu A gehören. **Sicheres Ereignis:** Alle möglichen Ergebnisse sind günstig für das Ereignis. **Unmögliches Ereignis:** Keines der möglichen Ergebnisse ist günstig für das Ereignis.
absolute Häufigkeit	Die absolute Häufigkeit $H_n(x_i)$ gibt an, wie oft das Ergebnis x_i bei n Beobachtungen des Zufallsversuches bzw. in einer Stichprobe vom Umfang n eintritt.
relative Häufigkeit	Relative Häufigkeit des Ergebnisses x_i bei n Beobachtungen ($n \geq 1$) eines Zufallsversuches (bei einer Stichprobe vom Umfang n): $\quad h_n(x_i) = \dfrac{H_n(x_i)}{n}$ Relative Häufigkeit des Ereignisses A bei n Beobachtungen eines Zufallsversuches (bei einer Stichprobe vom Umfang n, $n \geq 1$), wobei insgesamt k-mal für das Ereignis A günstige Ergebnisse aufgetreten sind: $\quad h_n(A) = \dfrac{k}{n}$ Für $A = \{x_1, x_2, \ldots, x_r\}$, $1 \leq r \leq n$, gilt: $\quad h_n(A) = h_n(x_1) + h_n(x_2) + \ldots + h_n(x_r)$
Eigenschaften der Wahrscheinlichkeit	Für die Wahrscheinlichkeit $P(A)$ eines Ereignisses $A \subset \Omega$ gilt: $0 \leq P(A) \leq 1$ $P(A) = P(x_1) + P(x_2) + \ldots + P(x_r)$, falls $A = \{x_1, x_2, \ldots, x_r\}$ $\left.\right\}$ Axiomensystem von Kolmogorow $P(\Omega) = 1 \qquad$ Wahrscheinlichkeit des sicheren Ereignisses Ω $P(\emptyset) = 0 \qquad$ Wahrscheinlichkeit des unmöglichen Ereignisses $\emptyset$ $P(\bar{A}) = 1 - P(A) \qquad$ Wahrscheinlichkeit des zu A entgegengesetzten Ereignisses $\bar{A}$
Laplace-Wahrscheinlichkeit	**Laplace-Wahrscheinlichkeit (klassische Wahrscheinlichkeit):** Sind alle Ergebnisse bei einem Vorgang mit zufälligem Ergebnis gleich wahrscheinlich, so gilt: $$P(A) = \frac{\text{Anzahl der für } A \text{ günstigen Ergebnisse}}{\text{Anzahl der möglichen Ergebnisse}}$$

Mehrstufige Zufallsversuche

1. Pfadregel	**Produktregel:** Die Wahrscheinlichkeit eines Ergebnisses ist gleich dem Produkt der Wahrscheinlichkeiten entlang des jeweiligen Pfades im **Baumdiagramm**. (Im Bild gilt: $P(D) = p_1 \cdot p_4$)	**Baumdiagramm:**
2. Pfadregel	**Summenregel:** Die Wahrscheinlichkeit eines Ereignisses ist gleich der Summe der Wahrscheinlichkeiten aller Pfade, die für dieses Ereignis günstig sind. (Im Bild gilt: $P(\overline{D}) = p_1 \cdot p_3 + p_2 \cdot p_5 + p_2 \cdot p_6$)	

Rechnen mit Wahrscheinlichkeiten

Additionssatz	Für die Wahrscheinlichkeit des Eintretens des Ereignisses A oder des Ereignisses B gilt: $P(A \cup B) = P(A) + P(B) - P(A \cap B)$ Falls A und B unvereinbar (d. h. $A \cap B = \emptyset$) sind, gilt: $P(A \cup B) = P(A) + P(B)$
Bedingte Wahr-scheinlichkeit ⊙ 037-1	Für die Wahrscheinlichkeit des Eintretens von A unter der Bedingung, dass das Ereignis B eingetreten ist, gilt: $$P(A \mid B) = \frac{P(A \cap B)}{P(B)}$$ Diese Wahrscheinlichkeiten kann man übersichtlich in einer **Vier-Felder-Tafel** darstellen:
Multiplikations-satz	Für die Wahrscheinlichkeit des Eintretens sowohl des Ereignisses A als auch des Ereignisses B gilt: $P(A \cap B) = P(A) \cdot P(B \mid A) = P(B) \cdot P(A \mid B)$ Allgemein gilt für die Ereignisse $A_1, A_2, \ldots, A_n$: $P(A_1 \cap A_2 \cap \ldots \cap A_n) = P(A_1) \cdot P(A_2 \mid A_1) \cdot P(A_3 \mid A_1 \cap A_2) \cdot \ldots \cdot P(A_n \mid A_1 \cap A_2 \cap \ldots \cap A_{n-1})$
Unabhängigkeit ⊙ 037-2	A und B heißen voneinander **unabhängig** genau dann, wenn gilt: $P(A \cap B) = P(A) \cdot P(B)$ Für voneinander unabhängige Ereignisse $A_1, A_2, \ldots, A_n$ gilt: $P(A_1 \cap A_2 \cap \ldots \cap A_n) = P(A_1) \cdot P(A_2) \cdot \ldots \cdot P(A_n)$
Formel für die totale Wahrschein-lichkeit	Bilden die Ereignisse B_1 und B_2 eine Zerlegung, d. h. gilt $B_1 \cup B_2 = \Omega$ und $B_1 \cap B_2 = \emptyset$, so gilt für jedes Ereignis A die Formel $P(A) = P(A \mid B_1) \cdot P(B_1) + P(A \mid B_2) \cdot P(B_2)$. Allgemein gilt für jedes Ereignis A im Falle einer Zerlegung von Ω in die Ereignisse $B_1, B_2, \ldots, B_n$, also mit $B_1 \cup B_2 \cup \ldots \cup B_n = \Omega$ und $B_i \cap B_j = \emptyset$ für $i \neq j$, die Formel $P(A) = P(A \mid B_1) \cdot P(B_1) + P(A \mid B_2) \cdot P(B_2) + \ldots + P(A \mid B_n) \cdot P(B_n)$.
Satz von Bayes ⊙ 037-3	Bilden die Ereignisse B_1 und B_2 eine Zerlegung, gilt also $B_1 \cup B_2 = \Omega$ und $B_1 \cap B_2 = \emptyset$, und ist A ein Ereignis mit $P(A) > 0$, so gilt $$P(B_1 \mid A) = \frac{P(A \mid B_1) \cdot P(B_1)}{P(A \mid B_1) \cdot P(B_1) + P(A \mid B_2) \cdot P(B_2)} \quad \text{und}$$ $$P(B_2 \mid A) = \frac{P(A \mid B_2) \cdot P(B_2)}{P(A \mid B_1) \cdot P(B_1) + P(A \mid B_2) \cdot P(B_2)}.$$ Allgemein gilt für jedes Ereignis A mit $P(A) > 0$ im Falle einer Zerlegung von Ω in die Ereignisse $B_1, B_2, \ldots, B_n$, also mit $B_1 \cup B_2 \cup \ldots \cup B_n = \Omega$ und $B_i \cap B_j = \emptyset$ für $i \neq j$ und alle $k = 1, 2, \ldots, n$ die Formel $$P(B_k \mid A) = \frac{P(A \mid B_k) \cdot P(B_k)}{P(A \mid B_1) \cdot P(B_1) + P(A \mid B_2) \cdot P(B_2) + \ldots + P(A \mid B_n) \cdot P(B_n)}.$$

Vier-Felder-Tafel (bei Bedingte Wahrscheinlichkeit):

	A	$\bar{A}$	Summen
B	$P(A \cap B)$	$P(\bar{A} \cap B)$	$P(B)$
$\bar{B}$	$P(A \cap \bar{B})$	$P(\bar{A} \cap \bar{B})$	$P(\bar{B})$
Summen	$P(A)$	$P(\bar{A})$	$P(\Omega) = 1$

Stochastische Matrizen und Markow'sche Prozesse ↗ S. 74

Zufallsgrößen und ihre Wahrscheinlichkeitsverteilung

Wahrscheinlichkeitsverteilung einer diskreten Zufallsgröße X	Es seien x_i $(i = 1, 2, 3, \ldots, k)$ die Werte, die eine diskrete Zufallsgröße X annehmen kann, und p_i die zugeordneten Wahrscheinlichkeiten für das Eintreten der x_i.

Erwartungswert (Mittelwert) **Varianz** $V(X)$ **Standardabweichung** $\sigma(X)$

$$E(X) = \sum_{i=1}^{k} x_i \cdot p_i = \mu \qquad V(X) = \sum_{i=1}^{k} (x_i - \mu)^2 \cdot p_i \qquad \sigma(X) = \sqrt{V(X)}$$

Bernoulli-Ketten ⊙ 038-1	Für eine **Bernoulli-Kette** (= Serie gleichartiger, voneinander unabhängiger **Bernoulli-Versuche**) mit der Länge n und der Trefferwahrscheinlichkeit p gilt:

➤ Die Wahrscheinlichkeit für genau k Treffer ist: $P(X = k) = \binom{n}{k} p^k \cdot (1-p)^{n-k}$

➤ Die Wahrscheinlichkeit für mindestens einen Treffer ist: $P(X \geq 1) = 1 - (1-p)^n$

Binomialverteilung ⊙ 038-2	Eine Zufallsgröße heißt **binomialverteilt** mit den Parametern n und p, wenn für alle k $(k = 0, 1, \ldots, n)$ gilt: $P(X = k) = \binom{n}{k} p^k \cdot (1-p)^{n-k}$

Erwartungswert $E(X) = n \cdot p$

Varianz $V(X) = n \cdot p \cdot (1-p)$

Standardabweichung $\sigma(X) = \sqrt{n \cdot p \cdot (1-p)}$

Poissonverteilung ⊙ 038-3	Für sehr große n und sehr kleine p gilt für die Binomialverteilung die **Näherungsformel von Poisson:** $\quad P(X = k) = \binom{n}{k} p^k \cdot (1-p)^{n-k} \approx \dfrac{\mu^k}{k!} \cdot e^{-\mu}, \ e \approx 2{,}7183; \ \mu = n \cdot p$

Tschebyschew'sche Ungleichung	Die folgende Ungleichung liefert im Falle einer Binomialverteilung für große n eine Abschätzung der Wahrscheinlichkeit für das Abweichen der Zufallsgröße X vom Erwartungswert $E(X)$ um mindestens ε. $$P(|X - E(X)| \geq \varepsilon) \leq \frac{V(X)}{\varepsilon^2} \text{ für alle } \varepsilon > 0$$

Stetige Zufallsgrößen	Eine stetige Zufallsgröße kann in einem Intervall $[a, b]$ von $\mathbb{R}$, mitunter sogar in $\mathbb{R}$ selbst, alle Werte annehmen. In diesem Fall gibt es eine Funktion f (**Dichtefunktion von X**) derart, dass gilt: $$P(a < X \leq b) = \int_a^b f(x)\, dx \quad (a, b \in \mathbb{R})$$ Falls das (uneigentliche) Integral $\int_{-\infty}^{\infty} x \cdot f(x)\, dx$ existiert (↗ S. 57), gilt für stetige Zufallsgrößen: $$E(X) = \int_{-\infty}^{\infty} x \cdot f(x)\, dx, \quad V(X) = E((X - E(X))^2), \quad \sigma = \sqrt{V(X)}$$

Normalverteilung ⊙ 038-4 Standardnormalverteilung	Eine stetige Zufallsgröße X heißt normalverteilt mit den Parametern μ und σ^2, wenn für ihre Dichte f gilt: $$f(x) = \frac{1}{\sqrt{2\pi} \cdot \sigma} \, e^{-\frac{(x-\mu)^2}{2 \cdot \sigma^2}}, x \in \mathbb{R}, E(X) = \mu, V(X) = \sigma^2. \text{ Man schreibt: } X \sim N(\mu; \sigma^2).$$ Die Standardnormalverteilung $N(0; 1)$ ist eine Normalverteilung mit $E(X) = 0$ und $V(X) = 1$: $$f(x) = \frac{1}{\sqrt{2\pi}} \, e^{-\frac{x^2}{2}}$$ (Verteilungsfunktion Φ mit $$\Phi(x) = \frac{1}{\sqrt{2\pi}} \int_{-\infty}^{x} e^{-0{,}5t^2}\, dt)$$

Näherungsformel von Moivre und Laplace	Für eine binomialverteilte Zufallsgröße X mit Standardabweichung $\sigma > 3$ gilt:

Die Wahrscheinlichkeit für genau k Erfolge lässt sich näherungsweise berechnen durch:

$$P(X=k) \approx \frac{1}{\sigma\sqrt{2\pi}}\,e^{-\frac{(k-\mu)^2}{2\cdot\sigma^2}}$$

Die Wahrscheinlichkeit für höchstens k Erfolge lässt sich näherungsweise berechnen durch:

$$P(X\le k) \approx \Phi\left(\frac{k+0{,}5-\mu}{\sigma}\right).$$

Intervallwahrscheinlichkeiten normalverteilter Zufallsgrößen

Intervallwahrscheinlichkeiten für eine normalverteilte Zufallsgröße $X \sim N(\mu; \sigma^2)$ mit der Dichtefunktion f (s. S. 38) lassen sich mithilfe der Standardnormalverteilung berechnen.

Es gilt: $P(a\le X\le b) = P\left(\dfrac{a-\mu}{\sigma}\le\dfrac{X-\mu}{\sigma}\le\dfrac{b-\mu}{\sigma}\right) = \Phi\left(\dfrac{b-\mu}{\sigma}\right) - \Phi\left(\dfrac{a-\mu}{\sigma}\right).$

k-σ-Intervalle normalverteilter Zufallsgrößen

Wenn $X \sim N(\mu; \sigma^2)$, so gilt:
$P(\mu - 1\cdot\sigma \le X \le \mu + 1\cdot\sigma) = 0{,}683$
$P(\mu - 2\cdot\sigma \le X \le \mu + 2\cdot\sigma) = 0{,}954$
$P(\mu - 3\cdot\sigma \le X \le \mu + 3\cdot\sigma) = 0{,}997$

weitere Werte für $P(\mu - k\cdot\sigma \le X \le \mu + k\cdot\sigma)$:

k	0,8	1,2	1,4	1,6	1,64	1,8
P	0,576	0,770	0,838	0,890	0,900	0,928
k	1,96	2,2	2,4	2,58	2,6	2,8
P	0,950	0,972	0,984	0,990	0,991	0,995

k-σ-Intervalle binomialverteilter Zufallsgrößen

Eine binomialverteile Zufallsgröße X mit den Parametern n und p kann durch eine Normalverteilung angenähert werden, falls $n\cdot p\cdot(1-p) > 9$ (Näherungsformel von Moivre und Laplace).
Dann gilt:
$P(\mu - 1\cdot\sigma \le X \le \mu + 1\cdot\sigma) \approx 0{,}683$
$P(\mu - 2\cdot\sigma \le X \le \mu + 2\cdot\sigma) \approx 0{,}954$
$P(\mu - 3\cdot\sigma \le X \le \mu + 3\cdot\sigma) \approx 0{,}997$

Gleichverteilung

Eine diskrete Zufallsgröße ist **gleichverteilt**, wenn gilt: $P(X = x_i) = \dfrac{1}{r}$ $(i = 1, 2, 3, \ldots, r)$

Im **Spezialfall $x_i = i$** gilt: $E(X) = \dfrac{r+1}{2}$, $V(X) = \dfrac{r^2-1}{12}$, $\sigma(X) = \sqrt{\dfrac{r^2-1}{12}}$

Hypergeometrische Verteilung ⊙ 039-1

$$P(X=k) = \frac{\dbinom{M}{k}\dbinom{N-M}{n-k}}{\dbinom{N}{n}}$$
$(k \le n \le N; k \le M \le N)$

Wird aus einer Menge von N Elementen, von denen M Elemente eine bestimmte Eigenschaft haben, eine Stichprobe vom Umfang n entnommen, dann ist $P(X = k)$ die Wahrscheinlichkeit, dass darin k Elemente mit dieser Eigenschaft enthalten sind.

Beurteilende Statistik

Stichproben als Bernoulli-Versuche

➤ Stichprobenumfang n (Elemente durchnummeriert bis n) ≙ Anzahl der Stufen n
➤ absolute Häufigkeit H_n eines Merkmals in der Stichprobe ≙ Anzahl der Erfolge k
➤ rel. Häufigkeit h_n eines Merkmals in der Stichprobe ≙ Erfolgswahrscheinlichkeit p
➤ Standardabweichung s_n in der Stichprobe ≙ Standardabweichung σ

Schließen von der Grundgesamtheit auf die Stichprobe

Die Erfolgswahrscheinlichkeit p in der Grundgesamtheit ist bekannt.
Die relative Häufigkeit h_n des Merkmals in der Stichprobe liegt mit einer Wahrscheinlichkeit größer oder gleich P (siehe Tabelle oben) im Intervall $\left[p - k\dfrac{\sigma}{n}; p + k\dfrac{\sigma}{n}\right]$:

$$P\left(p - k\frac{\sigma}{n} \le h_n \le p + k\frac{\sigma}{n}\right) \ge P \qquad (\text{mit } \sigma = \sqrt{n\cdot p\cdot(1-p)})$$

Dabei nimmt P abhängig von einem vorgegebenen Wert für k gewisse feste Werte an (gemäß obiger Tabelle zu den k-σ-Intervallen normalverteilter Zufallsgrößen).

Schließen von der Stichprobe auf die Grundgesamtheit ⊙ 040-1	Die Erfolgswahrscheinlichkeit p in der Grundgesamtheit ist unbekannt und wird durch h_n geschätzt. Für die Wahrscheinlichkeit, dass p im Intervall $\left[h_n - k\dfrac{\sigma}{n}; h_n + k\dfrac{\sigma}{n}\right]$ liegt, gilt: $$P\left(h_n - k\frac{\sigma}{n} \le p \le h_n + k\frac{\sigma}{n}\right) \ge P.$$ Da stets $\dfrac{\sigma}{n} \le \dfrac{1}{2\sqrt{n}}$ ist, gilt auch: $P\left(h_n - k\dfrac{1}{2\sqrt{n}} \le p \le h_n + k\dfrac{1}{2\sqrt{n}}\right) \ge P$ Bei dieser Abschätzung, die umso besser ist, je näher p bei 0,5 liegt, können die Intervallgrenzen ohne die unbekannte Wahrscheinlichkeit p angegeben werden.
Konfidenzintervalle ⊙ 040-2	Soll eine unbekannte Wahrscheinlichkeit p anhand einer Stichprobe mit einer vorgegebenen **Irrtumswahrscheinlichkeit** α geschätzt werden, so ist $\varepsilon > 0$ so zu wählen, dass $P(h_n - \varepsilon \le p \le h_n + \varepsilon) \ge 1 - \alpha$ gilt. Das Intervall $[h_n - \varepsilon; h_n + \varepsilon]$ heißt **Konfidenzintervall** („Vertrauensintervall") zum Vertrauensniveau $(1 - \alpha)$. Soll $(1 - \alpha) \approx P$ sein (für einen gewählten Wert von k; häufig wird $k = 1, 2, 3, \ldots$ gewählt), so ist der Stichprobenumfang $n > \left(\dfrac{k}{2\varepsilon}\right)^2$ zu wählen.
Testen von Hypothesen ⊙ 040-3	Ein **Alternativtest** ist durch zwei einander ausschließende Hypothesen charakterisiert: die **Nullhypothese H_0** (z. B. $p = p_0$) und die (neue) **Gegenhypothese H_1** (z. B. $p = p_1$). **Entscheidungsregel**: Fällt die Prüfgröße X mit den Parametern n und p in einen vor Durchführung des Tests definierten **Ablehnungsbereich** $A \subseteq \{0, 1, 2, \ldots, n\}$, wird H_0 abgelehnt und H_1 angenommen. Fällt die Prüfgröße in den **Annahmebereich** $\{0, 1, 2, \ldots, n\} \backslash A$, wird H_0 angenommen (bzw. beibehalten) und H_1 abgelehnt.

Fehler 1. Art: Die Nullhypothese wird abgelehnt, obwohl sie richtig ist.
Fehler 2. Art: Die Nullhypothese wird angenommen, obwohl sie falsch ist.

	Entscheidung für H_0	Entscheidung für H_1
H_0 richtig	kein Fehler	**Fehler 1. Art**
H_1 richtig	**Fehler 2. Art**	kein Fehler

Signifikanztests ⊙ 040-4	Ein **Signifikanztest** für eine unbekannte Wahrscheinlichkeit p ist ein Hypothesentest, bei dem für die **Irrtumswahrscheinlichkeit** (Wahrscheinlichkeit des Fehlers 1. Art) eine obere Grenze α (**Signifikanzniveau**) vorgegeben ist. Für α sind die Werte 5 %, 1 % und 0,1 % üblich. Fällt die mit den Parametern n (= Stichprobengröße) und p (= unbekannte Trefferwahrscheinlichkeit) binomialverteilte Prüfgröße X der Stichprobe in den Ablehnungsbereich der Nullhypothese H_0 (**kritischer Bereich**), dann ist das Stichprobenergebnis **signifikant** für die Gültigkeit einer Gegenhypothese H_1.

linksseitiger Signifikanztest

$H_0: p = p_0 \qquad H_1: p < p_0$

Entscheidungsregel:

Ist $X > K$, so wird H_0 angenommen

Ist $X \le K$, so wird H_1 angenommen

Ablehnungsbereich: $\{0; 1; \ldots; K\}$

Die Irrtumswahrscheinlichkeit $P(X \le K)$ ist für $p = p_0$ am größten.

Die **kritische Zahl K** ist die größte ganze Zahl, für die die Irrtumswahrscheinlichkeit bei $p = p_0$ höchstens α beträgt, d. h. $P(X \le K) \le \alpha$

rechtsseitiger Signifikanztest

$H_0: p = p_0 \qquad H_1: p > p_0$

Entscheidungsregel:

Ist $X < K$, so wird H_0 angenommen

Ist $X \ge K$, so wird H_1 angenommen

Ablehnungsbereich: $\{K; K+1; \ldots; n\}$

Die Irrtumswahrscheinlichkeit $P(X \ge K)$ ist für $p = p_0$ am größten.

Die **kritische Zahl K** ist die kleinste ganze Zahl, für die die Irrtumswahrscheinlichkeit bei $p = p_0$ höchstens α beträgt, d. h. $P(X \ge K) = 1 - P(X \le K - 1) \le \alpha$

Die Wahrscheinlichkeit für die fälschliche Annahme der Nullhypothese (Fehler 2. Art) ist umso geringer, je stärker sich der unbekannte Wert p von p_0 unterscheidet. Sie kann bei festem α durch Erhöhung des Stichprobenumfangs n verringert werden.

Mathematik ◀

Einzelwahrscheinlichkeiten der Binomialverteilung $P(X=k) = \binom{n}{k} \cdot p^k \cdot (1-p)^{n-k}$ ↻ 041-1

n	k	0,01	0,02	0,05	0,10	1/6	0,2	0,25	0,3	1/3	0,4	0,5	k	n
2	0	0,9801	9604	9025	8100	6944	6400	5625	4900	4444	3600	2500	2	2
	1	0198	0392	0950	1800	2778	3200	3750	4200	4444	4800	5000	1	
	2	0001	0004	0025	0100	0278	0400	0625	0900	1111	1600	2500	0	
3	0	0,9703	9412	8574	7290	5787	5120	4219	3430	2963	2160	1250	3	3
	1	0294	0576	1354	2430	3472	3840	4219	4410	4444	4320	3750	2	
	2	0003	0012	0071	0270	0694	0960	1406	1890	2222	2880	3750	1	
	3	0000	0000	0001	0010	0046	0080	0156	0270	0370	0640	1250	0	
4	0	0,9606	9224	8145	6561	4823	4096	3164	2401	1975	1296	0625	4	4
	1	0388	0753	1715	2916	3858	4096	4219	4116	3951	3456	2500	3	
	2	0006	0023	0135	0486	1157	1536	2109	2646	2963	3456	3750	2	
	3			0005	0036	0154	0256	0469	0756	0988	1536	2500	1	
	4				0001	0008	0016	0039	0081	0123	0256	0625	0	
5	0	0,9510	9039	7738	5905	4019	3277	2373	1681	1317	0778	0313	5	5
	1	0480	0922	2036	3281	4019	4096	3955	3602	3292	2592	1563	4	
	2	0010	0038	0214	0729	1608	2048	2637	3087	3292	3456	3125	3	
	3		0001	0011	0081	0322	0512	0879	1323	1646	2304	3125	2	
	4				0005	0032	0064	0146	0284	0412	0768	1563	1	
	5					0001	0003	0010	0024	0041	0102	0313	0	
6	0	0,9415	8858	7351	5314	3349	2621	1780	1176	0878	0467	0156	6	6
	1	0571	1085	2321	3543	4019	3932	3560	3025	2634	1866	0938	5	
	2	0014	0055	0305	0984	2009	2458	2966	3241	3292	3110	2344	4	
	3		0002	0021	0146	0536	0819	1318	1852	2195	2765	3125	3	
	4			0001	0012	0080	0154	0330	0595	0823	1382	2344	2	
	5				0001	0006	0015	0044	0102	0165	0369	0938	1	
	6						0001	0002	0007	0014	0041	0156	0	
7	0	0,9321	8681	6983	4783	2791	2097	1335	0824	0585	0280	0078	7	7
	1	0659	1240	2573	3720	3907	3670	3115	2471	2048	1306	0547	6	
	2	0020	0076	0406	1240	2344	2753	3115	3177	3073	2613	1641	5	
	3		0003	0036	0230	0781	1147	1730	2269	2561	2903	2734	4	
	4			0002	0026	0156	0287	0577	0972	1280	1935	2734	3	
	5				0002	0019	0043	0115	0250	0384	0774	1641	2	
	6					0001	0004	0013	0036	0064	0172	0547	1	
	7							0001	0002	0005	0016	0078	0	
8	0	0,9227	8508	6634	4305	2326	1678	1001	0576	0390	0168	0039	8	8
	1	0746	1389	2793	3826	3721	3355	2670	1977	1561	0896	0313	7	
	2	0026	0099	0515	1488	2605	2936	3115	2965	2731	2090	1094	6	
	3	0001	0004	0054	0331	1042	1468	2076	2541	2731	2787	2188	5	
	4			0004	0046	0260	0459	0865	1361	1707	2322	2734	4	
	5				0004	0042	0092	0231	0467	0683	1239	2188	3	
	6					0004	0011	0038	0100	0171	0413	1094	2	
	7						0001	0004	0012	0024	0079	0313	1	
	8							0001	0002	0007	0039		0	
9	0	0,9135	8337	6302	3874	1938	1342	0751	0404	0260	0101	0020	9	9
	1	0830	1531	2985	3874	3489	3020	2253	1556	1171	0605	0176	8	
	2	0034	0125	0629	1722	2791	3020	3003	2668	2341	1612	0703	7	
	3	0001	0006	0077	0446	1302	1762	2336	2668	2731	2508	1641	6	
	4			0006	0074	0391	0661	1168	1715	2048	2508	2461	5	
	5				0008	0078	0165	0389	0735	1024	1672	2461	4	
	6				0001	0010	0028	0087	0210	0341	0743	1641	3	
	7					0001	0003	0012	0039	0073	0212	0703	2	
	8							0001	0004	0009	0035	0176	1	
	9								0001	0003	0020		0	
10	0	0,9044	8171	5987	3487	1615	1074	0563	0282	0173	0060	0010	10	10
	1	0914	1667	3151	3874	3230	2684	1877	1211	0867	0403	0098	9	
	2	0042	0153	0746	1937	2907	3020	2816	2335	1951	1209	0439	8	
	3	0001	0008	0105	0574	1550	2013	2503	2668	2601	2150	1172	7	
	4			0010	0112	0543	0881	1460	2001	2276	2508	2051	6	
	5			0001	0015	0130	0264	0584	1029	1366	2007	2461	5	
	6				0001	0022	0055	0162	0368	0569	1115	2051	4	
	7					0002	0008	0031	0090	0163	0425	1172	3	
	8						0001	0004	0014	0030	0106	0439	2	
	9								0001	0003	0016	0098	1	
	10									0001	0010		0	
n	k	0,99	0,98	0,95	0,9	5/6	0,8	0,75	0,7	2/3	0,6	0,5	k	n

Alle freien Plätze dieser Seite würden durch das Runden auf 4 Dezimalen den Wert 0,0000 enthalten.

n	k	0,01	0,02	0,05	0,10	1/6	p 0,20	0,25	0,30	1/3	0,40	0,50	k	n
20	0	0,8179	6676	3585	1216	0261	0115	0032	0008	0003			20	20
	1	1652	2725	3774	2702	1043	0576	0211	0068	0030	0005		19	
	2	0159	0528	1887	2852	1982	1369	0669	0278	0143	0031	0002	18	
	3	0010	0065	0596	1901	2379	2054	1339	0716	0429	0123	0011	17	
	4		0006	0133	0898	2022	2182	1897	1304	0911	0350	0046	16	
	5			0022	0319	1294	1746	2023	1789	1457	0746	0148	15	
	6			0003	0089	0647	1091	1686	1916	1821	1244	0370	14	
	7				0020	0259	0545	1124	1643	1821	1659	0739	13	
	8				0004	0084	0222	0609	1144	1480	1797	1201	12	
	9				0001	0022	0074	0271	0654	0987	1597	1602	11	
	10					0005	0020	0099	0308	0543	1171	1762	10	
	11					0001	0005	0030	0120	0247	0710	1602	9	
	12						0001	0008	0039	0092	0355	1201	8	
	13							0002	0010	0028	0146	0739	7	
	14								0002	0007	0049	0370	6	
	15									0001	0013	0148	5	
	16										0003	0046	4	
	17											0011	3	
	18											0002	2	
	19												1	
	20												0	
50	0	0,6050	3642	0769	0052	0001							50	50
	1	3056	3716	2025	0286	0011	0002						49	
	2	0756	1858	2611	0779	0054	0011	0001					48	
	3	0122	0607	2199	1386	0172	0044	0004					47	
	4	0015	0145	1360	1809	0405	0128	0016	0001				46	
	5	0001	0027	0658	1849	0745	0295	0049	0006	0001			45	
	6		0004	0260	1541	1118	0554	0123	0018	0004			44	
	7		0001	0086	1076	1405	0870	0259	0048	0012			43	
	8			0024	0643	1510	1169	0463	0110	0033	0002		42	
	9			0006	0333	1410	1364	0721	0220	0077	0005		41	
	10			0001	0152	1156	1398	0985	0386	0157	0014		40	
	11				0061	0841	1271	1194	0602	0286	0035		39	
	12				0022	0546	1033	1294	0838	0465	0076	0001	38	
	13				0007	0319	0755	1261	1050	0679	0147	0003	37	
	14				0002	0169	0499	1110	1189	0898	0260	0008	36	
	15				0001	0081	0299	0888	1223	1077	0415	0020	35	
	16					0035	0164	0648	1147	1178	0606	0044	34	
	17					0014	0082	0432	0983	1178	0808	0087	33	
	18					0005	0037	0264	0772	1080	0987	0160	32	
	19					0002	0016	0148	0558	0910	1109	0270	31	
	20					0001	0006	0077	0370	0705	1146	0419	30	
	21						0002	0036	0227	0503	1091	0598	29	
	22						0001	0016	0128	0332	0959	0788	28	
	23							0006	0067	0202	0778	0960	27	
	24							0002	0032	0114	0584	1080	26	
	25							0001	0014	0059	0405	1123	25	
	26								0006	0028	0259	1080	24	
	27								0002	0013	0154	0960	23	
	28								0001	0005	0084	0788	22	
	29									0002	0043	0598	21	
	30									0001	0020	0419	20	
	31										0009	0270	19	
	32										0003	0160	18	
	33										0001	0087	17	
	34											0044	16	
	35											0020	15	
	36											0008	14	
	37											0003	13	
	38											0001	12	
	39												11	
	40												10	
	41												9	
	42												8	
	43												7	
	44												6	
	45												5	
	⋮												⋮	
	49												1	
	50												0	
n	k	0,99	0,98	0,95	0,9	5/6	0,8 p	0,75	0,7	2/3	0,6	0,5	k	n

Alle freien Plätze dieser Seite würden durch das Runden auf 4 Dezimalen den Wert 0,0000 enthalten.
Das gilt auch für die nicht aufgeführten Werte von k.

Mathematik

n	k	0,01	0,02	0,05	0,10	1/6	p 0,20	0,25	0,30	1/3	0,40	0,50	k	n
	0	0,3660	1326	0059									100	
	1	3697	2707	0312	0003								99	
	2	1849	2734	0812	0016								98	
	3	0610	1823	1396	0059								97	
	4	0149	0902	1781	0159	0001							96	
	5	0029	0353	1800	0339	0003							95	
	6	0005	0114	1500	0596	0009	0001						94	
	7	0001	0031	1060	0889	0025	0002						93	
	8		0007	0649	1148	0058	0006						92	
	9		0002	0349	1304	0118	0015						91	
	10			0167	1319	0214	0034	0001					90	
	11			0072	1199	0350	0069	0003					89	
	12			0028	0988	0520	0128	0006					88	
	13			0010	0743	0703	0216	0014					87	
	14			0003	0513	0874	0335	0030	0001				86	
	15			0001	0327	1002	0481	0057	0002				85	
	16				0193	1065	0638	0100	0006	0001			84	
	17				0106	1052	0789	0165	0012	0001			83	
	18				0054	0971	0909	0254	0024	0003			82	
	19				0026	0838	0981	0365	0044	0006			81	
	20				0012	0679	0993	0493	0076	0013			80	
	21				0005	0517	0946	0626	0124	0024			79	
	22				0002	0371	0849	0749	0190	0043	0001		78	
	23				0001	0252	0720	0847	0277	0073	0001		77	
	24					0162	0577	0906	0380	0117	0003		76	
	25					0098	0439	0918	0496	0178	0006		75	
	26					0057	0316	0883	0613	0256	0012		74	
	27					0031	0217	0806	0720	0351	0022		73	
	28					0016	0141	0701	0804	0458	0038		72	
	29					0008	0088	0580	0856	0569	0063		71	
100	30					0004	0052	0458	0868	0673	0100		70	100
	31					0002	0029	0344	0840	0760	0151	0001	69	
	32					0001	0016	0248	0776	0819	0217	0001	68	
	33						0008	0170	0685	0844	0297	0002	67	
	34						0004	0112	0579	0831	0391	0005	66	
	35						0002	0070	0468	0784	0491	0009	65	
	36						0001	0042	0362	0708	0591	0016	64	
	37							0024	0268	0612	0682	0027	63	
	38							0013	0191	0507	0754	0045	62	
	39							0007	0130	0403	0799	0071	61	
	40							0004	0085	0308	0812	0108	60	
	41							0002	0053	0225	0792	0159	59	
	42							0001	0032	0158	0742	0223	58	
	43								0019	0107	0667	0301	57	
	44								0010	0069	0576	0390	56	
	45								0005	0043	0478	0485	55	
	46								0003	0026	0381	0580	54	
	47								0001	0015	0292	0666	53	
	48								0001	0008	0215	0735	52	
	49									0004	0152	0780	51	
	50									0002	0103	0796	50	
	51									0001	0068	0780	49	
	52									0001	0042	0735	48	
	53										0026	0666	47	
	54										0015	0580	46	
	55										0008	0485	45	
	56										0004	0390	44	
	57										0002	0301	43	
	58										0001	0223	42	
	59										0001	0159	41	
	60											0108	40	
	61											0071	39	
	62											0045	38	
	63											0027	37	
	64											0016	36	
	65											0009	35	
	66											0005	34	
	67											0002	33	
	68											0001	32	
	69											0001	31	
n	k	0,99	0,98	0,95	0,9	5/6	0,8 p	0,75	0,7	2/3	0,6	0,5	k	n

Alle freien Plätze dieser Seite würden durch das Runden auf 4 Dezimalen den Wert 0,0000 enthalten. Das gilt auch für die nicht aufgeführten Werte von k.

Summierte (kumulierte) Binomialverteilung ↻ 044-1

Dargestellt sind auf den Seiten 44 bis 46 die Werte $P(x \leq k) = \sum_{i=0}^{k} \binom{n}{i} \cdot p^i \cdot (1-p)^{n-i}$ für einige häufig vorkommende Werte von n und p.

Beachte: Wenn Werte für $p \geq 0{,}5$ abgelesen werden sollen, muss der zweite, grau unterlegte Tabelleneingang genutzt werden. In diesen Fällen muss die Differenz 1 − (abgelesener Wert) ermittelt werden.
Beispiel: $n = 6$; $k = 3$; $p = 0{,}6$; $P(X \leq 3) = 1{,}0000 - 0{,}5443 = 0{,}4557$.

n	k	0,02	0,03	0,04	0,05	0,10	1/6	0,20	0,25	0,30	1/3	0,40	0,50	k	n
2	0	0,9604	9409	9216	9025	8100	6944	6400	5625	4900	4444	3600	2500	1	2
	1	9996	9991	9984	9975	9900	9722	9600	9375	9100	8889	8400	7500	0	
3	0	0,9412	9127	8847	8574	7290	5787	5120	4219	3430	2963	2160	1250	2	3
	1	9988	9974	9953	9928	9720	9259	8960	8438	7840	7407	6480	5000	1	
	2			9999	9999	9990	9954	9920	9844	9730	9630	9360	8750	0	
4	0	0,9224	8853	8493	8145	6561	4823	4096	3164	2401	1975	1296	0625	3	4
	1	9977	9948	9909	9860	9477	8681	8192	7383	6517	5926	4752	3125	2	
	2		9999	9998	9995	9963	9838	9728	9492	9163	8889	8208	6875	1	
	3					9999	9992	9984	9961	9919	9877	9744	9375	0	
5	0	0,9039	8587	8154	7738	5905	4019	3277	2373	1681	1317	0778	0313	4	5
	1	9962	9915	9852	9774	9185	8038	7373	6328	5282	4609	3370	1875	3	
	2	9999	9997	9994	9988	9914	9645	9421	8965	8369	7901	6828	5000	2	
	3					9995	9967	9933	9844	9692	9547	9130	8125	1	
	4						9999	9997	9990	9976	9959	9898	9688	0	
6	0	0,8858	8330	7828	7351	5314	3349	2621	1780	1176	0878	0467	0156	5	6
	1	9943	9875	9784	9672	8857	7368	6554	5339	4202	3512	2333	1094	4	
	2	9998	9995	9988	9978	9842	9377	9011	8306	7443	6804	5443	3438	3	
	3				9999	9987	9913	9830	9624	9295	8999	8208	6563	2	
	4					9999	9993	9984	9954	9891	9822	9590	8906	1	
	5							9999	9998	9993	9986	9959	9844	0	
7	0	0,8681	8080	7514	6983	4783	2791	2097	1335	0824	0585	0280	0078	6	7
	1	9921	9829	9706	9556	8503	6698	5767	4449	3294	2634	1586	0625	5	
	2	9997	9991	9980	9962	9743	9042	8520	7564	6471	5706	4199	2266	4	
	3			9999	9998	9973	9824	9667	9294	8740	8267	7102	5000	3	
	4					9998	9980	9953	9871	9712	9547	9037	7734	2	
	5						9999	9996	9987	9962	9931	9812	9375	1	
	6								9999	9998	9995	9984	9922	0	
8	0	0,8508	7837	7214	6634	4305	2326	1678	1001	0576	0390	0168	0039	7	8
	1	9897	9777	9619	9428	8131	6047	5033	3671	2553	1951	1064	0352	6	
	2	9996	9987	9969	9942	9619	8652	7969	6785	5518	4682	3154	1445	5	
	3		9999	9998	9996	9950	9693	9437	8862	8059	7414	5941	3633	4	
	4					9996	9954	9896	9727	9420	9121	8263	6367	3	
	5						9996	9988	9958	9887	9803	9502	8555	2	
	6							9999	9996	9987	9974	9915	9648	1	
	7									9999	9998	9993	9961	0	
10	0	0,8171	7374	6648	5987	3487	1615	1074	0563	0282	0173	0060	0010	9	10
	1	9838	9655	9418	9139	7361	4845	3758	2440	1493	1040	0464	0107	8	
	2	9991	9972	9938	9885	9298	7752	6778	5256	3828	2991	1673	0547	7	
	3	9999	9999	9996	9990	9872	9303	8791	7759	6496	5593	3823	1719	6	
	4				9999	9984	9845	9672	9219	8497	7869	6331	3770	5	
	5					9999	9976	9936	9803	9527	9234	8338	6230	4	
	6						9997	9991	9965	9894	9803	9452	8281	3	
	7							9999	9996	9984	9966	9877	9453	2	
	8									9999	9996	9983	9893	1	
	9											9999	9990	0	
15	0	0,7386	6333	5421	4633	2059	0649	0352	0134	0047	0023	0005	0000	14	15
	1	9647	9270	8809	8290	5490	2596	1671	0802	0353	0194	0052	0005	13	
	2	9970	9906	9797	9638	8159	5322	3980	2361	1268	0794	0271	0037	12	
	3	9998	9992	9976	9945	9444	7685	6482	4613	2969	2092	0905	0176	11	
	4		9999	9998	9994	9873	9102	8358	6865	5155	4041	2173	0592	10	
	5				9999	9978	9726	9389	8516	7216	6184	4032	1509	9	
	6					9997	9934	9819	9434	8689	7970	6098	3036	8	
	7						9987	9958	9827	9500	9118	7869	5000	7	
	8						9998	9992	9958	9848	9692	9050	6964	6	
	9							9999	9992	9963	9915	9662	8491	5	
	10								9999	9993	9982	9907	9408	4	
	11									9999	9997	9981	9824	3	
	12											9997	9963	2	
	13												9995	1	
n	k	0,98	0,97	0,96	0,95	0,90	5/6	0,80	0,75	0,70	2/3	0,60	0,50	k	n

Alle freien Plätze dieser Seite würden durch das Runden auf 4 Dezimalen den Wert 1,0000 enthalten. Das gilt auch für die nicht aufgeführten Werte von k.

n	k	0,02	0,03	0,04	0,05	0,10	1/6	0,20	0,25	0,30	1/3	0,40	0,50	k	n
20	0	0,6676	5438	4420	3585	1216	0261	0115	0032	0008	0003	0000	0000	19	20
	1	9401	8802	8103	7358	3917	1304	0692	0243	0076	0033	0005	0000	18	
	2	9929	9790	9561	9245	6769	3287	2061	0913	0355	0176	0036	0002	17	
	3	9994	9973	9926	9841	8670	5665	4114	2252	1071	0604	0160	0013	16	
	4		9997	9990	9974	9568	7687	6296	4148	2375	1515	0510	0059	15	
	5			9999	9997	9887	8982	8042	6172	4164	2972	1256	0207	14	
	6					9976	9629	9133	7858	6080	4793	2500	0577	13	
	7					9996	9887	9679	8982	7723	6615	4159	1316	12	
	8					9999	9972	9900	9591	8867	8095	5956	2517	11	
	9						9994	9974	9861	9520	9081	7553	4119	10	
	10						9999	9994	9961	9829	9624	8725	5881	9	
	11							9999	9991	9949	9870	9435	7483	8	
	12								9998	9987	9963	9790	8684	7	
	13									9997	9991	9935	9423	6	
	14										9998	9984	9793	5	
	15											9997	9941	4	
	16												9987	3	
	17												9998	2	
	18													1	
	19													0	
50	0	0,3642	2181	1299	0769	0052	0001	0000	0000	0000	0000	0000	0000	49	50
	1	7358	5553	4005	2794	0338	0012	0002	0000	0000	0000	0000	0000	48	
	2	9216	8108	6767	5405	1117	0066	0013	0001	0000	0000	0000	0000	47	
	3	9822	9372	8609	7604	2503	0238	0057	0005	0000	0000	0000	0000	46	
	4	9968	9832	9510	8964	4312	0643	0185	0021	0002	0000	0000	0000	45	
	5	9995	9963	9856	9622	6161	1388	0480	0070	0007	0001	0000	0000	44	
	6	9999	9993	9964	9882	7702	2506	1034	0194	0025	0005	0000	0000	43	
	7		9999	9992	9968	8779	3911	1904	0453	0073	0017	0001	0000	42	
	8			9999	9992	9421	5421	3073	0916	0183	0050	0002	0000	41	
	9				9998	9755	6830	4437	1637	0402	0127	0008	0000	40	
	10					9906	7986	5836	2622	0789	0284	0022	0000	39	
	11					9968	8827	7107	3816	1390	0570	0057	0000	38	
	12					9990	9373	8139	5110	2229	1035	0133	0002	37	
	13					9997	9693	8894	6370	3279	1715	0280	0005	36	
	14					9999	9862	9393	7481	4468	2612	0540	0013	35	
	15						9943	9692	8369	5692	3690	0955	0033	34	
	16						9978	9856	9017	6839	4868	1561	0077	33	
	17						9992	9937	9449	7822	6046	2369	0164	32	
	18						9997	9975	9713	8594	7126	3356	0325	31	
	19						9999	9991	9861	9152	8036	4465	0595	30	
	20							9997	9937	9522	8741	5610	1013	29	
	21							9999	9974	9749	9244	6701	1611	28	
	22								9990	9877	9576	7660	2399	27	
	23								9996	9944	9778	8438	3359	26	
	24								9999	9976	9892	9022	4439	25	
	25									9991	9951	9427	5561	24	
	26									9997	9979	9686	6641	23	
	27									9999	9992	9840	7601	22	
	28										9997	9924	8389	21	
	29										9999	9966	8987	20	
	30											9986	9405	19	
	31											9995	9675	18	
	32											9998	9836	17	
	33											9999	9923	16	
	34												9967	15	
	35												9987	14	
	36												9995	13	
	37												9998	12	
	38													11	
	39													10	
	40													9	
	41													8	
	42													7	
	43													6	
	44													5	
	45													4	
	⋮													⋮	
	48													1	
	49													0	

Alle freien Plätze dieser Seite würden durch das Runden auf 4 Dezimalen den Wert 1,0000 enthalten.
Das gilt auch für die nicht aufgeführten Werte von k.

n	k	0,98	0,97	0,96	0,95	0,90	5/6	0,80	0,75	0,70	2/3	0,60	0,50	k	n

n	k	0,02	0,03	0,04	0,05	0,10	1/6	0,20	0,25	0,30	1/3	0,40	0,50	k	n
													p		
100	0	0,1326	0476	0169	0059	0000	0000	0000	0000	0000	0000	0000	0000	99	100
	1	4033	1946	0872	0371	0003	0000	0000	0000	0000	0000	0000	0000	98	
	2	6767	4198	2321	1183	0019	0000	0000	0000	0000	0000	0000	0000	97	
	3	8590	6472	4295	2578	0078	0000	0000	0000	0000	0000	0000	0000	96	
	4	9492	8179	6289	4360	0237	0001	0000	0000	0000	0000	0000	0000	95	
	5	9845	9192	7884	6160	0576	0004	0000	0000	0000	0000	0000	0000	94	
	6	9959	9688	8936	7660	1172	0013	0001	0000	0000	0000	0000	0000	93	
	7	9991	9894	9525	8720	2061	0038	0003	0000	0000	0000	0000	0000	92	
	8	9998	9968	9810	9369	3209	0095	0009	0000	0000	0000	0000	0000	91	
	9		9991	9932	9718	4513	0213	0023	0000	0000	0000	0000	0000	90	
	10		9998	9978	9885	5832	0427	0057	0001	0000	0000	0000	0000	89	
	11			9993	9957	7030	0777	0126	0004	0000	0000	0000	0000	88	
	12			9998	9985	8018	1297	0253	0010	0000	0000	0000	0000	87	
	13				9995	8761	2000	0469	0025	0001	0000	0000	0000	86	
	14				9999	9274	2874	0804	0054	0002	0000	0000	0000	85	
	15					9601	3877	1285	0111	0004	0000	0000	0000	84	
	16					9794	4942	1923	0211	0010	0001	0000	0000	83	
	17					9900	5994	2712	0376	0022	0002	0000	0000	82	
	18					9954	6965	3621	0630	0045	0005	0000	0000	81	
	19					9980	7803	4602	0995	0089	0011	0000	0000	80	
	20					9992	8481	5595	1488	0165	0024	0000	0000	79	
	21					9997	8998	6540	2114	0288	0048	0000	0000	78	
	22					9999	9370	7389	2864	0479	0091	0001	0000	77	
	23						9621	8109	3711	0755	0164	0003	0000	76	
	24						9783	8686	4617	1136	0281	0006	0000	75	
	25						9881	9125	5535	1631	0458	0012	0000	74	
	26						9938	9442	6417	2244	0715	0024	0000	73	
	27						9969	9658	7224	2964	1066	0046	0000	72	
	28						9985	9800	7925	3768	1524	0084	0000	71	
	29						9993	9888	8505	4623	2093	0148	0000	70	
	30						9997	9939	8962	5491	2766	0248	0000	69	
	31						9999	9969	9307	6331	3525	0398	0001	68	
	32							9985	9554	7107	4344	0615	0002	67	
	33							9993	9724	7793	5188	0913	0004	66	
	34							9997	9836	8371	6019	1303	0009	65	
	35							9999	9906	8839	6803	1795	0018	64	
	36							9999	9948	9201	7511	2386	0033	63	
	37								9973	9470	8123	3068	0060	62	
	38								9986	9660	8630	3822	0105	61	
	39								9993	9790	9034	4621	0176	60	
	40								9997	9875	9341	5433	0284	59	
	41								9999	9928	9566	6225	0443	58	
	42									9960	9724	6967	0666	57	
	43									9979	9831	7635	0967	56	
	44									9989	9900	8211	1356	55	
	45									9995	9943	8689	1841	54	
	46									9997	9969	9070	2421	53	
	47									9999	9983	9362	3087	52	
	48										9991	9577	3822	51	
	49										9996	9729	4602	50	
	50										9998	9832	5398	49	
	51										9999	9900	6178	48	
	52											9942	6914	47	
	53											9968	7579	46	
	54											9983	8159	45	
	55											9991	8644	44	
	56											9996	9033	43	
	57											9998	9334	42	
	58											9999	9557	41	
	59												9716	40	
	60												9824	39	
	61												9895	38	
	62												9940	37	
	63												9967	36	
	64												9982	35	
	65												9991	34	
	66												9996	33	
	67												9998	32	
	68												9999	31	
n	k	0,98	0,97	0,96	0,95	0,90	5/6	0,80	0,75	0,70	2/3	0,60	0,50	k	n
							p								

Alle freien Plätze dieser Seite würden durch das Runden auf 4 Dezimalen den Wert 1,0000 enthalten. Das gilt auch für die nicht aufgeführten Werte von *k*.

↗ Beachte den Text auf Seite 44.

Standardnormalverteilung (Werte der Verteilungsfunktion Φ) ↻ 047-1

Die Binomialverteilung kann für große n durch die **Normalverteilung** angenähert werden. Wählt man dabei für die Parameter μ und σ^2 die Werte 0 bzw. 1, so nimmt die Dichtefunktion (↗ S. 38) folgende Gestalt an:

$$\varphi(x) = \frac{1}{\sqrt{2\pi}}\, e^{-0{,}5x^2} \quad \text{mit} \quad x \in \mathbb{R} \quad \text{und} \quad e \approx 2{,}7183$$

Zur Berechnung von Intervallwahrscheinlichkeiten wird das jeweilige Integral in den Grenzen des betrachteten Intervalls gebildet:

$$\Phi(x) = \frac{1}{\sqrt{2\pi}} \int_{-\infty}^{x} e^{-0{,}5t^2}\, dt$$

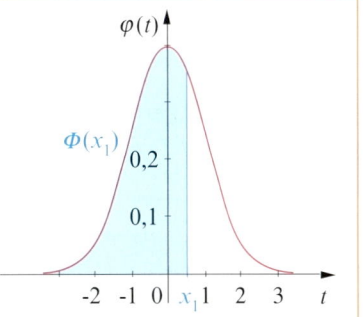

x	0	1	2	3	4	5	6	7	8	9
0,0	0,5000	5040	5080	5120	5160	5199	5239	5279	5319	5359
0,1	0,5398	5438	5478	5517	5557	5596	5636	5675	5714	5753
0,2	5793	5832	5871	5910	5948	5987	6026	6064	6103	6141
0,3	6179	6217	6255	6293	6331	6368	6406	6443	6480	6517
0,4	0,6554	6591	6628	6664	6700	6736	6772	6808	6844	6879
0,5	6915	6950	6985	7019	7054	7088	7123	7157	7190	7224
0,6	7257	7291	7324	7357	7389	7422	7454	7486	7517	7549
0,7	0,7580	7611	7642	7673	7703	7734	7764	7794	7823	7852
0,8	7881	7910	7939	7967	7995	8023	8051	8078	8106	8133
0,9	8159	8186	8212	8238	8264	8289	8315	8340	8365	8389
1,0	0,8413	8438	8461	8485	8508	8531	8554	8577	8599	8621
1,1	0,8643	8665	8686	8708	8729	8749	8770	8790	8810	8830
1,2	8849	8869	8888	8907	8925	8944	8962	8980	8997	9015
1,3	9032	9049	9066	9082	9099	9115	9131	9147	9162	9177
1,4	0,9192	9207	9222	9236	9251	9265	9279	9292	9306	9319
1,5	9332	9345	9357	9370	9382	9394	9406	9418	9429	9441
1,6	9452	9463	9474	9484	9495	9505	9515	9525	9535	9545
1,7	0,9554	9564	9573	9582	9591	9599	9608	9616	9625	9633
1,8	9641	9649	9656	9664	9671	9678	9686	9693	9699	9706
1,9	9713	9719	9726	9732	9738	9744	9750	9756	9761	9767
2,0	0,9772	9778	9783	9788	9793	9798	9803	9808	9812	9817
2,1	0,9821	9826	9830	9834	9838	9842	9846	9850	9854	9857
2,2	9861	9864	9868	9871	9875	9878	9881	9884	9887	9890
2,3	9893	9896	9898	9901	9904	9906	9909	9911	9913	9916
2,4	0,9918	9920	9922	9925	9927	9929	9931	9932	9934	9936
2,5	9938	9940	9941	9943	9945	9946	9948	9949	9951	9952
2,6	9953	9955	9956	9957	9959	9960	9961	9962	9963	9964
2,7	0,9965	9966	9967	9968	9969	9970	9971	9972	9973	9974
2,8	9974	9975	9976	9977	9977	9978	9979	9979	9980	9981
2,9	9981	9982	9982	9983	9984	9984	9985	9985	9986	9986
3,0	0,9987	9987	9987	9988	9988	9989	9989	9989	9990	9990
3,1	0,9990	9991	9991	9991	9992	9992	9992	9992	9993	9993
3,2	9993	9993	9994	9994	9994	9994	9994	9995	9995	9995
3,3	9995	9995	9996	9996	9996	9996	9996	9996	9996	9997
3,4	9997	9997	9997	9997	9997	9997	9997	9997	9997	9998

Beachte! $\Phi(-x) = 1 - \Phi(x)$
Beispiel: $\Phi(0{,}45) = 0{,}6736$ $\Phi(-0{,}45) = 1 - 0{,}6736 = 0{,}3264$

Zufallsziffern

Spalte									
1	6	11	16	21	26	31	36	41	46
Zeile 1									
40653	82715	29835	27852	32191	08941	50090	61628	65483	68626
20388	02169	45693	90569	04706	17889	05236	26044	69228	97623
57375	04758	13200	06366	26794	80210	12428	97669	38347	14644
29285	35386	06306	17756	01889	46567	63690	63322	01017	61988
83962	35849	08903	05793	96942	95658	46987	27525	65613	52743
6									
66069	77855	15735	32548	10974	45251	05650	48448	07123	91208
88181	96842	04303	54328	24074	47946	86171	07035	01102	13039
95048	96876	80669	11018	41785	59413	13462	77991	67173	67110
54896	29949	98441	20674	21872	37943	19470	94930	49602	60368
67330	86909	12329	30622	48336	40615	89047	01519	28522	10795
11									
46523	20927	02553	56011	73696	58072	52382	93454	68062	04286
02349	65756	96906	12472	63225	76378	70719	86979	79069	87335
41171	30721	67419	01523	62544	90206	01661	40897	04276	12350
47476	71046	59731	53044	38860	51080	25567	28590	42538	24039
80949	37558	59607	86281	78195	34547	64538	55686	17243	14952
16									
42544	61262	61917	67009	02129	53738	78084	39678	11714	75672
78525	59155	17681	27377	53521	87219	21689	38698	36575	38855
85123	05896	67580	83757	16462	97117	80214	35832	22654	97535
55625	54556	34184	37696	49685	52220	12043	43907	34623	09100
32886	56880	00664	92270	95370	68380	40080	88305	32970	27418
21									
90245	78149	75928	56698	30673	17850	90999	83915	83790	51120
95852	27875	23509	08221	78018	33343	78167	44176	43353	20759
58523	59268	46692	65717	46108	43848	44345	02564	98770	04382
02091	44328	69638	24757	07074	53044	55039	29285	06272	65713
45386	46823	39271	56819	57679	82300	44452	38678	08782	40501
26									
63403	45072	53838	64968	38927	58665	82977	45721	47508	16489
91764	22041	14681	13412	90484	32597	61926	62937	70314	09562
84775	96110	74931	78038	45171	77311	39051	50771	24411	05340
00684	72931	20561	98505	85582	88178	13299	85881	93058	82880
74419	83717	02176	91077	22202	26631	62100	41765	24536	24967
31									
61317	29832	55744	31002	94051	95486	38471	01157	24471	78669
41977	67597	56282	17431	57695	67395	68436	90916	09096	93813
10214	70778	62085	37554	69699	89270	67972	60884	69308	57300
59174	66491	35653	17796	86621	07090	80557	82156	68647	67575
40972	92317	37287	92170	45520	85312	15886	00166	91310	20742
36									
50859	98860	73847	93671	75457	84486	17553	24646	70496	92346
80182	46662	49420	21032	31032	95462	29379	28618	60379	87240
44530	85870	07606	76299	65612	23594	28940	64327	34674	12644
13869	49069	45952	88431	20573	38782	45150	18252	50247	54242
30038	56122	13554	03554	22104	47212	21491	45984	44902	53207
41									
90616	89917	71773	64981	85522	23626	55851	57164	69873	23091
41820	68749	22163	40313	09859	23212	06345	07204	57710	53547
59653	83841	82064	76753	22364	96886	17853	00664	99338	92784
70559	89219	44858	66573	97933	08784	49282	97784	31554	96917
12222	04150	30928	08237	16014	68122	98054	95004	94713	41249
46									
00862	80639	03290	48441	74768	40968	33732	59771	63843	69580
28361	92650	64922	29306	59084	73676	64468	49862	91288	13219
61043	46009	56209	12845	47235	75884	75720	57387	60512	35296
11048	25187	58211	89139	05366	10889	47076	54450	77124	78444
98629	82125	41154	99335	77586	16905	34048	38516	40653	30500

Analysis

Folgen und Reihen ⊙ 049-1

Definition Folge	Eine reelle **Zahlenfolge** (a_n) besteht aus unendlich vielen reellen Zahlen $a_1, a_2, a_3, \ldots$, die in einer festen Reihenfolge angeordnet sind. Die Zahl a_1 steht an erster, die Zahl a_n an n-ter Stelle in der Reihenfolge der Folgenglieder.
Partialsummen-folge	Werden aus den Gliedern einer Zahlenfolge (a_n) die Summen $s_1 = a_1,$ $s_2 = a_1 + a_2,$ $\ldots$ $s_n = a_1 + a_2 + \ldots + a_n = \sum_{k=1}^{n} a_k$ usw. gebildet, so entsteht eine neue Folge (s_n), die **Partialsummenfolge**.
Definition Reihe	Die Partialsummenfolge (s_n) zu einer gegebenen Folge (a_n) heißt die zu (a_n) gehörende (unendliche) **Reihe**.
Monotone Zahlenfolgen (a_n)	➤ monoton steigend (wachsend): Für alle $n \in \mathbb{N}$ $(n > 0)$ gilt $a_{n+1} \geq a_n$. ➤ monoton fallend (abnehmend): Für alle $n \in \mathbb{N}$ $(n > 0)$ gilt $a_{n+1} \leq a_n$. ➤ streng monoton steigend: Für alle $n \in \mathbb{N}$ $(n > 0)$ gilt $a_{n+1} > a_n$. ➤ streng monoton fallend: Für alle $n \in \mathbb{N}$ $(n > 0)$ gilt $a_{n+1} < a_n$.
Arithmetische Folge $(k = 1, 2, 3, \ldots)$	$(a_k) = (a_1; a_1 + d; \ldots; a_1 + (k-1)\,d; \ldots)$ $a_k = a_1 + (k-1)\,d;\ \ a_{k+1} = a_k + d \qquad s_n = \sum_{k=1}^{n} a_k = \dfrac{n}{2}(a_1 + a_n) = n \cdot a_1 + \dfrac{(n-1)\cdot n}{2} \cdot d$
Geometrische Folge $(k = 1, 2, 3, \ldots)$	$(a_k) = (a_1; a_1 q; a_1 q^2; \ldots; a_1 q^{k-1}; \ldots)$ $\qquad\qquad\qquad\qquad (a_1 \neq 0; q \neq 0) \qquad s_n = \sum_{k=1}^{n} a_k = a_1 \dfrac{q^n - 1}{q - 1} = \dfrac{a_n q - a_1}{q - 1}$ (falls $q \neq 1$) $a_k = a_1 \cdot q^{k-1};\ \ a_{k+1} = a_k \cdot q \qquad s_n = a_1 n \qquad\qquad\qquad\qquad\quad$ (falls $q = 1$) Spezialfall $a_1 = 1$ $(q \neq 0)$: $(a_k) = (1; q; q^2; \ldots, q^{k-1}, \ldots) \qquad s_n = \sum_{k=1}^{n} a_k = \dfrac{q^n - 1}{q - 1} = \dfrac{a_n q - 1}{q - 1}$ (falls $q \neq 1$) $a_k = q^{k-1};\ \ a_{k+1} = a_k \cdot q \qquad\quad s_n = n \qquad\qquad\qquad\qquad\qquad$ (falls $q = 1$)
Unendliche geometrische Reihe ⊙ 049-2	$s = \sum_{i=1}^{\infty} a_1 q^{i-1} = a_1 + a_1 q + \ldots + a_1 q^{n-1} + \ldots = \dfrac{a_1}{1-q}$ $(a_1 \neq 0; q \neq 0; \lvert q \rvert < 1)$ Spezialfall $a_1 = 1$ $(q \neq 0; \lvert q \rvert < 1)$ $s = \sum_{i=1}^{\infty} q^{i-1} = 1 + q + q^2 + q^3 + \ldots = \dfrac{1}{1-q}$
Spezielle Partialsummen	Summen der ersten n Glieder der Folge der ➤ natürlichen Zahlen $1 + 2 + 3 + \ldots + n = \sum_{i=1}^{n} i = \dfrac{n}{2}(n+1)$ ➤ geraden Zahlen $2 + 4 + 6 + \ldots + 2n = \sum_{i=1}^{n} 2i = n(n+1)$ $\left.\rule{0pt}{50pt}\right\}$ arith-metische Reihen ➤ ungeraden Zahlen $1 + 3 + 5 + \ldots + (2n-1) = \sum_{i=1}^{n}(2i-1) = n^2$ ➤ Quadratzahlen $1^2 + 2^2 + 3^2 + \ldots + n^2 = \sum_{i=1}^{n} i^2 = \dfrac{n(n+1)(2n+1)}{6}$ $\left.\rule{0pt}{40pt}\right\}$ Potenz-summen-formeln ➤ Kubikzahlen $1^3 + 2^3 + 3^3 + \ldots + n^3 = \sum_{i=1}^{n} i^3 = \left[\dfrac{n(n+1)}{2}\right]^2$

Grenzwerte

ε-Umgebung	Die Menge aller reellen Zahlen x, für die $|x-a| < \varepsilon$ gilt, wobei ε eine positive reelle Zahl ist, heißt ε-Umgebung der Zahl a. Andere Schreibweise: $a - \varepsilon < x < a + \varepsilon$
Grenzwert einer Zahlenfolge ⊙ 050-1	Die Zahl g heißt **Grenzwert** der Folge (a_n) genau dann, wenn es für jedes $\varepsilon > 0$ eine natürliche Zahl n_0 gibt, sodass für alle $n \geq n_0$ gilt: $|a_n - g| < \varepsilon$ Man schreibt: $\lim\limits_{n \to \infty} a_n = g$ Eine Zahlenfolge heißt **konvergent**, wenn sie einen Grenzwert besitzt, andernfalls heißt sie *divergent*.
Grenzwertsätze für unendliche konvergente Zahlenfolgen	Falls die Grenzwerte $\lim\limits_{n \to \infty} a_n = a$ und $\lim\limits_{n \to \infty} b_n = b$ existieren, gilt: ➤ $\lim\limits_{n \to \infty}(a_n \pm b_n) = \lim\limits_{n \to \infty} a_n \pm \lim\limits_{n \to \infty} b_n = a \pm b$ ➤ $\lim\limits_{n \to \infty}(a_n \cdot b_n) = \lim\limits_{n \to \infty} a_n \cdot \lim\limits_{n \to \infty} b_n = a \cdot b$ ➤ $\lim\limits_{n \to \infty} \dfrac{a_n}{b_n} = \dfrac{\lim\limits_{n \to \infty} a_n}{\lim\limits_{n \to \infty} b_n} = \dfrac{a}{b}$, falls $b_n \neq 0$ für alle n und $\lim\limits_{n \to \infty} b_n \neq 0$
Einige wichtige Grenzwerte	**Nullfolgen:** $\lim\limits_{n \to \infty} \dfrac{1}{n} = 0$ $\quad$ $\lim\limits_{n \to \infty} a^n = 0$ für $|a| < 1$ $\quad$ $\lim\limits_{n \to \infty} \dfrac{a^n}{n!} = 0$ $\lim\limits_{n \to \infty} a^n = 1$ für $a = 1$ $\quad$ $\lim\limits_{n \to \infty} \sqrt[n]{a} = 1$ für $a > 0$ $\quad$ $\lim\limits_{x \to 0} \dfrac{\sin x}{x} = 1$ $\lim\limits_{n \to \infty}\left(1 + \dfrac{1}{n}\right)^n = e \approx 2{,}718\,281\,828\,4\ldots$ $\quad$ (Euler'sche Zahl)
Grenzwert einer Funktion	Eine Funktion f hat an der Stelle x_0 den **Grenzwert** g genau dann, wenn für jede Folge (x_n) mit $x_n \neq x_0$, die gegen x_0 konvergiert, die Folge $(f(x_n))$ der zugehörigen Funktionswerte gegen g konvergiert.
Stetigkeit von Funktionen ⊙ 050-2	Die Funktion f heißt **stetig** an der Stelle x_0 genau dann, wenn gilt: (1) $\lim\limits_{x \to x_0} f(x)$ existiert (2) $\lim\limits_{x \to x_0} f(x) = f(x_0)$. Die Funktion f heißt **stetig**, wenn sie an jeder Stelle $x_0 \in D_f$ stetig ist. $\qquad$ Die Funktion f mit $f(x) = \begin{cases} \dfrac{1}{x} & (x \neq 0) \\ 0 & (x = 0) \end{cases}$ ist an der Stelle $x_0 = 0$ **nicht** stetig.
Grenzwertsätze für Funktionen	Ist $\lim\limits_{x \to x_0} f(x) = a$ und $\lim\limits_{x \to x_0} g(x) = b$ mit $a, b \in \mathbb{R}$, so gilt: ➤ $\lim\limits_{x \to x_0}[f(x) \pm g(x)] = a \pm b$ $\quad$ ➤ $\lim\limits_{x \to x_0}[f(x) \cdot g(x)] = a \cdot b$ $\quad$ ➤ $\lim\limits_{x \to x_0} \dfrac{f(x)}{g(x)} = \dfrac{a}{b}$ für $b \neq 0$
Regel von l'Hospital ⊙ 050-3	Haben in einer Quotientenfunktion $q(x) = \dfrac{f(x)}{g(x)}$ sowohl f als auch g an der Stelle x_0 eine Nullstelle, und sind f und g beide in einer Umgebung von x_0 ↗ differenzierbar, so gilt: Falls der Grenzwert $\lim\limits_{x \to x_0} \dfrac{f'(x)}{g'(x)}$ existiert, so existiert auch $\lim\limits_{x \to x_0} \dfrac{f(x)}{g(x)}$, und es gilt $\lim\limits_{x \to x_0} \dfrac{f(x)}{g(x)} = \lim\limits_{x \to x_0} \dfrac{f'(x)}{g'(x)}$. Die Regel gilt auch für $x \to \infty$ bzw. für $x \to -\infty$, falls Zähler und Nenner beide für $x \to \infty$ bzw. für $x \to -\infty$ gegen 0 streben.

Verhalten von Funktionen im Unendlichen und bei Definitionslücken ⊙ 051-1

Verhalten ausgewählter Funktionen im Unendlichen ↻ 051-1	Verhalten für $x \to \infty$ $\lim\limits_{x\to\infty} x^n = \infty$ für $n \in \mathbb{N}, n > 0$ $\lim\limits_{x\to\infty} \dfrac{1}{x^n} = 0$ für $n \in \mathbb{N}, n > 0$ $\lim\limits_{x\to\infty} a^x = \infty$ für $a \in \mathbb{R}^+, a > 1$ $\lim\limits_{x\to\infty} a^x = 0$ für $a \in \mathbb{R}^+, a < 1$ $\lim\limits_{x\to\infty} \dfrac{a^x}{x^n} = \infty$ für $a \in \mathbb{R}^+, a > 1, n \in \mathbb{N}$ $\lim\limits_{x\to\infty} \sqrt[n]{x} = \infty$ $\lim\limits_{x\to\infty} \log_a x = \infty$ für $a \in \mathbb{R}^+, a > 1$	Verhalten für $x \to -\infty$ $\lim\limits_{x\to-\infty} x^n = \infty$ für $n \in \mathbb{N}, n$ gerade, $n > 0$ $\lim\limits_{x\to-\infty} x^n = -\infty$ für $n \in \mathbb{N}, n$ ungerade $\lim\limits_{x\to-\infty} \dfrac{1}{x^n} = 0$ für $n \in \mathbb{N}, n > 0$ $\lim\limits_{x\to-\infty} a^x = 0$ für $a \in \mathbb{R}^+, a > 1$ $\lim\limits_{x\to-\infty} a^x = \infty$ für $a \in \mathbb{R}^+, a < 1$
Asymptoten	Eine Gerade, die Graph einer linearen Funktion A ist, heißt **Asymptote** einer Funktion f, wenn sich der Graph von f dieser Geraden im Unendlichen beliebig genau annähert, d. h., wenn gilt: $$\lim_{x\to\infty} |f(x) - A(x)| = 0 \quad \text{oder} \quad \lim_{x\to-\infty} |f(x) - A(x)| = 0$$ Gilt $\lim\limits_{x\to\infty} f(x) = g$ bzw. $\lim\limits_{x\to-\infty} f(x) = g$, ist die Parallele zur x-Achse mit $y = g$ eine **waagerechte Asymptote** von f. (Für $g = 0$ ist dies die x-Achse.) Auch senkrechte Geraden und gekrümmte Funktionsgraphen können als Asymptoten auftreten.	
Asymptoten gebrochenrationaler Funktionen	Jede gebrochenrationale Funktion $f(x) = \dfrac{u(x)}{v(x)}$ kann durch ↗ **Polynomdivision** auf die Form $f(x) = p(x) + \dfrac{r(x)}{v(x)}$ mit Polynomen p, r und v gebracht werden, wobei $\text{Grad}(r) < \text{Grad}(v)$ ist. Deshalb strebt $\dfrac{r(x)}{v(x)}$ für $x \to \infty$ und für $x \to -\infty$ jeweils gegen 0, und folglich nähert sich der Graph von f **asymptotisch** dem Graphen von p.	
Verhalten bei Definitionslücken	Bei der Annäherung der Argumente von links ($x < x_0$) bzw. von rechts ($x > x_0$) an eine **Definitionslücke** x_0 sind folgende Fälle von besonderem Interesse: ▶ Es gilt $\lim\limits_{\substack{x\to x_0 \\ x < x_0}} f(x) = \lim\limits_{\substack{x\to x_0 \\ x > x_0}} f(x) = a$. Dann hat der Graph von f an der Stelle x_0 lediglich ein „Loch", das sich durch die Festsetzung $f(x_0) = a$ schließen lässt. Die Stelle x_0 heißt dann eine **hebbare Lücke**. ▶ Es gilt $\lim\limits_{\substack{x\to x_0 \\ x < x_0}} f(x) = a$ und $\lim\limits_{\substack{x\to x_0 \\ x > x_0}} f(x) = b$ mit $a \neq b$. Dann hat der Graph von f an der Stelle x_0 eine **Sprungstelle**. ▶ Es gilt $\lim\limits_{\substack{x\to x_0 \\ x < x_0}} f(x) = \pm\infty$ und $\lim\limits_{\substack{x\to x_0 \\ x > x_0}} f(x) = \pm\infty$. Dann nennt man x_0 eine **Polstelle** des Graphen von f. Je nach Situation unterscheidet man Polstellen mit oder ohne Vorzeichenwechsel. Der Graph der Funktion besitzt bei einer Polstelle eine **senkrechte Asymptote**.	**hebbare Lücke** bei $x_0 = 1$ **Sprungstelle** $f(x) = \dfrac{1}{x^2}$ **Pol** ohne Vorzeichenwechsel bei $x_0 = 0$

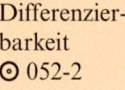

Differenzialrechnung

Differenzenquotient	Sei f eine Funktion, die in einer Umgebung U von x_0 definiert ist. Dann nennt man $$\frac{f(x_0 + h) - f(x_0)}{h} \text{ mit } h \in \mathbb{R}; \ h \neq 0 \text{ und } x_0 + h \in D(f)$$ den zu h gehörigen **Differenzenquotienten** der Funktion f an der Stelle x_0.
Differenzialquotient ⊙ 052-1	Der **Differenzialquotient** (oder die **Ableitung**) der Funktion f an der Stelle x_0 ist der Grenzwert $\lim\limits_{h \to 0} \dfrac{f(x_0 + h) - f(x_0)}{h}$, falls er existiert. Man schreibt auch: $f'(x_0)$ oder $\left.\dfrac{dy}{dx}\right|_{x=x_0}$
Differenzierbarkeit ⊙ 052-2	Die Funktion f ist an der Stelle $x = x_0$ differenzierbar, wenn (1) $f(x)$ in einer Umgebung von x_0 definiert ist und (2) der Grenzwert $\lim\limits_{h \to 0} \dfrac{f(x_0 + h) - f(x_0)}{h}$ existiert.
Differenziationsregeln (Ableitungsregeln) ⊙ 052-3	Falls die Funktionen u und v differenzierbar sind, so gilt für ➤ eine konstante Funktion $\quad y = c$ $\quad$ (c eine Konstante) $\qquad\ y' = 0$ ➤ einen konstanten Faktor $\quad y = c \cdot v$ $\qquad\qquad\qquad\qquad\qquad\ y' = c \cdot v'$ ➤ eine Potenzfunktion $\qquad y = x^n$ $\qquad\qquad\qquad\qquad\qquad\ y' = n \cdot x^{n-1}$ **(Potenzregel)** $\qquad\qquad\qquad\qquad\qquad\ y'' = n \cdot (n-1) \cdot x^{n-2}$ $\qquad\qquad\qquad\qquad\qquad\ \dots$ $\qquad\qquad y^{(k)} = \begin{cases} \dfrac{n!}{(n-k)!} \cdot x^{n-k} & \text{(für } k \leq n) \\ 0 & \text{(für } k > n) \end{cases}$ ➤ eine Summe/Differenz $\quad y = u \pm v$ $\qquad\qquad\qquad\qquad\qquad\ y' = u' \pm v'$ **(Summenregel)** ➤ ein Produkt $\qquad\qquad\quad y = u v$ $\qquad\qquad\qquad\qquad\qquad\ y' = u'v + uv'$ **(Produktregel)** ➤ einen Quotienten $\qquad\quad y = \dfrac{u}{v} \ (v \neq 0)$ $\qquad\qquad\qquad\qquad\qquad\ y' = \dfrac{u'v - uv'}{v^2}$ **(Quotientenregel)** **Kettenregel:** Sind u und v differenzierbare Funktionen, dann ist die Funktion $f(x) = u(v(x))$ differenzierbar. $f'(x) = u'(v(x)) \cdot v'(x)$ oder mit $y = u(z)$ und $z = v(x)$: $\dfrac{dy}{dx} = \dfrac{dy}{dz} \cdot \dfrac{dz}{dx}$ Differenziation einer Umkehrfunktion $\bar{f}$: Ist f eine eineindeutige Funktion, die in einer Umgebung der Stelle x_0 differenzierbar ist, und gilt $f'(x_0) \neq 0$, so ist die zu f inverse Funktion $\bar{f}$ an der Stelle $y_0 = f(x_0)$ differenzierbar und es gilt: $\bar{f}'(y_0) = \dfrac{1}{f'(x_0)}$

Ableitung spezieller Funktionen ↻ 053-1	Funktion	1. Ableitung	2. (und k-te) Ableitung
	$y = e^x$	$y' = e^x$	$y'' = e^x;\ y^{(k)} = e^x$
	$y = a^x\ (a > 0, a \neq 1)$	$y' = a^x \cdot \ln a = \dfrac{a^x}{\log_a e}$	$y'' = a^x \cdot \ln a \cdot \ln a$
	$y = \ln x\ (x > 0)$	$y' = \dfrac{1}{x}$	$y'' = -\dfrac{1}{x^2}$
	$y = \log_a x$ $(a > 0, a \neq 1;\ x > 0)$	$y' = \dfrac{1}{x \cdot \ln a}$	$y'' = -\dfrac{1}{x^2 \cdot \ln a}$
	$y = \sin x$	$y' = \cos x$	$y'' = -\sin x$
	$y = \cos x$	$y' = -\sin x$	$y'' = -\cos x$
	$y = \tan x$	$y' = \dfrac{1}{\cos^2 x} = 1 + \tan^2 x$	$y'' = 2 \cdot \tan x (1 + \tan^2 x)$
	$y = \arcsin x$	$y' = \dfrac{1}{\sqrt{1 - x^2}}$	$y'' = \dfrac{x}{(1 - x^2) \cdot \sqrt{1 - x^2}}$
	$y = \arccos x$	$y' = \dfrac{-1}{\sqrt{1 - x^2}}$	$y'' = \dfrac{-x}{(1 - x^2) \cdot \sqrt{1 - x^2}}$
	$y = \arctan x$	$y' = \dfrac{1}{1 + x^2}$	$y'' = \dfrac{-2x}{(1 + x^2)^2}$

Mittelwertsatz der Differenzial- rechnung ↻ 053-2	Wenn eine Funktion f im Intervall $[a, b]$ stetig und in (a, b) differenzierbar ist, so gibt es eine Zahl ξ mit $a < \xi < b$ und $\dfrac{f(b) - f(a)}{b - a} = f'(\xi)$. $\quad$ *Geometrische Interpretation:* Im Intervall $(a; b)$ gibt es eine Stelle ξ mit der Eigenschaft: Die Tangente an f im Punkt $P(\xi; f(\xi))$ hat die gleiche Steigung wie die Sekante durch $P_1(a; f(a))$ und $P_2(b; f(b))$.	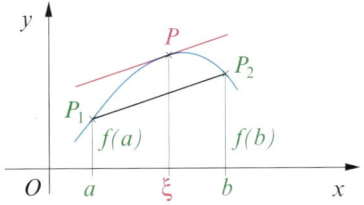

Näherungs- verfahren zur Berechnung von Nullstellen	**Newton'sches Näherungsverfahren** Falls x_n eine erste Näherung für x_0 ist, so gilt: $x_{n+1} = x_n - \dfrac{f(x_n)}{f'(x_n)} \qquad f'(x_n) \neq 0$ 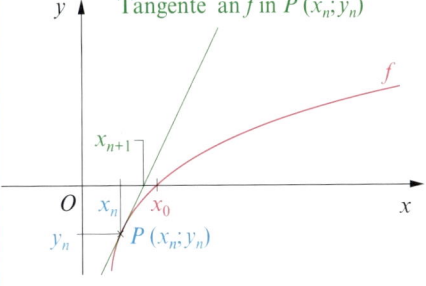	**Regula falsi** Falls a und b Näherungswerte für x_0 sind, wobei $f(a) < 0$ und $f(b) > 0$ sind, so erhält man eine bessere Näherung mit $x_s = a - \dfrac{f(a) \cdot (b - a)}{f(b) - f(a)}.$ 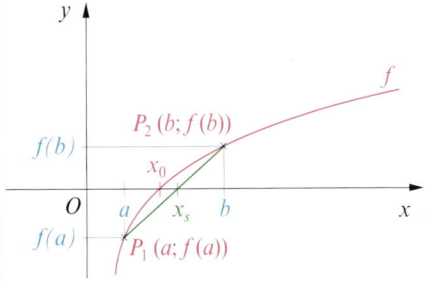

Mathematik ▶

Anwendungen der Differenzialrechnung (Untersuchen von Funktionen) ⊙ 054-1

Monotonie-kriterien	Für eine auf einem Intervall $I =]a, b[$ differenzierbare Funktion f gelten folgende **hinreichende Bedingungen für strenge Monotonie**:
	➤ Ist $f'(x) > 0$ für alle $x \in I$, so ist f auf I streng monoton steigend.
	➤ Ist $f'(x) < 0$ für alle $x \in I$, so ist f auf I streng monoton fallend.
	Für eine auf einem Intervall $I =]a, b[$ differenzierbare Funktion f gelten folgende **notwendige und hinreichende Bedingungen für Monotonie**:
	➤ f ist auf I genau dann monoton steigend, wenn $f'(x) \geq 0$ für alle $x \in I$ ist.
	➤ f ist auf I genau dann monoton fallend, wenn $f'(x) \leq 0$ für alle $x \in I$ ist.
Lokale Extrema	Eine Funktion f hat in $x_0 \in D_f$ ein **lokales Extremum**, wenn für alle x aus einer Umgebung $U \subset D_f$ von x_0 gilt: $f(x) \leq f(x_0)$ (**lokales Maximum**) bzw. $f(x) \geq f(x_0)$ (**lokales Minimum**).
	Hat eine an einer Stelle x_0 differenzierbare Funktion f an dieser Stelle ein lokales Extremum, so gilt $f'(x_0) = 0$.
	➤ Eine Funktion f hat bei x_0 ein **lokales Maximum**, wenn $f'(x_0) = 0$ ist und die Ableitung an der Stelle x_0 das Vorzeichen von $+$ nach $-$ wechselt. ➤ Eine zweimal differenzierbare Funktion f hat bei x_0 ein **lokales Maximum**, wenn $f'(x_0) = 0$ und $f''(x_0) < 0$ gilt.
	➤ Eine Funktion f hat bei x_1 ein **lokales Minimum**, wenn $f'(x_1) = 0$ ist und die Ableitung an der Stelle x_1 das Vorzeichen von $-$ nach $+$ wechselt. ➤ Eine zweimal differenzierbare Funktion f hat bei x_1 ein **lokales Minimum**, wenn $f'(x_1) = 0$ und $f''(x_1) > 0$ gilt.
Globale Extrema	Eine Funktion f hat in $x_0 \in D_f$ ein **globales Extremum**, wenn für alle $x \in D_f$ gilt: $f(x) \leq f(x_0)$ (**globales Maximum**) bzw. $f(x) \geq f(x_0)$ (**globales Minimum**).
	Es sei f eine Funktion, die auf einem abgeschlossenen Intervall I definiert ist und an der Stelle $x_0 \in I$ ein globales Extremum annimmt. Dann ist x_0 entweder ein Randpunkt von I, oder x_0 ist eine lokale Extremstelle von f.
Krümmungs-verhalten	Aus den Werten der zweiten Ableitung können Schlüsse auf das Krümmungsverhalten des Funktionsgraphen von f gezogen werden. Für eine im Intervall I zweimal differenzierbare Funktion f gilt:
	➤ Der Graph von f ist in I **rechtsgekrümmt (konkav)** $\Leftrightarrow f''(x) < 0$ für $x \in I$
	➤ Der Graph von f ist in I **linksgekrümmt (konvex)** $\Leftrightarrow f''(x) > 0$ für $x \in I$
Wendestellen	Eine Stelle $x_0 \in D_f$ heißt **Wendestelle** der Funktion f genau dann, wenn der Graph G_f von f an der Stelle x_0 sein Krümmungsverhalten ändert. Der Punkt $(x_0; f(x_0))$ heißt dann **Wendepunkt** des Graphen von f.
	Hat eine in x_0 differenzierbare Funktion f an dieser Stelle einen Wendepunkt, so gilt $f''(x_0) = 0$.
	Hinreichende Bedingungen für Wendestellen:
	➤ Eine Funktion f hat bei x_0 eine Wendestelle, wenn $f''(x_0) = 0$ ist und die zweite Ableitung an der Stelle x_0 das Vorzeichen wechselt.
	➤ Eine Funktion f hat bei x_0 eine Wendestelle, wenn $f''(x_0) = 0$ und $f'''(x_0) \neq 0$ ist.
	Die Gleichung der zu einem Wendepunkt $(x_0; f(x_0))$ einer Funktion f gehörigen **Wendetangente** lautet: $y - f(x_0) = f'(x_0) \cdot (x - x_0)$

Interpolation durch Polynome; Splines ⊙ 055-1

Die Grundaufgabe der **Polynominterpolation** besteht darin, isolierte Punkte (z. B. aus einer Messreihe) durch eine möglichst glatte Kurve zu verbinden, die einem vermuteten oder gewünschten Verlauf möglichst nahe kommt und abschnittsweise durch Polynomfunktionen beschreibbar ist.

Eine auf einem Intervall zweimal differenzierbare Kurve, die abschnittsweise aus Polynomfunktionen 3. Grades zusammengesetzt ist, bezeichnet man als (kubischen) **Spline**.

Anforderungen an zwei kubische Funktionen f und g an der Verbindungsstelle x_0 innerhalb des Intervalls:
$$y = f(x) = a_3 x^3 + a_2 x^2 + a_1 x + a_0, \quad y = g(x) = b_3 x^3 + b_2 x^2 + b_1 x + b_0$$

versatzfreier Übergang: $\qquad\qquad f(x_0) = g(x_0)$
knickfreier Übergang: $\qquad\qquad f'(x_0) = g'(x_0)$
Übergang ohne Krümmungsruck: $\quad f''(x_0) = g''(x_0)$

Wachstumsprozesse und Differenzialgleichungen ⊙ 055-2

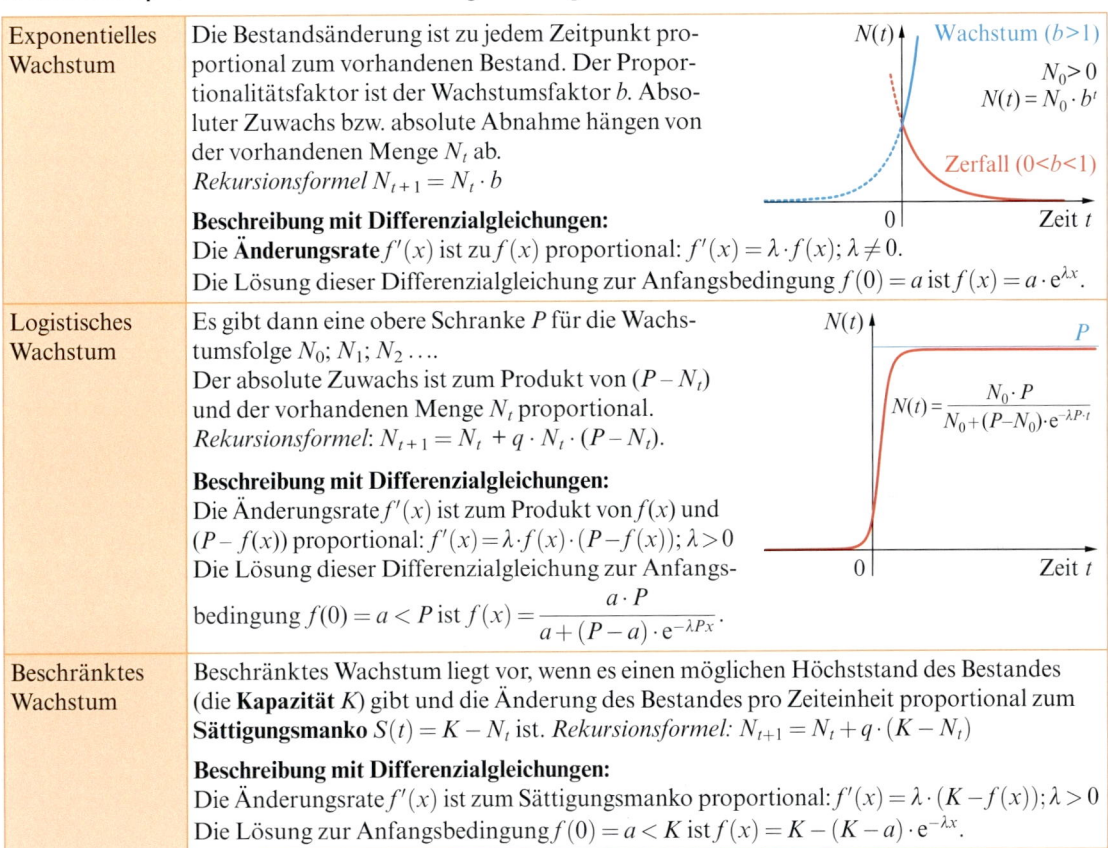

Exponentielles Wachstum	Die Bestandsänderung ist zu jedem Zeitpunkt proportional zum vorhandenen Bestand. Der Proportionalitätsfaktor ist der Wachstumsfaktor b. Absoluter Zuwachs bzw. absolute Abnahme hängen von der vorhandenen Menge N_t ab. *Rekursionsformel* $N_{t+1} = N_t \cdot b$
	Beschreibung mit Differenzialgleichungen: Die **Änderungsrate** $f'(x)$ ist zu $f(x)$ proportional: $f'(x) = \lambda \cdot f(x)$; $\lambda \neq 0$. Die Lösung dieser Differenzialgleichung zur Anfangsbedingung $f(0) = a$ ist $f(x) = a \cdot e^{\lambda x}$.
Logistisches Wachstum	Es gibt dann eine obere Schranke P für die Wachstumsfolge N_0; N_1; N_2 .... Der absolute Zuwachs ist zum Produkt von $(P - N_t)$ und der vorhandenen Menge N_t proportional. *Rekursionsformel*: $N_{t+1} = N_t + q \cdot N_t \cdot (P - N_t)$.
	Beschreibung mit Differenzialgleichungen: Die Änderungsrate $f'(x)$ ist zum Produkt von $f(x)$ und $(P - f(x))$ proportional: $f'(x) = \lambda \cdot f(x) \cdot (P - f(x))$; $\lambda > 0$ Die Lösung dieser Differenzialgleichung zur Anfangsbedingung $f(0) = a < P$ ist $f(x) = \dfrac{a \cdot P}{a + (P - a) \cdot e^{-\lambda P x}}$.
Beschränktes Wachstum	Beschränktes Wachstum liegt vor, wenn es einen möglichen Höchststand des Bestandes (die **Kapazität** K) gibt und die Änderung des Bestandes pro Zeiteinheit proportional zum **Sättigungsmanko** $S(t) = K - N_t$ ist. *Rekursionsformel*: $N_{t+1} = N_t + q \cdot (K - N_t)$
	Beschreibung mit Differenzialgleichungen: Die Änderungsrate $f'(x)$ ist zum Sättigungsmanko proportional: $f'(x) = \lambda \cdot (K - f(x))$; $\lambda > 0$ Die Lösung zur Anfangsbedingung $f(0) = a < K$ ist $f(x) = K - (K - a) \cdot e^{-\lambda x}$.

Potenzreihenentwicklung spezieller Funktionen ↻ 055-1

Die Exponentialfunktion $f(x) = e^x$ und die Funktionen sin und cos können als Potenzreihen dargestellt werden, die für jedes $x \in \mathbb{R}$ konvergent sind. Es gilt:

$$e^x = 1 + x + \frac{x^2}{2!} + \frac{x^3}{3!} + \frac{x^4}{4!} + \frac{x^5}{5!} + \ldots = \sum_{k=0}^{\infty} \frac{x^k}{k!}$$

$$\sin x = x - \frac{x^3}{3!} + \frac{x^5}{5!} - \frac{x^7}{7!} + \frac{x^9}{9!} \mp \ldots = \sum_{k=0}^{\infty} (-1)^k \frac{x^{2k+1}}{(2k+1)!}$$

$$\cos x = 1 - \frac{x^2}{2!} + \frac{x^4}{4!} - \frac{x^6}{6!} + \frac{x^8}{8!} \mp \ldots = \sum_{k=0}^{\infty} (-1)^k \frac{x^{2k}}{(2k)!}$$

Mathematik ▶

Integralrechnung

Stammfunktion ⊙ 056-1	Eine Funktion F heißt Stammfunktion von f genau dann, wenn F und f in einem Intervall I definiert sind, wenn F in I differenzierbar ist und wenn gilt: $F'(x) = f(x)$ für alle $x \in I$. Ist F eine Stammfunktion von f, so ist jede beliebige Stammfunktion G von f von der Form $G(x) = F(x) + c$ mit einer Konstanten $c \in \mathbb{R}$.
Unbestimmtes Integral	Das unbestimmte Integral der Funktion f ist die Menge aller Stammfunktionen von $f(x)$. Es gilt $\int f(x)\,dx = F(x) + c \quad (c \in \mathbb{R})$.
Bestimmtes Integral ↻ 056-1	Das bestimmte Integral einer differenzierbaren Funktion f auf dem abgeschlossenen Intervall $[a; b]$ ist eine mit $\int_a^b f(x)\,dx$ bezeichnete reelle Zahl. Diese Zahl ist die Summe der positiv oder negativ gezählten Maßzahlen der von dem Funktionsgraphen von f und der x-Achse über dem Intervall $[a, b]$ eingeschlossenen Flächenstücke. Dabei werden Flächenstücke, die oberhalb der x-Achse liegen, positiv gezählt, Flächenstücke, die unterhalb der x-Achse liegen, negativ. Die Zahlen a und b heißen **Integrationsgrenzen**: Die Zahl a heißt **untere Grenze**, die Zahl b heißt **obere Grenze**. Die Funktion f heißt **Integrand**.
Kriterien für Integrierbarkeit	Eine Funktion f heißt **integrierbar auf dem Intervall $[a, b]$**, wenn das bestimmte Integral der Funktion f auf dem Intervall $[a, b]$ existiert. ➤ Jede in einem Intervall $[a, b]$ monotone Funktion f ist auf $[a, b]$ integrierbar. ➤ Jede in einem Intervall $[a, b]$ ↗ stetige Funktion f ist auf $[a, b]$ integrierbar. *Anmerkung:* Aus dem erstgenannten Kriterium ergibt sich z. B. die Integrierbarkeit einer stückweise konstanten Funktion („Treppenfunktion") in der Umgebung einer Sprungstelle.
Integralfunktion	Für eine auf einem offenen Intervall I integrierbare Funktion f und beliebiges $a \in I$ heißt die Funktion F mit $F(x) = \int_a^x f(t)\,dt$ eine **Integralfunktion von f**.
Hauptsatz der Differenzial- und Integral- rechnung	Ist F eine Integralfunktion einer stetigen Funktion f, dann ist F differenzierbar, und es gilt $F'(x) = f(x)$. Mit anderen Worten: Jede Integralfunktion einer stetigen Funktion f ist eine Stammfunktion von f.
Allgemeine Integrations- formel	Ist f eine im Intervall $I = [a, b]$ stetige Funktion und F irgendeine Stammfunktion von f, so gilt: $\int_a^b f(x)\,dx = F(b) - F(a) = [F(x)]_a^b$
Eigenschaften des bestimmten Integrals	Es seien f und g auf $I = [a, b]$ integrierbare Funktionen. Dann gilt: $\int_a^b f(x)\,dx = -\int_b^a f(x)\,dx \qquad \int_a^a f(x)\,dx = 0$ $\int_a^b f(x)\,dx = \int_a^c f(x)\,dx + \int_c^b f(x)\,dx \quad (a, b, c \in \mathbb{R};\, c \in [a, b])$ **(Additivität des Integrals)** $f(x) < g(x)$ für alle $x \in I \Rightarrow \int_a^b f(x)\,dx < \int_a^b g(x)\,dx$ **(Monotonie des Integrals)** $\int_a^b k \cdot f(x)\,dx = k \cdot \int_a^b f(x)\,dx \quad (k \in \mathbb{R})$ $\int_a^b (f(x) + g(x))\,dx = \int_a^b f(x)\,dx + \int_a^b g(x)\,dx$ **(Linearität des Integrals)**

Integrations-regeln ⊙ 057-1	➤ Für einen konstanten Faktor gilt: $\int k \cdot f(x)\,dx = k \cdot \int f(x)\,dx$
	➤ Für eine Summe/Differenz gilt: $\int [f(x) \pm g(x)]\,dx = \int f(x)\,dx \pm \int g(x)\,dx$
	➤ Substitutionsregel: $\int f[\varphi(t)] \cdot \varphi'(t)\,dt = \int f(x)\,dx$ mit $x = \varphi(t)$ und $dx = \varphi'(t)\,dt$
	➤ Partielle Integration (Produktintegration): $\int uv'\,dx = uv - \int vu'\,dx$

Uneigentliche Integrale ⊙ 057-2

(1) Der Integrationsbereich ist nach mindestens einer Seite nicht beschränkt:
Ist f eine auf jedem Teilintervall von $[a, \infty[$ bzw. von $]-\infty, b]$ bzw. von $\mathbb{R}$ integrierbare Funktion, so definiert man:

$$\int_a^\infty f(x)\,dx = \lim_{b\to\infty} \int_a^b f(x)\,dx; \quad \int_{-\infty}^b f(x)\,dx = \lim_{a\to-\infty} \int_a^b f(x)\,dx; \quad \int_{-\infty}^\infty f(x)\,dx = \int_{-\infty}^0 f(x)\,dx + \int_0^\infty f(x)\,dx$$

(2) Der Integrand ist an der unteren oder oberen Grenze nicht beschränkt:
Ist f eine auf $]a, b]$ bzw. auf $[a, b[$ integrierbare Funktion, und gilt $f(x) \to \pm\infty$ für $x \to a$, $x > a$ bzw. $f(x) \to \pm\infty$ für $x \to b$, $x < b$, so definiert man:

$$\int_a^b f(x)\,dx = \lim_{\substack{t\to a \\ t>a}} \int_t^b f(x)\,dx \qquad \text{bzw.} \qquad \int_a^b f(x)\,dx = \lim_{\substack{t\to b \\ t<b}} \int_a^t f(x)\,dx$$

Die in (1) und (2) definierten Integrale heißen **uneigentliche Integrale**. Die auftretenden Grenzwerte können existieren oder nicht existieren. Das betreffende uneigentliche Integral existiert, falls der entsprechende Grenzwert existiert.

Näherungsweise Berechnung von Integralen

Trapezverfahren

Mit $d = \dfrac{b-a}{n} = \dfrac{x_n - x_0}{n}$ erhält man für den Flächeninhalt A folgende Näherung:

$A \approx \sum_{k=1}^n \dfrac{1}{2}(f(x_{k-1}) + f(x_k)) \cdot d$ bzw.

$A = \int_a^b f(x)\,dx \approx \left(\dfrac{f(x_0) + f(x_n)}{2} + \sum_{k=1}^{n-1} f(x_k) \right) \cdot d$

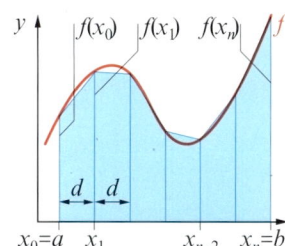

Simpson'sche Regel

Das Integrationsintervall $[x_0, x_n]$ wird in eine gerade Anzahl gleich breiter Teilintervalle zerlegt. Über jedem Intervall $[x_{2k}, x_{2k+2}]$ – bestehend aus zwei benachbarten Teilintervallen – wird die Fläche unter dem Graphen von f durch die Fläche unter dem *Parabelbogen* durch die drei Punkte $(x_{2k}; f(x_{2k}))$, $(x_{2k+1}; f(x_{2k+1}))$ und $(x_{2k+2}; f(x_{2k+2}))$ angenähert.
Die Genauigkeit ist bei gleich vielen Stützpunkten i. A. größer als beim Trapezverfahren.

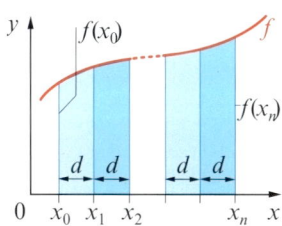

Mit $d = \dfrac{x_n - x_0}{n}$, n gerade, gilt:

$$A = \int_{x_0}^{x_n} f(x)\,dx \approx \dfrac{d}{3} \cdot [f(x_0) + f(x_n) + 2 \cdot (f(x_2) + f(x_4) + \ldots + f(x_{n-2})) + 4 \cdot (f(x_1) + f(x_3) + \ldots + f(x_{n-1}))]$$

Kepler'sche (Fass-)Regel

Die Kepler'sche Regel ist der Spezialfall der Simpson'schen Regel für $n = 2$.

Mit $d = \dfrac{x_2 - x_0}{2}$ gilt:

$$A = \int_{x_0}^{x_2} f(x)\,dx \approx \dfrac{d}{3} \cdot [f(x_0) + 4 \cdot f(x_1) + f(x_2)]$$

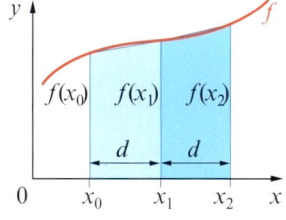

Mathematik ▶

Grundintegrale und weitere spezielle Integrale ↻ 058-1	$\int a \cdot dx = ax + c \quad (a \in \mathbb{R})$

$\int x\, dx = 0{,}5 \cdot x^2 + c$

$\int x^n\, dx = \dfrac{x^{n+1}}{n+1} + c$ mit $n \in \mathbb{Z}, n \neq -1$ und $\begin{cases} x \in \mathbb{R}, & \text{falls } n \geq 0 \\ x \in \mathbb{R}, \ x \neq 0 & \text{falls } n < 0 \end{cases}$

$\int x^{-1}\, dx = \int \dfrac{dx}{x} = \ln|x| + c = \begin{cases} \ln x + c, & \text{falls } x > 0 \\ \ln(-x) + c, & \text{falls } x < 0 \end{cases}$

$\int x^r\, dx = \dfrac{x^{r+1}}{r+1} + c$ mit $r \in \mathbb{Q}, r \neq -1, x \in \mathbb{R}$ und $x > 0$

$\int a^x\, dx = \dfrac{1}{\ln a}\, a^x + c = a^x \cdot \log_a e + c$ mit $a \in \mathbb{R}, a > 0, a \neq 1$ und $x \in \mathbb{R}$

$\int e^x\, dx = e^x + c \quad (x \in \mathbb{R})$

$\int \ln x\, dx = x \cdot \ln(x) - x + c \quad (x > 0)$

$\int x \cdot \ln x\, dx = x^2 \left(\dfrac{\ln(x)}{2} - \dfrac{1}{4} \right) + c \quad (x > 0)$

$\int \dfrac{dx}{a^2 + x^2} = \dfrac{1}{a} \arctan \dfrac{x}{a} + c \quad (a \neq 0)$

$\int \dfrac{dx}{ax+b} = \dfrac{1}{a} \ln|ax+b| + c$

$\int \sin x\, dx = -\cos x + c \quad (x \in \mathbb{R})$

$\int \cos x\, dx = \sin x + c \quad (x \in \mathbb{R})$

$\int \dfrac{dx}{\cos^2 x} = \tan x + c$ mit $x \neq (2k+1)\dfrac{\pi}{2}, \ k \in \mathbb{Z}$

$\int \tan x\, dx = -\ln|\cos x| + c$ mit $x \neq (2k+1) \cdot \dfrac{\pi}{2},$ wobei $k \in \mathbb{Z}$

$\int \cot x\, dx = \ln|\sin x| + c$ mit $x \neq k \cdot \pi,$ wobei $k \in \mathbb{Z}$

$\int \dfrac{dx}{\sqrt{a^2 - x^2}} = \arcsin \dfrac{x}{a} + c,$ wenn $|x| < |a|; \ a \neq 0$

$\int (ax+b)^n\, dx = \dfrac{(ax+b)^{n+1}}{a(n+1)} + c \quad (n \neq -1)$

Mittelwertsatz der Integralrechnung ↻ 058-2	Wenn eine Funktion $f(x)$ im Intervall $[a, b]$ stetig ist, so gibt es wenigstens eine Zahl ξ mit $a \leq \xi \leq b$, für die gilt:

$\dfrac{\int\limits_a^b f(x)\, dx}{b - a} = f(\xi)$ bzw. $\int\limits_a^b f(x)\, dx = f(\xi) \cdot (b - a)$

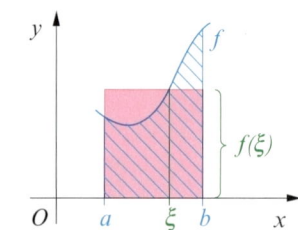

Geometrische Interpretation:
Im Intervall $(a; b)$ gibt es eine Stelle ξ, sodass das Rechteck mit den Seitenlängen $f(\xi)$ und $(b - a)$ den gleichen Flächeninhalt besitzt wie die Fläche unter dem Graphen von f in den Grenzen a und b.

Bogenlänge ebener Kurven (↗ S. 22) ⊙ 059-1

Bogenlänge einer Parameterkurve	Eine ebene Kurve $\varphi: [a, b] \to \mathbb{R}^2$, $t \ (x(t); y(t))$ mit differenzierbaren Funktionen x und y hat die Bogenlänge $s = \int\limits_a^b \sqrt{[x'(t)]^2 + [y'(t)]^2}\, dt$.
Bogenlänge eines Funktionsgraphen	Der zu $a \leq x \leq b$ gehörige Abschnitt des Graphen einer differenzierbaren Funktion f hat die Bogenlänge $s = \int\limits_a^b \sqrt{1 + [f'(x)]^2}\, dx$.

Flächeninhaltsberechnung und Volumenberechnung durch Integration ⊙ 059-2

Fläche oberhalb bzw. unterhalb der x-Achse	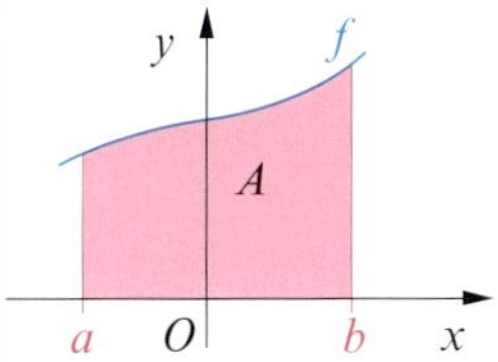 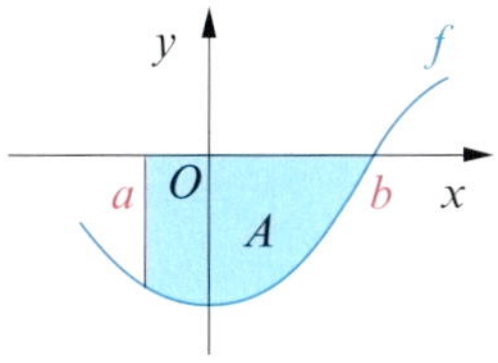 $A = \int\limits_a^b f(x)\, dx$ $\qquad$ $A = -\int\limits_a^b f(x)\, dx$
Fläche oberhalb und unterhalb der x-Achse	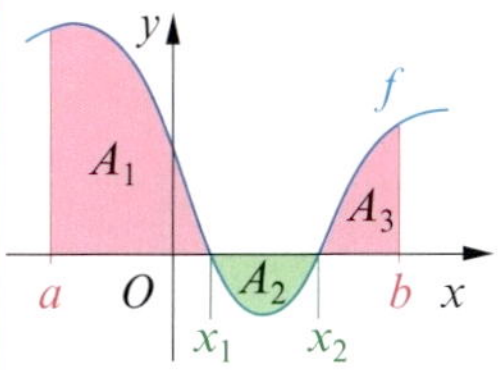 $A = A_1 + A_2 + A_3 = \int\limits_a^{x_1} f(x)\, dx - \int\limits_{x_1}^{x_2} f(x)\, dx + \int\limits_{x_2}^b f(x)\, dx$
Fläche zwischen zwei Graphen	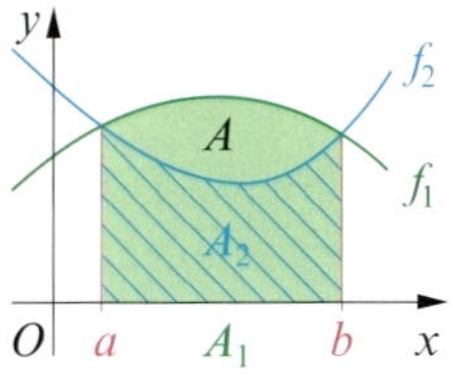 $A = A_1 - A_2$ $= \int\limits_a^b [f_1(x) - f_2(x)]\, dx$, falls $f_1 \geq f_2$ in $[a, b]$ 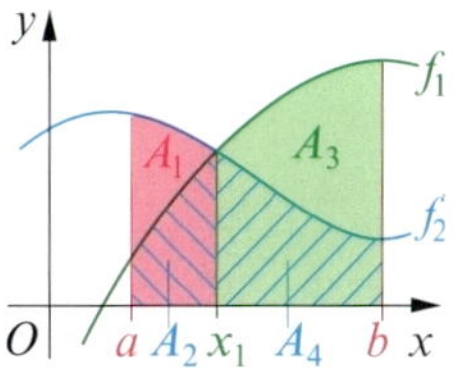 $\qquad$ $A = A_1 - A_2 + A_3 - A_4$ $= \int\limits_a^{x_1} [f_2(x) - f_1(x)]\, dx$ $+ \int\limits_{x_1}^b [f_1(x) - f_2(x)]\, dx$
Volumen und Mantelfläche von Rotationskörpern	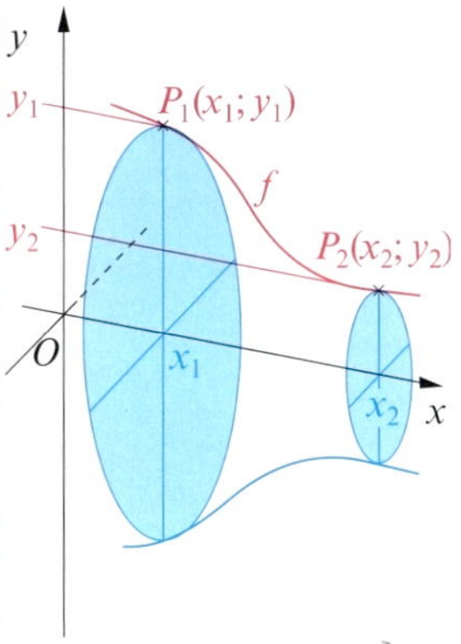 Lässt man den Graphen einer Funktion f um die x-Achse bzw. um die y-Achse rotieren, so entsteht ein Rotationskörper. Für sein Volumen und seine Mantelfläche gilt 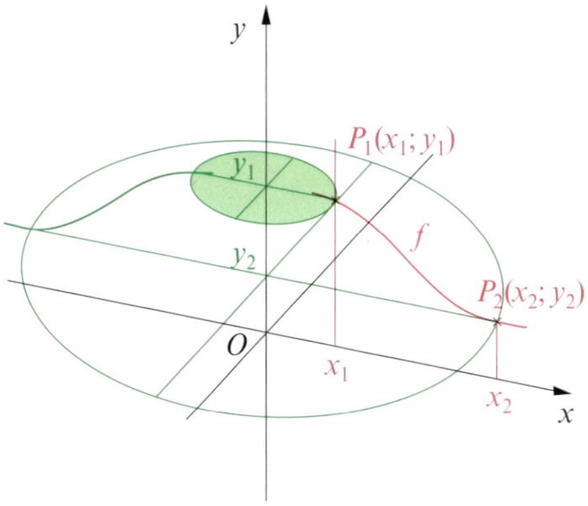

bei **Rotation um die x-Achse:**

$$V_x = \pi \int\limits_{x_1}^{x_2} [f(x)]^2\, dx \quad (x_1 < x_2);$$

$$M_x = 2\pi \int\limits_{x_1}^{x_2} f(x) \sqrt{1 + [f'(x)]^2}\, dx$$

bei **Rotation um die y-Achse:**

$$V_y = \pi \int\limits_{y_1}^{y_2} [g(y)]^2\, dy, \quad (y_1 < y_2)$$

$$M_y = 2\pi \int\limits_{y_1}^{y_2} g(y) \sqrt{1 + [g'(y)]^2}\, dy$$

Dabei ist g die Umkehrfunktion von f.

Mathematik ▶

Vektorrechnung und analytische Geometrie

Vektoren

Definition eines Vektors	Eine Klasse paralleler Pfeile mit gleicher Länge und gleicher Orientierung heißt Vektor. Die Länge eines Repräsentanten des Vektors $\vec{a}$ bezeichnet man als **Betrag des Vektors** und schreibt: $|\vec{a}|$. Als **Nullvektor** $\vec{o}$ bezeichnet man einen Vektor mit dem Betrag 0: $\vec{o} = \overrightarrow{AA} = \overrightarrow{BB} \dots$ Zwei Vektoren $\vec{a} \neq 0$ und $\vec{b} \neq 0$ sind gleich genau dann, wenn gilt: $\vec{a} \parallel \vec{b}$ (Parallelität), $\vec{a} \uparrow\uparrow \vec{b}$ (gleiche Orientierung) und $|\vec{a}| = |\vec{b}|$ (gleiche Länge).

Beschreibung von Vektoren durch Koordinaten ↻ 060-1	**Koordinaten eines Vektors in einer Ebene** $\vec{a} = \overrightarrow{PQ}$ mit $P(x_P; y_P)$ und $Q(x_Q; y_Q)$: $\vec{a} = \overrightarrow{PQ} = \begin{pmatrix} x_Q - x_P \\ y_Q - y_P \end{pmatrix}$ 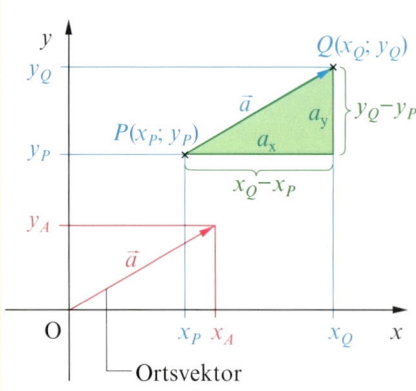	**Koordinaten eines Vektors im Raum** $\vec{a} = \overrightarrow{PQ}$ mit $P(x_P; y_P; z_P)$ und $Q(x_Q; y_Q; z_Q)$: $\vec{a} = \overrightarrow{PQ} = \begin{pmatrix} x_Q - x_P \\ y_Q - y_P \\ z_Q - z_P \end{pmatrix}$

Vektoren in Komponentendarstellung	$\vec{i} = \overrightarrow{OE_1}, \vec{j} = \overrightarrow{OE_2}$ bzw. $\vec{i} = \overrightarrow{OE_1}, \vec{j} = \overrightarrow{OE_2}, \vec{k} = \overrightarrow{OE_3}$ sind die in einem Koordinatensystem paarweise senkrecht aufeinander stehenden Einheitsvektoren der Länge 1 (↗ Basis, S. 68).	
	Komponentendarstellung in einer Ebene ➤ Ortsvektor $\vec{p}$ eines Punktes $P(x_P; y_P)$: $\overrightarrow{OP} = \vec{p} = x_P \vec{i} + y_P \vec{j}$ ➤ Vektor $\vec{a} = \overrightarrow{P_1 P_2}$ mit $P_1(x_1; y_1)$ und $P_2(x_2; y_2)$: $\overrightarrow{P_1 P_2} = (x_2 - x_1)\vec{i} + (y_2 - y_1)\vec{j}$ oder $\overrightarrow{P_1 P_2} = \vec{a} = a_x \vec{i} + a_y \vec{j}$ 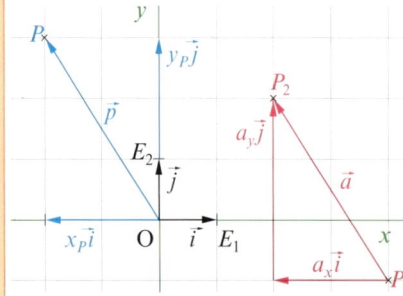	**Komponentendarstellung im Raum** ➤ Ortsvektor $\vec{p}$ eines Punktes $P(x_P; y_P; z_P)$: $\overrightarrow{OP} = x_P \vec{i} + y_P \vec{j} + z_P \vec{k}$ ➤ Vektor $\vec{a} = \overrightarrow{P_1 P_2}$ mit $P_1(x_1; y_1; z_1)$ und $P_2(x_2; y_2; z_2)$: $\overrightarrow{P_1 P_2} = (x_2 - x_1)\vec{i} + (y_2 - y_1)\vec{j} + (z_2 - z_1)\vec{k}$ gegebenenfalls auch $\overrightarrow{P_1 P_2} = \vec{a} = a_x \vec{i} + a_y \vec{j} + a_z \vec{k}$ 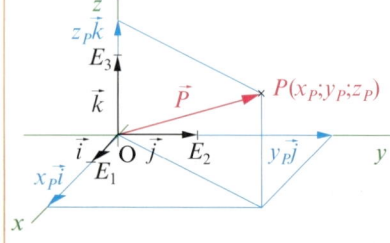

Länge (Betrag) eines Vektors ⊙ 061-1

in der Ebene	➤ Länge des Vektors $\vec{a}$ mit $\vec{a} = \begin{pmatrix} a_x \\ a_y \end{pmatrix}$: $|\vec{a}| = \sqrt{a_x^2 + a_y^2}$	➤ Länge des Vektors $\overrightarrow{PQ}$: $|\overrightarrow{PQ}| = \sqrt{(x_Q - x_P)^2 + (y_Q - y_P)^2}$
im Raum	➤ Länge des Vektors $\vec{a}$ mit $\vec{a} = \begin{pmatrix} a_x \\ a_y \\ a_z \end{pmatrix}$: $|\vec{a}| = \sqrt{a_x^2 + a_y^2 + a_z^2}$	➤ Länge des Vektors $\overrightarrow{PQ}$: $|\overrightarrow{PQ}| = \sqrt{(x_Q - x_P)^2 + (y_Q - y_P)^2 + (z_Q - z_P)^2}$

Einfache Operationen mit Vektoren ↻ 061-1

Addition und Subtraktion von Vektoren	Für $\vec{a} = \begin{pmatrix} a_x \\ a_y \\ a_z \end{pmatrix}$ und $\vec{b} = \begin{pmatrix} b_x \\ b_y \\ b_z \end{pmatrix}$ gilt $\vec{a} \pm \vec{b} = \begin{pmatrix} a_x \pm b_x \\ a_y \pm b_y \\ a_z \pm b_z \end{pmatrix}$. Rechengesetze: $\vec{a} \pm \vec{o} = \vec{a}, \quad \vec{o} - \vec{a} = -\vec{a}, \quad \vec{a} + (-\vec{a}) = \vec{o}$ $\vec{a} + \vec{b} = \vec{b} + \vec{a} \qquad -(\vec{a} + \vec{b}) = -\vec{a} - \vec{b} \qquad (\vec{a} + \vec{b}) + \vec{c} = \vec{a} + (\vec{b} + \vec{c})$	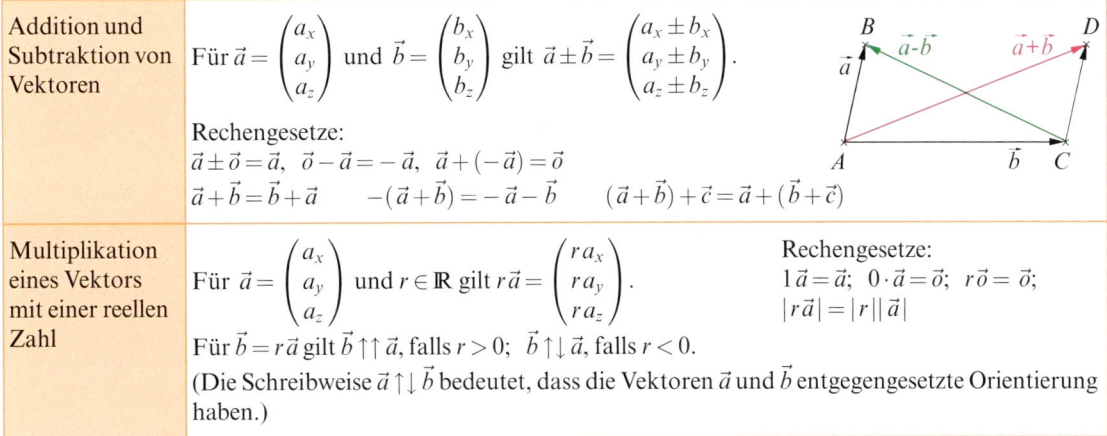
Multiplikation eines Vektors mit einer reellen Zahl	Für $\vec{a} = \begin{pmatrix} a_x \\ a_y \\ a_z \end{pmatrix}$ und $r \in \mathbb{R}$ gilt $r\vec{a} = \begin{pmatrix} r\,a_x \\ r\,a_y \\ r\,a_z \end{pmatrix}$. Für $\vec{b} = r\vec{a}$ gilt $\vec{b} \uparrow\uparrow \vec{a}$, falls $r > 0$; $\vec{b} \uparrow\downarrow \vec{a}$, falls $r < 0$. (Die Schreibweise $\vec{a} \uparrow\downarrow \vec{b}$ bedeutet, dass die Vektoren $\vec{a}$ und $\vec{b}$ entgegengesetzte Orientierung haben.)	Rechengesetze: $1\,\vec{a} = \vec{a}; \quad 0 \cdot \vec{a} = \vec{o}; \quad r\vec{o} = \vec{o};$ $|r\vec{a}| = |r|\,|\vec{a}|$

Lineare Abhängigkeit und lineare Unabhängigkeit ⊙ 061-2

Linearkombination	Jeder Vektor $\vec{b}$, der sich als Summe $\vec{b} = r_1 \vec{a}_1 + r_2 \vec{a}_2 + r_3 \vec{a}_3 + \ldots + r_n \vec{a}_n$ mit $r_i \in \mathbb{R}$ darstellen lässt, heißt Linearkombination der Vektoren $\vec{a}_1, \vec{a}_2, \vec{a}_3, \ldots, \vec{a}_n$.
Lineare Unabhängigkeit	Die Vektoren $\vec{a}_1, \vec{a}_2, \vec{a}_3, \ldots, \vec{a}_n$ heißen genau dann **linear unabhängig**, wenn die Gleichung $r_1 \vec{a}_1 + r_2 \vec{a}_2 + r_3 \vec{a}_3 + \ldots + r_n \vec{a}_n = \vec{o}$ nur für $r_1 = r_2 = r_3 = \ldots = r_n = 0$ erfüllt ist. Andernfalls heißen sie **linear abhängig**. Insbesondere sind Vektoren $\vec{a}_1, \vec{a}_2, \ldots, \vec{a}_n$ stets linear abhängig, wenn einer von ihnen der Nullvektor ist. Je drei Vektoren der Ebene $\mathbb{R}^2$ sind stets linear abhängig. Je vier Vektoren des Raumes $\mathbb{R}^3$ sind stets linear abhängig. (siehe auch ↗ Basis eines ↗ Vektorraums, S. 68)
Kollinearität	Sind zwei Vektoren $\vec{a} \neq \vec{0}$ und $\vec{b} \neq \vec{0}$ linear abhängig, so gilt $\vec{a} = r\vec{b}$ mit $r \in \mathbb{R}$, das heißt, einer der beiden Vektoren ist ein Vielfaches des anderen. Die Vektoren $\vec{a}$ und $\vec{b}$ heißen dann **kollinear**.
Komplanarität	Sind drei Vektoren $\vec{a} \neq \vec{0}$, $\vec{b} \neq \vec{0}$ und $\vec{c} \neq \vec{0}$ linear abhängig, so gilt (evtl. nach geeigneter Umbenennung) $\vec{a} = r\vec{b} + s\vec{c}$ mit $r, s \in \mathbb{R}$. Die Vektoren $\vec{a}$, $\vec{b}$ und $\vec{c}$ heißen dann **komplanar**. Repräsentanten dreier komplanarer Vektoren können in eine Ebene gelegt werden. Zwei vom Nullvektor verschiedene, nicht-kollineare Vektoren des Raumes sind stets komplanar; sie spannen eine Ebene auf. (↗ Ebenendarstellungen, S. 64)

Mathematik

Multiplikation von Vektoren ⊙ 062-1

Skalarprodukt von Vektoren	$\vec{a} \cdot \vec{b} = a_1 b_1 + a_2 b_2 + a_3 b_3$ für $\vec{a} = \begin{pmatrix} a_1 \\ a_2 \\ a_3 \end{pmatrix}$ und $\vec{b} = \begin{pmatrix} b_1 \\ b_2 \\ b_3 \end{pmatrix}$. $\vec{a} \cdot \vec{b}$ ist eine reelle Zahl. Eigenschaften: $\vec{a}^2 = \vec{a} \cdot \vec{a} = |\vec{a}|^2 > 0$; $|\vec{a}| = \sqrt{\vec{a} \cdot \vec{a}}$; $\vec{a} \cdot \vec{b} = \vec{b} \cdot \vec{a}$ $(\vec{a} + \vec{b}) \cdot \vec{c} = \vec{a} \cdot \vec{c} + \vec{b} \cdot \vec{c}$; $r(\vec{a} \cdot \vec{b}) = (r\vec{a}) \cdot \vec{b} = \vec{a}(r\vec{b})$. Winkel zwischen zwei Vektoren: Schließen die Vektoren $\vec{a} \neq \vec{o}$ und $\vec{b} \neq \vec{o}$ den Winkel $\varphi = \sphericalangle(\vec{a}, \vec{b})$ ein, so gilt: $\vec{a} \cdot \vec{b} = |\vec{a}||\vec{b}| \cdot \cos\varphi$ oder $\cos\varphi = \dfrac{\vec{a} \cdot \vec{b}}{|\vec{a}||\vec{b}|}$ Es gilt: $\vec{a} \cdot \vec{b} > 0$ genau dann, wenn $\vec{a} \neq \vec{o}; \vec{b} \neq \vec{o}$ und $0 \leq \sphericalangle(\vec{a}, \vec{b}) < 90°$, $\vec{a} \cdot \vec{b} < 0$ genau dann, wenn $\vec{a} \neq \vec{o}; \vec{b} \neq \vec{o}$ und $90° < \sphericalangle(\vec{a}, \vec{b}) \leq 180°$, $\vec{a} \cdot \vec{b} = 0$ genau dann, wenn $\vec{a} = \vec{o}$ **oder wenn** $\vec{b} = \vec{o}$ **oder wenn** $\vec{a} \neq \vec{o}; \vec{b} \neq \vec{o}$ und $\varphi = 90°$ (d. h. $\vec{a} \perp \vec{b}$).
Vektorprodukt ↻ 062-1	$\vec{a} \times \vec{b} = \begin{pmatrix} a_2 b_3 - a_3 b_2 \\ a_3 b_1 - a_1 b_3 \\ a_1 b_2 - a_2 b_1 \end{pmatrix}$ für $\vec{a} = \begin{pmatrix} a_1 \\ a_2 \\ a_3 \end{pmatrix}$ und $\vec{b} = \begin{pmatrix} b_1 \\ b_2 \\ b_3 \end{pmatrix}$. $\vec{a} \times \vec{b}$ ist ein Vektor. Eigenschaften: $\vec{a} \times \vec{a} = \vec{o}$; $\vec{a} \times \vec{o} = \vec{o} \times \vec{a} = \vec{o}$; $(r\vec{a}) \times \vec{b} = \vec{a} \times (r\vec{b}) = r(\vec{a} \times \vec{b})$; $\vec{a} \times \vec{b} = -\vec{b} \times \vec{a}$; $\vec{a} \times (\vec{b} + \vec{c}) = (\vec{a} \times \vec{b}) + (\vec{a} \times \vec{c})$; $(\vec{a} + \vec{b}) \times \vec{c} = (\vec{a} \times \vec{c}) + (\vec{b} \times \vec{c})$ Winkel zwischen Vektoren, Flächeninhalte: Schließen die Vektoren $\vec{a} \neq \vec{o}$ und $\vec{b} \neq \vec{o}$ den Winkel $\varphi = \sphericalangle(\vec{a}; \vec{b})$ ein, so gilt: $|\vec{a} \times \vec{b}| = |\vec{a}||\vec{b}| \sin\varphi$. Der Vektor $\vec{a} \times \vec{b}$ ist zu $\vec{a}$ und zu $\vec{b}$ orthogonal. $\vec{a}, \vec{b}, \vec{a} \times \vec{b}$ bilden in der angegebenen Reihenfolge ein Rechtssystem. $|\vec{a} \times \vec{b}|$ ist der Flächeninhalt des von $\vec{a}$ und $\vec{b}$ aufgespannten Parallelogramms. Der Flächeninhalt des von $\vec{a}$ und $\vec{b}$ aufgespannten Dreiecks ist $\frac{1}{2}|\vec{a} \times \vec{b}|$. Für $\vec{a} \neq \vec{o}$ und $\vec{b} \neq \vec{o}$ gilt $\vec{a} \times \vec{b} = \vec{o}$, falls $\vec{a} \parallel \vec{b}$. 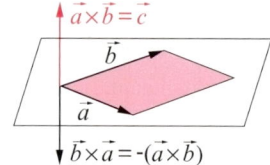
Spatprodukt von Vektoren (gemischtes Produkt)	$(\vec{a} \times \vec{b}) \cdot \vec{c} = \begin{pmatrix} a_2 b_3 - a_3 b_2 \\ a_3 b_1 - a_1 b_3 \\ a_1 b_2 - a_2 b_1 \end{pmatrix} \cdot \begin{pmatrix} c_1 \\ c_2 \\ c_3 \end{pmatrix} = a_2 b_3 c_1 + a_3 b_1 c_2 + a_1 b_2 c_3 - a_3 b_2 c_1 - a_1 b_3 c_2 - a_2 b_1 c_3$ $(\vec{a} \times \vec{b}) \cdot \vec{c}$ ist eine reelle Zahl. Das Spatprodukt $(\vec{a} \times \vec{b}) \cdot \vec{c}$ ist dem Betrag nach das Volumen des von $\vec{a}, \vec{b}$ und $\vec{c}$ aufgespannten Spats: $|(\vec{a} \times \vec{b}) \cdot \vec{c}| = |\vec{a} \times \vec{b}| \cdot |\vec{c}| \cdot \cos\sphericalangle(\vec{a} \times \vec{b}; \vec{c})$ 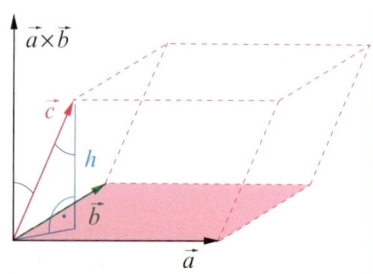

Mittelpunkt einer Strecke; Schwerpunkt eines Dreiecks

Mittelpunkt einer Strecke	Für den **Mittelpunkt** M einer **Strecke** $\overline{AB}$ gilt: $\overrightarrow{OM} = \frac{1}{2} \cdot (\overrightarrow{OA} + \overrightarrow{OB})$ Dabei sind $\overrightarrow{OA}$ und $\overrightarrow{OB}$ die Ortsvektoren der Streckenendpunkte.
Schwerpunkt eines Dreiecks	Für den Schwerpunkt S eines Dreiecks ABC gilt: $\overrightarrow{OS} = \frac{1}{3} \cdot (\overrightarrow{OA} + \overrightarrow{OB} + \overrightarrow{OC})$ Dabei sind $\overrightarrow{OA}$, $\overrightarrow{OB}$ und $\overrightarrow{OC}$ die Ortsvektoren der Eckpunkte des Dreiecks.

Vektorielle Geradendarstellungen ⊙ 063-1

(↗ Koordinatengleichungen von Geraden in der Ebene; S. 17)

Punkt-Richtungs-Gleichung	$\vec{x} = \vec{p} + t \cdot \vec{a}$ mit $t \in \mathbb{R}$; $\vec{a} \neq \vec{o}$ Sind die Koordinaten eines **Ortsvektors** $\vec{p} = \overrightarrow{OP}$ und eines **Richtungsvektors** $\vec{a}$ gegeben, so gilt: **in einer Ebene:** $\quad$ **im Raum:** $\begin{pmatrix} x \\ y \end{pmatrix} = \begin{pmatrix} p_1 \\ p_2 \end{pmatrix} + t \cdot \begin{pmatrix} a_1 \\ a_2 \end{pmatrix}$ $\quad$ $\begin{pmatrix} x \\ y \\ z \end{pmatrix} = \begin{pmatrix} p_1 \\ p_2 \\ p_3 \end{pmatrix} + t \cdot \begin{pmatrix} a_1 \\ a_2 \\ a_3 \end{pmatrix}$
Zwei-Punkte-Gleichung	Gleichung der Geraden durch die Punkte P und Q: **in einer Ebene** für $P(p_1; p_2)$ und $Q(q_1; q_2)$: $\begin{pmatrix} x \\ y \end{pmatrix} = \begin{pmatrix} p_1 \\ p_2 \end{pmatrix} + t \cdot \begin{pmatrix} q_1 - p_1 \\ q_2 - p_2 \end{pmatrix} \quad (t \in \mathbb{R})$ **im Raum** für $P(p_1; p_2; p_3)$ und $Q(q_1; q_2; q_3)$: $\begin{pmatrix} x \\ y \\ z \end{pmatrix} = \begin{pmatrix} p_1 \\ p_2 \\ p_3 \end{pmatrix} + t \cdot \begin{pmatrix} q_1 - p_1 \\ q_2 - p_2 \\ q_3 - p_3 \end{pmatrix} \quad (t \in \mathbb{R})$
Normalenform ↻ 063-1	Eine Gerade g **in einer Ebene** ist durch einen **Normalenvektor** (d. h. einen zu g orthogonalen Vektor) $\vec{n} = \begin{pmatrix} n_1 \\ n_2 \end{pmatrix}$ und einen Punkt $P(p_1; p_2) \in g$ (mit dem Ortsvektor $\vec{p}$) eindeutig festgelegt. Gleichung in **Normalenform**: $(\vec{x} - \vec{p}) \cdot \vec{n} = 0$ bzw. $n_1 x_1 + n_2 x_2 - (n_1 p_1 + n_2 p_2) = 0$ Jeder Punkt $X(x_1; x_2) \in g$ mit dem Ortsvektor $\vec{x} = \overrightarrow{OP}$ erfüllt diese Gleichung. **Hesse'sche Normalenform:** $(\vec{x} - \vec{p}) \cdot \vec{n}^0 = 0$, wobei $\vec{n}^0$ der **Normaleneinheitsvektor** zu $\vec{n}$ ist: $\vec{n}^0 = \frac{\vec{n}}{|\vec{n}|}$; $|\vec{n}^0| = 1$. Durch Ausmultiplizieren erhält man aus der Hesse'schen Normalenform eine Koordinatengleichung der Form $x \cdot \cos \varphi + y \cdot \sin \varphi - d = 0$. Dabei ist d die Länge des Lotes von O auf g (also der Abstand der Geraden g vom Ursprung O) und φ der Winkel zwischen dem positiven Teil der x-Achse und dem Lot.

Mathematik ▶

Lagebeziehungen zwischen Geraden ↻ 064-1 ☉ 064-1

(siehe auch: ↗ Lineare Funktionen; S. 16)

Zwei Geraden in einer Ebene	Für g: $\vec{x} = \vec{p} + r\vec{a}$ ($r \in \mathbb{R}$; $\vec{a} \neq \vec{o}$) und h: $\vec{x} = \vec{q} + s\vec{b}$ ($s \in \mathbb{R}$; $\vec{b} \neq \vec{o}$) gilt: $g \parallel h$ genau dann, wenn $\vec{b} = r\vec{a}$ ($r \neq 0$), $g = h$ genau dann, wenn $\vec{b} = r\vec{a}$ ($r \neq 0$) und es ein $s \in \mathbb{R}$ gibt, sodass $\vec{p} = \vec{q} + s\vec{b}$, $g \perp h$ genau dann, wenn $\vec{a} \cdot \vec{b} = 0$. Falls $g \nparallel h$ ist, gibt es reelle Zahlen r, s mit $\vec{p} + r\vec{a} = \vec{q} + s\vec{b}$, das heißt, die Geraden schneiden einander. Für den Schnittpunkt S gilt: $\vec{s} = \begin{pmatrix} p_1 \\ p_2 \end{pmatrix} + r \begin{pmatrix} a_x \\ a_y \end{pmatrix} = \begin{pmatrix} q_1 \\ q_2 \end{pmatrix} + s \begin{pmatrix} b_x \\ b_y \end{pmatrix}$.
Zwei Geraden im Raum	Für g: $\vec{x} = \vec{p} + r\vec{a}$ ($r \in \mathbb{R}$; $\vec{a} \neq \vec{o}$) und h: $\vec{x} = \vec{q} + s\vec{b}$ ($s \in \mathbb{R}$; $\vec{b} \neq \vec{o}$) gilt: $g \parallel h$, $g = h$ genau dann, wenn $\vec{b} = r\vec{a}$ ($r \neq 0$) und $\vec{p} = \vec{q} + s\vec{b}$ für ein $s \in \mathbb{R}$ ist. $g \parallel h$, $g \neq h$ genau dann, wenn $\vec{b} = r\vec{a}$ ($r \neq 0$) und wenn es kein $s \in \mathbb{R}$ gibt, sodass $\vec{p} = \vec{q} + s\vec{b}$ ist. Die Geraden schneiden einander, wenn es reelle Zahlen r, s gibt, sodass $\vec{p} + r\vec{a} = \vec{q} + s\vec{b}$. Für den Schnittpunkt S gilt: $\vec{s} = \begin{pmatrix} p_1 \\ p_2 \\ p_3 \end{pmatrix} + r \begin{pmatrix} a_x \\ a_y \\ a_z \end{pmatrix} = \begin{pmatrix} q_1 \\ q_2 \\ q_3 \end{pmatrix} + s \begin{pmatrix} b_x \\ b_y \\ b_z \end{pmatrix}$ Trifft keiner dieser drei Fälle zu, so sind die Geraden **windschief**.

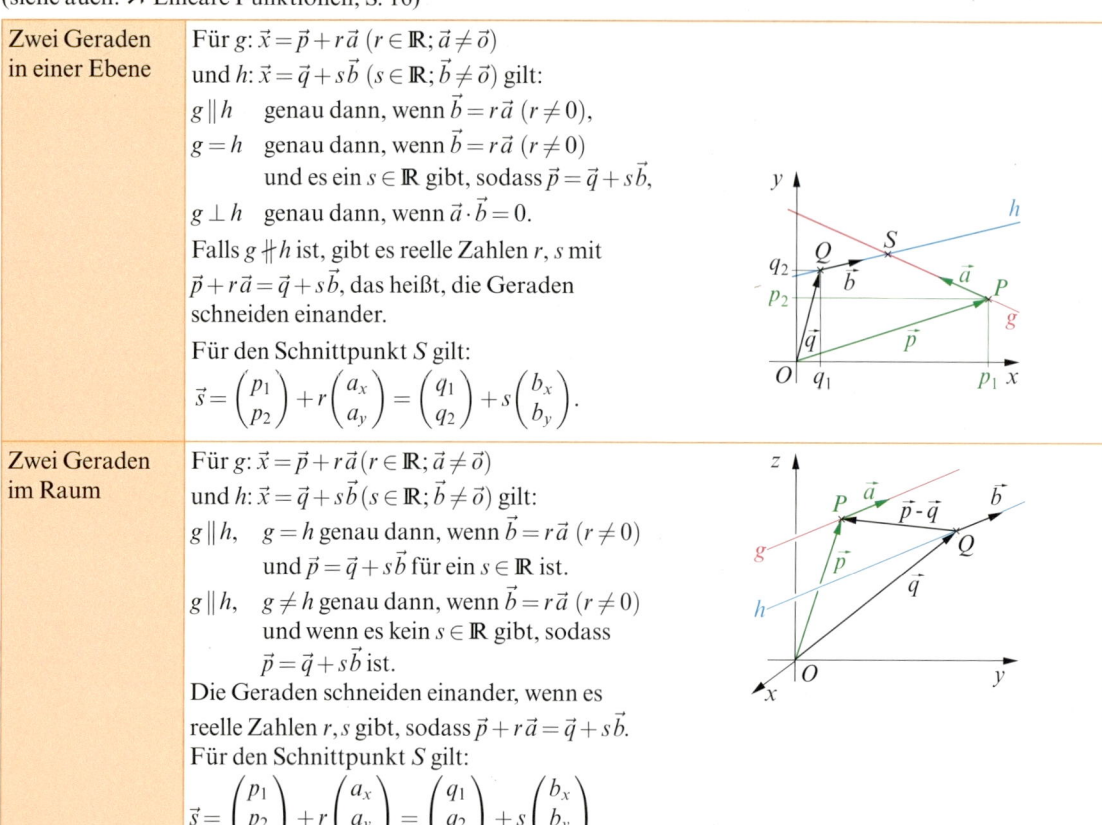

Ebenendarstellungen ↻ 064-2 ☉ 064-2

Punkt-Richtungs-Gleichung	E: $\vec{x} = \vec{p} + r\vec{a} + s\vec{b}$; $r, s \in \mathbb{R}$ sind Parameter; $P \in E$ ist ein Punkt mit dem Ortsvektor $\vec{p}$; die Vektoren $\vec{a}$ und $\vec{b}$ sind linear unabhängige **Richtungsvektoren** der Ebene E.
Drei-Punkte-Gleichung	E: $\vec{x} = \vec{p} + r(\vec{q} - \vec{p}) + s(\vec{r} - \vec{p})$; $r, s \in \mathbb{R}$ sind Parameter; P, Q, R sind drei nicht kollineare Punkte mit den Ortsvektoren $\vec{p}, \vec{q}, \vec{r}$.
Allgemeine Form	E: $ax + by + cz = d$ mit $a, b, c, d \in \mathbb{R}$ und $a^2 + b^2 + c^2 \neq 0$. Die Koeffizienten a, b und c sind die **Koordinaten eines Normalenvektors** von E.
Normalenform	Ist P ein beliebiger Punkt der Ebene E und $\vec{n}_E$ ein **Normalenvektor** von E (d. h. ein zu E **senkrechter** Vektor), dann erfüllt jeder Punkt X der Ebene die Gleichung: E: $\vec{n}_E \cdot (\vec{x} - \vec{p}) = 0$ **(Normalenform in Vektordarstellung)** Mit $\vec{n}_E = \begin{pmatrix} n_1 \\ n_2 \\ n_3 \end{pmatrix}$, $\vec{x} = \begin{pmatrix} x_1 \\ x_2 \\ x_3 \end{pmatrix}$ und $\vec{p} = \begin{pmatrix} p_1 \\ p_2 \\ p_3 \end{pmatrix}$ ergibt sich durch Ausmultiplizieren eine Ebenengleichung in allgemeiner (Koordinaten-)Form: E: $n_1 x_1 + n_2 x_2 + n_3 x_3 + c = 0$ (Dabei ist $c = -(\vec{n}_E \cdot \vec{p}) = -n_1 p_1 - n_2 p_2 - n_3 p_3$.) E: $\vec{n}^0 \cdot (\vec{x} - \vec{p}) = 0$ mit einem Normaleneinheitsvektor $\vec{n}^0$ von E heißt **Hesse'sche Normalform** der Ebenengleichung.

Sind $\vec{u}$ und $\vec{v}$ nicht kollineare Richtungsvektoren von E, kann z. B. $\vec{n}_E = \vec{u} \times \vec{v}$ gewählt werden.

Lagebeziehungen ⊙ 065-1

Gerade g – Ebene E ↻ 065-1	Es sind drei Fälle der gegenseitigen Lage einer Geraden $g: \vec{x} = \vec{p} + \lambda \cdot \vec{u}$ $(\lambda \in \mathbb{R})$ und einer Ebene $E: \vec{n} \cdot (\vec{x} - \vec{q}) = 0$ im Raum zu unterscheiden: $g \subset E$ genau dann, wenn $\vec{u} \perp \vec{n}$ und $P \in E$ $g \parallel E$ genau dann, wenn $\vec{u} \perp \vec{n}$ und $P \notin E$ g und E haben (genau) einen Schnittpunkt genau dann, wenn $\vec{u} \not\perp \vec{n}$.
Ebene E – Ebene F ↻ 065-2	Es sind drei Fälle der gegenseitigen Lage zweier Ebenen $E: \vec{n}_E \cdot (\vec{x} - \vec{p}) = 0$ und $F: \vec{n}_F \cdot (\vec{x} - \vec{q}) = 0$ im Raum zu unterscheiden: $F = E$ genau dann, wenn $\vec{n}_E \parallel \vec{n}_F$ und $P \in F$ oder $Q \in E$ $F \parallel E$ genau dann, wenn $\vec{n}_E \parallel \vec{n}_F$ und $P \notin F$ oder $Q \notin E$ E und F haben eine **Schnittgerade** genau dann, wenn $\vec{n}_E$ und $\vec{n}_F$ nicht kollinear sind.

Schnittwinkel ⊙ 065-2

Winkel φ zwischen zwei Geraden	Für den Schnittwinkel φ zweier einander schneidender Geraden g und h mit den Richtungsvektoren $\vec{u}_g$ bzw. $\vec{u}_h$ gilt: $\cos\varphi = \dfrac{|\vec{u}_g \cdot \vec{u}_h|}{|\vec{u}_g| \cdot |\vec{u}_h|}$
Winkel φ $(0° \leq \varphi \leq 90°)$ zwischen Gerade und Ebene	Ist $\vec{u}_g$ ein Richtungsvektor der Geraden und $\vec{n}$ ein Normalenvektor der Ebene, so gilt: $\sin\varphi = \dfrac{|\vec{n} \cdot \vec{u}_g|}{|\vec{n}| \cdot |\vec{u}_g|}$
Winkel φ $(0° \leq \varphi \leq 90°)$ zwischen zwei Ebenen	Ist $\vec{n}_1$ ein Normalenvektor der einen und $\vec{n}_2$ ein Normalenvektor der anderen Ebene, so gilt: $\cos\varphi = \dfrac{|\vec{n}_1 \cdot \vec{n}_2|}{|\vec{n}_1| \cdot |\vec{n}_2|}$

Abstände ⊙ 065-3

Abstand eines Punktes von einer Ebene ↻ 065-3	Gegeben sind ein Punkt $P(p_1; p_2; p_3)$ und eine Ebene $E: \vec{n} \cdot (\vec{x} - \vec{a}) = 0$ (Gleichung in Normalenform). Dann gilt für den **Abstand $d(P, E)$** des Punktes von der Ebene $d(P,E) = \left| \dfrac{\vec{n} \cdot (\vec{p} - \vec{a})}{|\vec{n}|} \right| = \dfrac{|n_1 p_1 + n_2 p_2 + n_3 p_3 + c|}{\sqrt{n_1^2 + n_2^2 + n_3^2}}$ mit $c = -(\vec{n} \cdot \vec{a})$
Abstand eines Punktes P von einer Geraden g ↻ 065-4	g: Gerade durch den Punkt A mit dem Richtungsvektor $\vec{u}$, $\vec{a}$: Ortsvektor des Punktes A, $\vec{p}$: Ortsvektor eines Punktes P $d(P, g) = \sqrt{|\vec{p} - \vec{a}|^2 - \left[(\vec{p} - \vec{a}) \cdot \dfrac{\vec{u}}{|\vec{u}|}\right]^2} = \dfrac{|(\vec{p} - \vec{a}) \cdot \vec{u}|}{|\vec{u}|}$ Der **Abstand $d(P, g)$** des Punktes $P \notin g$ von der Geraden g ist die Länge der Strecke $\overline{PF}$.
Abstand zweier windschiefer Geraden ↻ 065-5	Es seien g und h zwei zueinander windschiefe Geraden. Ist A irgendein Punkt auf g und B irgendein Punkt auf h, und ist $\vec{n}$ ein Normalenvektor sowohl von g als auch von h, so gilt für den **Abstand $d(g, h)$** von g und h $d(g, h) = \left| \dfrac{(\vec{a} - \vec{b}) \cdot \vec{n}}{|\vec{n}|} \right|$ (Dabei sind $\vec{a}$ und $\vec{b}$ die Ortsvektoren von A bzw. B.) Sind $\vec{u}$ bzw. $\vec{v}$ Richtungsvektoren von g bzw. h, so kann $\vec{n} = \vec{u} \times \vec{v}$ gewählt werden.

Kreis und Kugel ↻ 066-1 ⊙ 066-1

	Kreis	Kugel
Vektorielle Gleichung	$(\overrightarrow{OP_0} - \overrightarrow{OM})^2 = r^2$ mit $\overrightarrow{OP_0}$ Ortsvektor eines Punktes P_0 des Kreises, $\overrightarrow{OM}$ Ortsvektor des Mittelpunktes M und r Radius des Kreises Spezialfall $M(0;0)$: $\overrightarrow{OP_0} \cdot \overrightarrow{OP_0} = r^2$	$(\overrightarrow{OP_0} - \overrightarrow{OM})^2 = r^2$ mit $\overrightarrow{OP_0}$ Ortsvektor eines Punktes P_0 auf der Kugel, $\overrightarrow{OM}$ Ortsvektor des Mittelpunktes M und r Radius der Kugel Spezialfall $M(0;0;0)$: $\overrightarrow{OP_0} \cdot \overrightarrow{OP_0} = r^2$
Koordinatengleichung	$(x-c)^2 + (y-d)^2 = r^2$ mit $M(c;d)$ und $P(x;y)$ Spezialfall $M(0;0)$: $x^2 + y^2 = r^2$	$(x-c)^2 + (y-d)^2 + (z-e)^2 = r^2$ mit $M(c;d;e)$ und $P(x;y;z)$ Spezialfall $M(0;0;0)$: $x^2 + y^2 + z^2 = r^2$
Parametergleichung (Polarkoordinaten)	$\vec{x} = \overrightarrow{OM} + r\begin{pmatrix} \cos\varphi \\ \sin\varphi \end{pmatrix}$ mit $-180° < \varphi \le 180°$ (r,φ) nennt man Polarkoordinaten (↗ S. 24).	$\vec{x} = \overrightarrow{OM} + r\begin{pmatrix} \cos\lambda\,\cos\varphi \\ \sin\lambda\,\cos\varphi \\ \sin\varphi \end{pmatrix}$ mit $-180° < \lambda \le 180°$; $-90 \le \varphi < 90°$ (r,λ,φ) nennt man Kugelkoordinaten.
Gleichung einer Tangente bzw. Tangentialebene	im Punkt $P_0(x_0;y_0)$ $\overrightarrow{MP_0} \cdot \overrightarrow{MP} = r^2$ oder $(x-x_m)(x_0-x_m) + (y-y_m)(y_0-y_m) = r^2$ Spezialfall $M(0;0)$: $\overrightarrow{OP_0} \cdot \overrightarrow{OP} = r^2$ oder $x\,x_0 + y\,y_0 = r^2$	im Punkt $P_0(x_0;y_0;z_0)$ $\overrightarrow{MP_0} \cdot \overrightarrow{MP} = r^2$ oder $(x-x_m)(x_0-x_m) + (y-y_m)(y_0-y_m)$ $\qquad\qquad\qquad + (z-z_m)(z_0-z_m) = r^2$ Spezialfall $M(0;0;0)$: $\overrightarrow{OP_0} \cdot \overrightarrow{OP} = r^2$ oder $x\,x_0 + y\,y_0 + z\,z_0 = r^2$
Lagebeziehung zweier Kreise bzw. Kugeln	▸ kein Schnittpunkt für $\lvert\overline{M_1M_2}\rvert > r_1 + r_2$ oder $\lvert\overline{M_1M_2}\rvert < \lvert r_1 - r_2\rvert$ ▸ genau ein Schnittpunkt für $\lvert\overline{M_1M_2}\rvert = r_1 + r_2$ oder $\lvert\overline{M_1M_2}\rvert = \lvert r_1 - r_2\rvert$ ▸ genau zwei Schnittpunkte für $\lvert r_1 - r_2\rvert < \lvert\overline{M_1M_2}\rvert < r_1 + r_2$ ▸ identisch für $\lvert\overline{M_1M_2}\rvert = 0$ und $r_1 = r_2$	▸ kein Schnittpunkt für $\lvert\overline{M_1M_2}\rvert > r_1 + r_2$ oder $\lvert\overline{M_1M_2}\rvert < \lvert r_1 - r_2\rvert$ ▸ genau ein Schnittpunkt für $\lvert\overline{M_1M_2}\rvert = r_1 + r_2$ oder $\lvert\overline{M_1M_2}\rvert = \lvert r_1 - r_2\rvert$ ▸ Schnittkreis für $\lvert r_1 - r_2\rvert < \lvert\overline{M_1M_2}\rvert < r_1 + r_2$ ▸ identisch für $\lvert\overline{M_1M_2}\rvert = 0$ und $r_1 = r_2$

Kegelschnitte ↻ 067-1

	Ellipse	Hyperbel	Parabel
Mittel- bzw. Scheitelpunktslage: $M(0;0)$ bzw. $S(0;0)$	$\dfrac{x^2}{a^2}+\dfrac{y^2}{b^2}=1$	$\dfrac{x^2}{a^2}-\dfrac{y^2}{b^2}=1$	$y^2=2px$
Achsenparallele Lage: $M(c;d)$ bzw. $S(c;d)$	$\dfrac{(x-c)^2}{a^2}+\dfrac{(y-d)^2}{b^2}=1$	$\dfrac{(x-c)^2}{a^2}-\dfrac{(y-d)^2}{b^2}=1$	$(y-d)^2=2p(x-c)$
Bezeichnungen	F_1,F_2 Brennpunkte $2a$ Hauptachse $2b$ Nebenachse e Lineare Exzentrizität	F_1,F_2 Brennpunkte $2a$ Hauptachse $2b$ Nebenachse e Lineare Exzentrizität	F Brennpunkt l Leitlinie $2p$ Parameter S Scheitelpunkt
Ortsdefinition	$\lvert\overline{F_1P}\rvert+\lvert\overline{F_2P}\rvert=2a>\lvert\overline{F_1F_2}\rvert$	$\lvert\overline{F_1P}\rvert-\lvert\overline{F_2P}\rvert=2a<\lvert\overline{F_1F_2}\rvert$	$\lvert\overline{PF}\rvert=d(P,l)$
Lineare Exzentrizität	$e^2=a^2-b^2$	$e^2=a^2+b^2$	/
Tangente im Punkt $P_0(x_0;y_0)$	bei Mittelpunktslage: $\dfrac{x\,x_0}{a^2}+\dfrac{y\,y_0}{b^2}=1$ bei achsenparalleler Lage: $\dfrac{(x-c)(x_0-c)}{a^2}$ $+\dfrac{(y-d)(y_0-d)}{b^2}=1$	bei Mittelpunktslage: $\dfrac{x\,x_0}{a^2}-\dfrac{y\,y_0}{b^2}=1$ bei achsenparalleler Lage: $\dfrac{(x-c)(x_0-c)}{a^2}$ $-\dfrac{(y-d)(y_0-d)}{b^2}=1$	bei Scheitelpunktslage: $y\,y_0=p(x+x_0)$ bei achsenparalleler Lage: $(y-d)(y_0-d)=$ $p((x-c)+(x_0-c))$
Gemeinsame Scheitelgleichung	Mit $2p$ (Länge der Sehne senkrecht zur Hauptachse durch einen Brennpunkt) und $\varepsilon=\dfrac{e}{a}$ (numerische Exzentrizität) gilt für Kegelschnitte in Mittel- bzw. Scheitelpunktslage die Gleichung: $y^2=2px-(1-\varepsilon^2)x^2$ ($0<\varepsilon<1$ für eine Ellipse, $\varepsilon=1$ für eine Parabel, $\varepsilon>1$ für eine Hyperbel)		
Allgemeine Form der Kegelschnittgleichung	$Ax^2+2Bxy+Cy^2+2Dx+2Ey+F=0$ ($AC-B^2>0$ für eine Ellipse, $AC-B^2=0$ für eine Parabel, $AC-B^2<0$ für eine Hyperbel)		

Lineare Algebra

Begriff des Vektorraums

Vektorraum	Eine Menge V heißt **Vektorraum** über den reellen Zahlen, wenn für ihre Elemente eine Addition „+" und eine **Skalar-Multiplikation** „·" mit reellen Zahlen definiert ist und wenn die folgenden Bedingungen (V1) bis (V10) erfüllt sind:

Bedingungen für die Addition:
(V1) $\vec{a} + \vec{b} \in V$ für alle $\vec{a}, \vec{b} \in V$ (Abgeschlossenheit)
(V2) $(\vec{a} + \vec{b}) + \vec{c} = \vec{a} + (\vec{b} + \vec{c})$ für alle $\vec{a}, \vec{b}, \vec{c} \in V$ (Assoziativgesetz)
(V3) Es gibt ein **neutrales Element** $\vec{0} \in V$ mit $\vec{0} + \vec{a} = \vec{a}$ für alle $\vec{a} \in V$.
(V4) Zu jedem $\vec{a} \in V$ gibt es ein **inverses Element** $-\vec{a} \in V$ mit $-\vec{a} + \vec{a} = \vec{0}$.
(V5) $\vec{a} + \vec{b} = \vec{b} + \vec{a}$ für alle $\vec{a}, \vec{b} \in V$ (Kommutativgesetz)

Bedingungen für die Skalar-Multiplikation:
Für alle $r, s \in \mathbb{R}$ und alle $\vec{a}, \vec{b} \in V$ gelten die folgenden Gesetze:
(V6) $r \cdot \vec{a} \in V$ (Abgeschlossenheit)
(V7) $(r \cdot s) \cdot \vec{a} = r \cdot (s \cdot \vec{a})$ (Assoziativgesetz)
(V8) $(r + s) \cdot \vec{a} = r \cdot \vec{a} + s \cdot \vec{a}$ $\left.\right\}$ (Distributivgesetze)
(V9) $r \cdot (\vec{a} + \vec{b}) = r \cdot \vec{a} + r \cdot \vec{b}$
(V10) $1 \cdot \vec{a} = \vec{a}$ (neutrales Element)

Die Bedingungen (V1) bis (V10) nennt man **Vektorraumaxiome**.

Die Elemente von V heißen **Vektoren**, die reellen Zahlen werden in diesem Zusammenhang als **Skalare** bezeichnet.

Basis und Dimension	Eine Menge $\{\vec{v}_1; \vec{v}_2; \ldots; \vec{v}_n\}$ (paarweise) linear unabhängiger Vektoren heißt **Basis** des Vektorraums V, wenn jeder beliebige Vektor $\vec{v} \in V$ als **Linearkombination** $\vec{v} = r_1 \vec{v}_1 + r_2 \vec{v}_2 + \ldots + r_n \vec{v}_n$ dargestellt werden kann. Diese Darstellung ist für eine gegebene Basis eindeutig. Je zwei Basen eines Vektorraums enthalten stets gleich viele Elemente. Ist die Anzahl der Basiselemente gleich n, so heißt n die **Dimension** des Vektorraums V.

Matrizen

(m, n)-Matrix	Eine Matrix ist ein System von $m \cdot n$ Zahlen, die in einem rechteckigen Schema von m Zeilen und n Spalten angeordnet wurden. Das Paar (m, n) gibt den Typ der Matrix an: m Zeilen und n Spalten. $$\mathbf{A}_{(m, n)} = \begin{pmatrix} a_{11} & a_{12} & a_{13} & \ldots & a_{1n} \\ a_{21} & a_{22} & a_{23} & \ldots & a_{2n} \\ \ldots & \ldots & \ldots & \ldots & \ldots \\ a_{m1} & a_{m2} & a_{m3} & \ldots & a_{mn} \end{pmatrix}$$
	Für die Bezeichnung des allgemeinen Elements der Matrix wählt man oft: a_{ik} mit $i = 1, 2, \ldots, m$ und $k = 1, 2, \ldots, n$.
	Zwei Matrizen $\mathbf{A}_{(m, n)}$ und $\mathbf{B}_{(m, n)}$ sind dann und nur dann gleich, wenn sie im Typ übereinstimmen und wenn alle entsprechenden Elemente gleich sind, d. h. $a_{ij} = b_{ij}$ für $i = 1, \ldots, m$ und $j = 1, \ldots, n$.
Zeilenvektoren und Spaltenvektoren	Eine Matrix $\mathbf{A}_{(m, n)}$ kann als Zusammenschluss von m Zeilenvektoren $\mathbf{a}_{(i)}$ oder aber von n Spaltenvektoren $\mathbf{a}_{(k)}$ angesehen werden. Ein **Spaltenvektor** ist danach eine einspaltige Matrix vom Typ $(m, 1)$ ein **Zeilenvektor** ist eine einzeilige Matrix vom Typ $(1, n)$.

Rang einer Matrix	Die maximale Anzahl paarweise linear unabhängiger Spaltenvektoren einer Matrix wird als ihr **Spaltenrang** bezeichnet, die maximale Anzahl paarweise linear unabhängiger Zeilenvektoren einer Matrix wird als ihr **Zeilenrang** bezeichnet. Da stets **Zeilenrang = Spaltenrang** gilt, spricht man kurz vom **Rang** der Matrix. Der Rang einer ↗ quadratischen Matrix A vom Typ (n, n) ist höchstens gleich n, und er ist kleiner als n genau dann, wenn $\det(A) = 0$ ist (↗ Determinanten).
Transponierte Matrix	Wenn in einer (m, n)-Matrix **A** die Zeilen mit den entsprechenden Spalten vertauscht werden, so entsteht eine Matrix $\mathbf{A}^T$ vom Typ (n, m); die **transponierte Matrix**. Rechenregeln: $(\mathbf{A}^T)^T = \mathbf{A}$ $\qquad (r\mathbf{A})^T = r\mathbf{A}^T$ $\qquad (\mathbf{A} + \mathbf{B})^T = \mathbf{A}^T + \mathbf{B}^T$
Quadratische Matrizen	In einer quadratischen Matrix ist die Anzahl der Zeilen gleich der Anzahl der Spalten: $m = n$ Die Elemente $a_{11}, a_{22}, a_{33}, \ldots, a_{nn}$ bilden die **Hauptdiagonale**. Die Elemente $a_{1n}, a_{2(n-1)}, a_{3(n-2)}, \ldots, a_{n1}$ bilden die **Nebendiagonale**. $$\mathbf{A}_{(n, n)} = \begin{pmatrix} a_{11} & a_{12} & a_{13} & \ldots & a_{1n} \\ a_{21} & a_{22} & a_{23} & \ldots & a_{2n} \\ \ldots & \ldots & \ldots & \ldots & \ldots \\ a_{n1} & a_{n2} & a_{n3} & \ldots & a_{nn} \end{pmatrix}$$ Spezielle Formen quadratischer Matrizen sind: **Diagonalmatrix** $\qquad$ **Einheitsmatrix** $\qquad$ **obere** $\qquad$ **untere** $\qquad\qquad$ **Dreiecksmatrix** $$\mathbf{D} = \begin{pmatrix} d_{11} & 0 & \ldots & 0 \\ 0 & d_{22} & \ldots & 0 \\ \ldots & \ldots & \ldots & \ldots \\ 0 & 0 & \ldots & d_{nn} \end{pmatrix} \quad \mathbf{E} = \begin{pmatrix} 1 & 0 & \ldots & 0 \\ 0 & 1 & \ldots & 0 \\ \ldots & \ldots & \ldots & \ldots \\ 0 & 0 & \ldots & 1 \end{pmatrix} \quad \begin{pmatrix} a_{11} & a_{12} & \ldots & a_{1n} \\ 0 & a_{22} & \ldots & a_{2n} \\ \ldots & \ldots & \ldots & \ldots \\ 0 & 0 & \ldots & a_{nn} \end{pmatrix} \quad \begin{pmatrix} a_{11} & 0 & \ldots & 0 \\ a_{21} & a_{22} & \ldots & 0 \\ \ldots & \ldots & \ldots & \ldots \\ a_{n1} & a_{n2} & \ldots & a_{nn} \end{pmatrix}$$
Symmetrische und schiefsymmetrische Matrizen	Eine *quadratische* Matrix A(n, n) heißt **symmetrisch**, wenn $\mathbf{A} = \mathbf{A}^T$ gilt: Für ihre Elemente gilt: $a_{ik} = a_{ki}$ mit $i = 1, 2, 3, \ldots, n$ und $k = 1, 2, \ldots, n$. Eine *quadratische* Matrix A(n, n) heißt **schiefsymmetrisch**, wenn $\mathbf{A} = -\mathbf{A}^T$ gilt: Für ihre Elemente gilt: $a_{ik} = -a_{ki}$ mit $i = 1, 2, 3, \ldots, n$ und $k = 1, 2, \ldots, n$. Insbesondere sind alle Elemente der Hauptdiagonalen null: $a_{ii} = 0$ für $i = 1, 2, 3, \ldots, n$.
Inverse Matrix	Die Matrix $\mathbf{A}^{-1}$ ist inverse Matrix der quadratischen Matrix $\mathbf{A}_{(n, n)}$, wenn gilt: $\mathbf{A} \cdot \mathbf{A}^{-1} = \mathbf{A}^{-1} \cdot \mathbf{A} = \mathbf{E}.$ (↗ Multiplikation von Matrizen) Eine inverse Matrix von $\mathbf{A}_{(n, n)}$ existiert, wenn $\det \mathbf{A}_{(n, n)} \neq 0$ ist. (↗ Determinanten) Für die inverse Matrix einer (2,2)-Matrix $\mathbf{A}_{(2, 2)} = \begin{pmatrix} a_1 & b_1 \\ a_2 & b_2 \end{pmatrix}$ gilt: $$\mathbf{A}^{-1} = \frac{1}{a_1 b_2 - a_2 b_1} \begin{pmatrix} b_2 & -b_1 \\ -a_2 & a_1 \end{pmatrix}.$$
Determinante einer Matrix	Eine Determinante ist eine spezielle Funktion, die jeder quadratischen Matrix $\mathbf{A} = \mathbf{A}_{(n, n)}$ mit reellen Zahlen als Elemente eindeutig eine reelle Zahl zuordnet, so dass folgende Bedingungen gelten: $$\det \mathbf{A} = \begin{vmatrix} a_{11} & a_{12} & \ldots & a_{1n} \\ a_{21} & a_{22} & \ldots & a_{2n} \\ \ldots & \ldots & \ldots & \ldots \\ a_{n1} & a_{n2} & \ldots & a_{nn} \end{vmatrix}$$ ➤ $\det \mathbf{E} = 1$ (E = Einheitsmatrix) ➤ Wird ein Vielfaches einer Zeile (bzw. Spalte) zu einer anderen Zeile (bzw. Spalte) einer Matrix addiert, ändert dies den Wert der Determinante nicht. ➤ $\det \mathbf{B} = r \cdot \det \mathbf{A}$, wenn die Matrix B aus der Matrix A durch Multiplikation einer Zeile bzw. einer Spalte mit der Zahl r entsteht. ➤ $\det \mathbf{B} = -\det \mathbf{A}$, wenn die Matrix B aus der Matrix A durch Vertauschen zweier Zeilen bzw. zweier Spalten entsteht. In der Schreibweise $\mathbf{D}^{(n)} = \det \mathbf{A}$ wird die **Ordnung n** der Determinante angezeigt.

Mathematik

Rechnen mit Matrizen ☉ 070-1

Addition/ Subtraktion	Für (m, n)-Matrizen **A** und **B** vom gleichen Typ gilt: $$\mathbf{A} \pm \mathbf{B} = \begin{pmatrix} a_{11} \pm b_{11} & a_{12} \pm b_{12} & \dots & a_{1n} \pm b_{1n} \\ a_{21} \pm b_{21} & a_{22} \pm b_{22} & \dots & a_{2n} \pm b_{2n} \\ \dots & \dots & & \dots \\ a_{m1} \pm b_{m1} & a_{m2} \pm b_{m2} & \dots & a_{mn} \pm b_{mn} \end{pmatrix}$$	Rechenregeln: $\mathbf{A} + \mathbf{B} = \mathbf{B} + \mathbf{A}$ $(\mathbf{A} + \mathbf{B}) + \mathbf{C} = \mathbf{A} + (\mathbf{B} + \mathbf{C})$ $\mathbf{A} + 0 = \mathbf{A}$ $\mathbf{A} - \mathbf{A} = 0$
Multiplikation einer Matrix $\mathbf{A}_{(m, n)}$ mit einer reellen Zahl r	$$r\mathbf{A} = \begin{pmatrix} ra_{11} & ra_{12} & \dots & ra_{1n} \\ ra_{21} & ra_{22} & \dots & ra_{2n} \\ \dots & \dots & \dots & \dots \\ ra_{m1} & ra_{m2} & \dots & ra_{mn} \end{pmatrix}$$	Rechenregeln: $(r + s)\,\mathbf{A} = r\mathbf{A} + s\mathbf{A} \qquad 1 \cdot \mathbf{A} = \mathbf{A}$ $r(\mathbf{A} + \mathbf{B}) = r\mathbf{A} + r\mathbf{B} \qquad 0 \cdot \mathbf{A} = 0$ $r(s\mathbf{A}) = (rs)\,\mathbf{A}$
Multiplikation von Matrizen	Die Multiplikation zweier Matrizen **A** und **B** ist möglich, wenn die Anzahl der Spalten von **A** gleich der Anzahl der Zeilen von **B** ist, wenn also $\mathbf{A}_{(m, n)}$ und $\mathbf{B}_{(n, q)}$ gilt.	

m Zeilen, n Spalten $\qquad n$ Zeilen, q Spalten $\qquad m$ Zeilen, q Spalten

$$\begin{pmatrix} a_{11} & a_{12} & \dots & a_{1n} \\ \dots & \dots & \dots & \dots \\ a_{m1} & a_{m2} & \dots & a_{mn} \end{pmatrix} \cdot \begin{pmatrix} b_{11} & b_{12} & \dots & b_{1q} \\ \dots & \dots & \dots & \dots \\ b_{n1} & b_{n2} & \dots & b_{nq} \end{pmatrix} = \begin{pmatrix} \sum_{j=1}^{n} a_{1j}b_{j1} & \sum_{j=1}^{n} a_{1j}b_{j2} & \dots & \sum_{j=1}^{n} a_{1j}b_{jq} \\ \dots & & \dots & \dots \\ \sum_{j=1}^{n} a_{mj}b_{j1} & \sum_{j=1}^{n} a_{mj}b_{j2} & \dots & \sum_{j=1}^{n} a_{mj}b_{jq} \end{pmatrix}$$

Rechenregeln: $(\mathbf{A} + \mathbf{B}) \cdot \mathbf{C} = \mathbf{A} \cdot \mathbf{C} + \mathbf{B} \cdot \mathbf{C} \qquad r\,(\mathbf{A} \cdot \mathbf{B}) = (r\mathbf{A}) \cdot \mathbf{B}$

Als Spezialfall der Matrizenmultiplikation ergibt sich: Eine Matrix $\mathbf{A}_{(m, n)}$ kann von links mit einem Zeilenvektor der Länge m und von rechts mit einem Spaltenvektor der Länge n multipliziert werden. Das Ergebnis ist jeweils ein Vektor.

Achtung: Die Matrizenmultiplikation ist nicht kommutativ, i. Allg. ist $\mathbf{A} \cdot \mathbf{B} \neq \mathbf{B} \cdot \mathbf{A}$.

Berechnen von Determinanten ☉ 070-2

Entwicklung nach Unterdeterminanten	Die **Unterdeterminante** $\det \mathbf{A}_{ij}$ der (n, n)-Matrix **A** ist die Determinante der $(n-1, n-1)$-Matrix, die man durch Streichen der i-ten Zeile und der j-ten Spalte aus der Matrix **A** erhält. Für jedes $i \in \{1, 2, \dots, n\}$ gilt folgende Formel: Entwicklung von $\det A$ nach der i-ten Zeile: $\det A = \sum_{j=1}^{n} (-1)^{i+j} a_{ij} \det A_{ij}$	
Determinanten 2. Ordnung	$D^{(2)} \begin{vmatrix} a_{11} & a_{12} \\ a_{21} & a_{22} \end{vmatrix} = a_{11} \cdot a_{22} - a_{12} \cdot a_{21}$	Produkt der Elemente der Hauptdiagonale minus Produkt der Elemente der Nebendiagonale

Determinanten 3. Ordnung	$D^{(3)} = \begin{vmatrix} a_{11} & a_{12} & a_{13} \\ a_{21} & a_{22} & a_{23} \\ a_{31} & a_{32} & a_{33} \end{vmatrix} = a_{11}a_{22}a_{33} + a_{12}a_{23}a_{31} + a_{13}a_{21}a_{32} - a_{13}a_{22}a_{31} - a_{11}a_{23}a_{32} - a_{12}a_{21}a_{33}$	

Für dreireihige (und nur für dreireihige) Determinanten können die Summanden mithilfe der **Regel von Sarrus** ermittelt werden:

$$\begin{matrix} a_{11} & a_{12} & a_{13} & a_{11} & a_{12} \\ a_{21} & a_{22} & a_{23} & a_{21} & a_{22} \\ a_{31} & a_{32} & a_{33} & a_{31} & a_{32} \end{matrix}$$

Berechnung mithilfe von Unterdeterminanten:

$$\begin{vmatrix} a_{11} & a_{12} & a_{13} \\ a_{21} & a_{22} & a_{23} \\ a_{31} & a_{32} & a_{33} \end{vmatrix} = a_{11} \begin{vmatrix} a_{22} & a_{23} \\ a_{32} & a_{33} \end{vmatrix} - a_{12} \begin{vmatrix} a_{21} & a_{23} \\ a_{31} & a_{33} \end{vmatrix} + a_{13} \begin{vmatrix} a_{21} & a_{22} \\ a_{31} & a_{32} \end{vmatrix}$$

weiter mit Determinanten zweiter Ordnung

Regeln für das Rechnen mit Determinanten	➤ $\det(A \cdot B) = \det A \cdot \det B$ ➤ im Allgemeinen gilt: $\det(A + B) \neq \det A + \det B$ ➤ $\det(r \cdot A) = r^n \cdot \det A \quad (r \in \mathbb{R}, A \text{ ist } (n \times n)\text{-Matrix})$

Lineare Abbildungen der Ebene ↻ 071-1

Definition	Eine Abbildung $f\colon \mathbb{R}^2 \to \mathbb{R}^2$ heißt genau dann linear, wenn ▸ für alle $\vec{a}, \vec{b} \in \mathbb{R}^2$ gilt: $f(\vec{a}+\vec{b}) = f(\vec{a}) + f(\vec{b})$ (Additivität) und ▸ für alle $\vec{a} \in \mathbb{R}^2$ und $r \in \mathbb{R}$ gilt: $f(r \cdot \vec{a}) = r \cdot f(\vec{a})$ (Homogenität).
Abbildungsgleichungen, Abbildungsmatrix	Jede lineare Abbildung $f\colon \mathbb{R}^2 \to \mathbb{R}^2$ lässt sich durch eine Abbildungsmatrix beschreiben: $f(\vec{x}) = \vec{x}' = \begin{pmatrix} a_{11} & a_{12} \\ a_{21} & a_{22} \end{pmatrix} \cdot \vec{x}$ bzw. $f\begin{pmatrix} x_1 \\ x_2 \end{pmatrix} = \begin{pmatrix} x_1' \\ x_2' \end{pmatrix} = \begin{pmatrix} a_{11} & a_{12} \\ a_{21} & a_{22} \end{pmatrix} \cdot \begin{pmatrix} x_1 \\ x_2 \end{pmatrix}$ also: $x_1' = a_{11} \cdot x_1 + a_{12} \cdot x_2$ und $x_2' = a_{21} \cdot x_1 + a_{22} \cdot x_2$ Dabei gilt: $\begin{pmatrix} a_{11} \\ a_{21} \end{pmatrix} = f\begin{pmatrix} 1 \\ 0 \end{pmatrix}$ und $\begin{pmatrix} a_{12} \\ a_{22} \end{pmatrix} = f\begin{pmatrix} 0 \\ 1 \end{pmatrix}$ Umgekehrt vermittelt jede (2, 2)-Matrix A durch $\mathbb{R}^2 \to \mathbb{R}^2, \vec{x} \mapsto A \cdot \vec{x}$ eine lineare Abbildung der Ebene $\mathbb{R}^2$ in sich.
Rang einer linearen Abbildung	Als **Rang einer linearen Abbildung** bezeichnet man den Rang der zugehörigen Abbildungsmatrix A. Den Rang 0 hat nur die Nullabbildung $\mathbb{R}^2 \to \mathbb{R}^2, \vec{x} \mapsto \vec{0}$ für alle $\vec{x} \in \mathbb{R}^2$. Bei einer linearen Abbildung vom Rang 1 wird die ganze Ebene $\mathbb{R}^2$ auf eine Ursprungsgerade abgebildet. Eine lineare Abbildung vom Rang 2 ist eine eineindeutige Abbildung der Ebene $\mathbb{R}^2$ in sich. Die zugehörige Umkehrabbildung ist ebenfalls linear. Ihre Abbildungsmatrix ist die zu A ↗ inverse Matrix.

Eigenwerte, Eigenvektoren und Fixpunkte linearer Abbildungen ☉ 071-1

Eigenvektoren, Eigenwerte	Gilt für einen Vektor $\vec{x} \in \mathbb{R}^2, \vec{x} \neq \vec{0}$ und eine (2,2)-Matrix A eine Gleichung der Form $A \cdot \vec{x} = \lambda \vec{x}$ mit $\lambda \in \mathbb{R}$, so heißt $\vec{x}$ ein **Eigenvektor** von A (bzw. ein Eigenvektor der zu A gehörigen linearen Abbildung) und λ der zugehörige **Eigenwert**. Die Eigenwerte einer linearen Abbildung mit der Abbildungsmatrix A sind die Lösungen der Gleichung $\det\left(A - \lambda \begin{pmatrix} 1 & 0 \\ 0 & 1 \end{pmatrix}\right) = 0$. Diese Gleichung ist eine polynomiale Gleichung von höchstens zweitem Grad. Das Polynom $\det\left(A - \lambda \begin{pmatrix} 1 & 0 \\ 0 & 1 \end{pmatrix}\right)$ heißt **charakteristisches Polynom** von A.
Fixpunkte, Fixgeraden	Eigenvektoren sind Richtungsvektoren der **Fixgeraden** (= Geraden, die auf sich selbst abgebildet werden) einer linearen Abbildung. Ein Eigenvektor zum Eigenwert 1 ist Ortsvektor eines **Fixpunktes** der linearen Abbildung.

Spezielle lineare Abbildungen

Drehung	**Drehung um den Koordinatenursprung** um den Winkel α: $\begin{pmatrix} x \\ y \end{pmatrix} \mapsto \begin{pmatrix} \cos\alpha & -\sin\alpha \\ \sin\alpha & \cos\alpha \end{pmatrix} \cdot \begin{pmatrix} x \\ y \end{pmatrix}$	Für $\alpha \neq 2k\pi$ $(k \in \mathbb{Z})$: $O(0;0)$ ist der einzige Fixpunkt; die Abbildung hat keine Eigenvektoren.
Spiegelung	**Spiegelung an der Ursprungsgeraden** $g\colon y = mx$ $(m \in \mathbb{R})$: $\begin{pmatrix} x \\ y \end{pmatrix} \mapsto \dfrac{1}{1+m^2} \begin{pmatrix} 1-m^2 & 2m \\ 2m & m^2-1 \end{pmatrix} \cdot \begin{pmatrix} x \\ y \end{pmatrix}$	Für $m \neq 0$: g ist *Fixpunktgerade*; alle zu g parallelen Vektoren sind Eigenvektoren zum Eigenwert $+1$, alle zu g orthogonalen Vektoren sind Eigenvektoren zum Eigenwert -1. Die zu g orthogonalen Geraden sind Fixgeraden.
Zentrische Streckung	**Zentrische Streckung** mit dem Koordinatenursprung als Streckungszentrum und dem Streckungsfaktor k: $\begin{pmatrix} x \\ y \end{pmatrix} \mapsto \begin{pmatrix} k & 0 \\ 0 & k \end{pmatrix} \cdot \begin{pmatrix} x \\ y \end{pmatrix}$	Für $k \notin \{0, 1\}$: $O(0;0)$ ist der einzige Fixpunkt; jeder Vektor $\vec{x} \neq \vec{0}$ ist Eigenvektor zum Eigenwert k; alle Ursprungsgeraden sind Fixgeraden.

Mathematik

Affine Abbildungen der Ebene ↻ 072-1

Definition	Eine affine Abbildung setzt sich zusammen aus einer linearen Abbildung und einer Verschiebung.
Abbildungs-gleichungen	Jede affine Abbildung $f: \mathbb{R}^2 \to \mathbb{R}^2$ lässt sich durch eine Abbildungsmatrix und einen Verschiebungsvektor beschreiben: $$f(\vec{x}) = \vec{x}' = \begin{pmatrix} a_{11} & a_{12} \\ a_{21} & a_{22} \end{pmatrix} \cdot \vec{x} + \vec{c} \quad \text{bzw.} \quad f\begin{pmatrix} x_1 \\ x_2 \end{pmatrix} = \begin{pmatrix} x_1' \\ x_2' \end{pmatrix} = \begin{pmatrix} a_{11} & a_{12} \\ a_{21} & a_{22} \end{pmatrix} \cdot \begin{pmatrix} x_1 \\ x_2 \end{pmatrix} + \begin{pmatrix} c_1 \\ c_2 \end{pmatrix}$$ also: $x_1' = a_{11} \cdot x_1 + a_{12} \cdot x_2 + c_1$ und $x_2' = a_{21} \cdot x_1 + a_{22} \cdot x_2 + c_2$ Umgekehrt bestimmen eine (2,2)-Matrix A und ein Vektor $\vec{c} \in \mathbb{R}^2$ eine affine Abbildung der Ebene $\mathbb{R}^2$ in sich durch $\mathbb{R}^2 \to \mathbb{R}^2$, $\vec{x} \mapsto A \cdot \vec{x} + \vec{c}$.
Eigenschaften	➤ Geraden werden auf Geraden abgebildet. Parallelität bleibt erhalten. ➤ Das Teilverhältnis dreier kollinearer Punkte bleibt erhalten. Eine affine Abbildung ist genau dann umkehrbar, wenn die zugehörige Abbildungsmatrix invertierbar ist.
Beispiele	➤ Zentrische Streckung mit dem Streckungszentrum Z und dem Streckungsfaktor k ➤ Hintereinanderausführung von Drehungen, Spiegelungen, Streckungen, Verschiebungen und Projektionen, z. B. Schubspiegelung, Drehspiegelung, Drehstreckung

Lineare Gleichungssysteme

LGS in Matrizen-schreibweise	Ein lineares Gleichungssystem mit **m Gleichungen** und **n Unbekannten** $x_1, x_2, \ldots, x_n$ (siehe rechts; $a_{ij}, b_i \in \mathbb{R}$) kann mit der **Koeffizientenmatrix** $$\begin{aligned} a_{11} x_1 + a_{12} x_2 + \ldots + a_{1n} x_n &= b_1 \\ a_{21} x_1 + a_{22} x_2 + \ldots + a_{2n} x_n &= b_2 \\ \vdots \qquad\qquad\qquad \vdots \\ a_{m1} x_1 + a_{m2} x_2 + \ldots + a_{mn} x_n &= b_m \end{aligned}$$ $$A = \begin{pmatrix} a_{11} & a_{12} & \ldots & a_{1n} \\ a_{21} & a_{22} & \ldots & a_{2n} \\ \vdots & \vdots & & \vdots \\ a_{m1} & a_{m2} & \ldots & a_{mn} \end{pmatrix} \text{ und den Vektoren } \vec{x} = \begin{pmatrix} x_1 \\ \vdots \\ x_n \end{pmatrix} \text{ und } \vec{b} = \begin{pmatrix} b_1 \\ \vdots \\ b_m \end{pmatrix} \text{ in Matrizen-}$$ schreibweise geschrieben werden: $A \cdot \vec{x} = \vec{b}$. Die Matrix, die aus A durch „Anfügen" des Vektors $\vec{b}$ entsteht, wird als **erweiterte Koeffizientenmatrix** des linearen Gleichungssystems bezeichnet. $$\left(\begin{array}{cccc|c} a_{11} & a_{12} & \ldots & a_{1n} & b_1 \\ a_{21} & a_{22} & \ldots & a_{2n} & b_2 \\ \ldots & \ldots & \ldots & \ldots & \ldots \\ a_{m1} & a_{m2} & \ldots & a_{mn} & b_m \end{array}\right)$$
Elementare Zeilenum-formungen	Durch folgende elementare Zeilenumformungen der erweiterten Koeffizientenmatrix *ändert sich die Lösungsmenge nicht*: ➤ Vertauschen zweier Zeilen ➤ Multiplikation einer Zeile mit einer reellen Zahl $r \neq 0$ ➤ Addition einer Zeile zu einer anderen Zeile
Cramer'sche Regel ⊙ 072-1	Ist ein lineares Gleichungssystem $A \cdot \vec{x} = \vec{b}$ mit **n Gleichungen** und **n Unbekannten eindeutig lösbar**, so gilt für die i-te Komponente der Lösung $$x_i = \frac{\det A_i}{\det A},$$ wobei A_i diejenige Matrix ist, die entsteht, wenn bei der Matrix A die i-te Spalte durch die Spalte $(b_1; b_2; \ldots; b_n)$ ersetzt wird.
Gauß'sches Eliminations-verfahren	Bei diesem algorithmischen Verfahren überführt man die **erweiterte Koeffizientenmatrix** systematisch durch *elementare Zeilenumformungen* in eine **Stufenform** (häufig eine Dreiecksform), aus der sich durch Einsetzen von unten nach oben die Lösungen des LGS ermitteln lassen. Schematische Darstellung für n Gleichungen und n Unbekannte: $$\begin{aligned} a_{11} x_1 + a_{12} x_2 + a_{13} x_3 + \ldots + a_{1n} x_n &= b_1 \\ a_{21} x_1 + a_{22} x_2 + a_{23} x_3 + \ldots + a_{2n} x_n &= b_2 \\ \ldots \qquad\qquad\qquad \ldots \\ a_{n1} x_1 + a_{n2} x_2 + a_{n3} x_3 + \ldots + a_{nn} x_n &= b_n \end{aligned} \implies \begin{aligned} a_{11} x_1 + a_{12} x_2 + a_{13} x_3 + \ldots + a_{1n} x_n &= b_1 \\ a_{22}' x_2 + a_{23}' x_3 + \ldots + a_{2n}' x_n &= b_2' \\ \ldots \\ a_{nn}' x_n &= b_n' \end{aligned}$$

Lineare Optimierung

Lineare Optimierung – Probleme mit n Variablen	Ausgangspunkt: ▶ System linearer Ungleichungen (Nebenbedingungen) ▶ Nichtnegativitätsbedingungen ▶ eine zu optimierende lineare Zielfunktion f Gesucht ist ein n-Tupel $x = (x_1, x_2, ..., x_n)$, mit 1. x ist Lösung des linearen Ungleichungssystems. 2. f hat bei x ein Maximum bzw. ein Minimum.	Gegeben: (m, n)-Matrix A: $p = (p_1, ..., p_n)^T$, $b = (b_1, b_2, ..., b_m)^T$, $b_i \geq 0$ Gesucht: Vektor x mit (1) $f(x) = p^T x = $ max! bzw. min! (2) $A \cdot x \leq b$ mit $(x_i \geq 0)$
Grafische Lösung eines linearen Optimierungsproblems mit zwei Variablen	1. Darstellung des durch das Ungleichungssystem bestimmten Bereiches B 2. Einzeichnen der Geraden g_0 mit $p_1 x_1 + p_2 x_2 = 0$ 3. Verschieben von g_0, sodass g^* mit $p_1 x_1 + p_2 x_2 = c$ $(c \neq 0)$ den Bereich B nur in einer Kante oder einem Eckpunkt berührt. c muss dabei maximal bzw. minimal werden. Für die Koordinaten x_1^*, x_2^* des Berührungspunktes von g^* mit dem Bereich B wird f maximal bzw. minimal. $((x_1^*; x_2^*)$ existiert nicht notwendig.)	$Bsp.\!:$ $x_1 + x_2 \leq 2$; $x_2 \geq 1$; $x_1 \geq 0$ $f(x_1; x_2) = 2x_1 + x_2 = $ min! ![Diagramm mit Achsen x_2 und x_1, Bereich B, Geraden $x_2 = 1$, $x_2 = 2 - x_1$, g^*, $g_0: x_2 = -2x_1$]

Materialverflechtung (Lineare Verflechtung)

Verflechtungsmatrizen	Es seien $R_i (i = 1, 2, ..., m)$ die **Rohstoffe**, $Z_j (j = 1, 2, ..., n)$ die **Zwischenprodukte** und $E_k (k = 1, 2, ..., q)$ die **Endprodukte.** rz_{mn} sei der Bedarf an Rohstoffmengeneinheiten des Rohstoffs R_m zur Herstellung einer Mengeneinheit des Zwischenprodukts Z_n. ze_{nq} sei der Bedarf an Zwischenproduktmengeneinheiten des Zwischenprodukts Z_n zur Herstellung einer Mengeneinheit des Endprodukts E_q. **Rohstoff-Zwischenprodukt-Matrix: $M_{RZ} = (rz_{ij})$;** $(i = 1, ..., m; j = 1, ..., n; rz_{ij} \in \mathbb{R}_{\geq 0})$ **Zwischenprodukt-Endprodukt-Matrix: $M_{ZE} = (ze_{jk})$;** $(j = 1, ..., n; k = 1, ..., q; ze_{jk} \in \mathbb{R}_{\geq 0})$ **Rohstoff-Endprodukte-Matrix: $M_{RE} = (re_{ik})$; $M_{RE} = M_{RZ} \cdot M_{ZE}$** $(i = 1, ..., m; k = 1, ..., q; re_{ik} \in \mathbb{R}_{\geq 0})$
Verbrauchs- und Produktionsvektoren	**Rohstoff-Verbrauchsvektor: $\vec{r} = (r_1, ..., r_m)^T$;** r_i benötigte Menge des Rohstoffs R_i; $R_i \in \mathbb{R}_{\geq 0}$ **Zwischenprodukt-Produktionsvektor: $\vec{z} = (z_1, ..., z_n)^T$;** z_i produzierte Menge des Zwischenprodukts Z_i; $z_i \in \mathbb{R}_{\geq 0}$ **Endprodukt-Produktionsvektor: $\vec{p} = (p_1, ..., p_q)^T$;** p_i produzierte Menge des Endprodukts E_i; $p_i \in \mathbb{R}_{\geq 0}$ **$M_{RZ} \cdot \vec{z} = \vec{r}$** **$M_{ZE} \cdot \vec{p} = \vec{z}$** **$M_{RE} \cdot \vec{p} = \vec{r}$**
Kostenvektoren	**Rohstoff-Kostenvektor: $\vec{k}_R = (k_{R1}, ..., k_{Rm})$** k_{Ri} Kosten für eine Mengeneinheit des Rohstoffs R_i; $k_{Ri} \in \mathbb{R}_{\geq 0}$ **Zwischenprodukt-Fertigungskostenvektor: $\vec{k}_Z = (k_{Z1}, ..., k_{Zn})$;** k_{Zi} Fertigungskosten pro Mengeneinheit des Zwischenprodukts Z_i; $k_{Zi} \in \mathbb{R}_{\geq 0}$ **Endprodukt-Fertigungskostenvektor: $\vec{k}_E = (k_{E1}, ..., k_{En})$;** k_{Ei} Fertigungskosten pro Mengeneinheit des Endprodukts E_i; $k_{Ei} \in \mathbb{R}_{\geq 0}$ **Rohstoffkosten: $K_R = \vec{k}_R \cdot \vec{r}$** **Fertigungskosten: $K_Z = \vec{k}_Z \cdot \vec{z}$; $K_E = \vec{k}_E \cdot \vec{p}$**
Gesamtkosten für die Produktion	**Gesamte variable Kosten: $K_v = (\vec{k}_R \cdot M_{RE} + \vec{k}_Z \cdot M_{ZE} + \vec{k}_E) \cdot \vec{p}$** **Gesamtkosten: $K = K_v + K_f$** (K_f Fixkosten)

Mathematik

Leontief-Modell

Verflechtungsdiagramm (Gozinto-Graph)	Input-Output-Tabelle

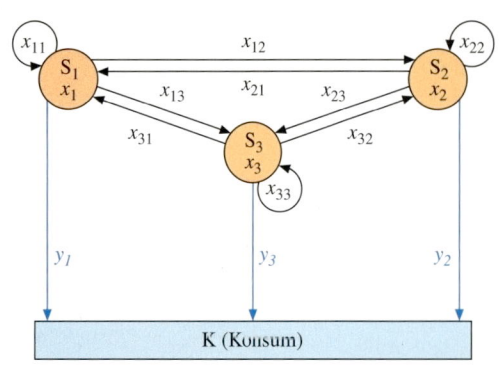

S$_1$, S$_2$ und S$_3$: Sektoren der Volkswirtschaft
(z. B. Landwirtschaft, Industrie, Dienstleistung)

an von	S$_1$	S$_2$	S$_3$	K	Produktion
S$_1$	x_{11}	x_{12}	x_{13}	y_1	x_1
S$_2$	x_{21}	x_{22}	x_{23}	y_2	x_2
S$_3$	x_{31}	x_{32}	x_{33}	y_3	x_3

Die Summe aller Lieferungen eines Sektors ergibt die Gesamtproduktion dieses Sektors:
$x_{i1} + x_{i2} + x_{i3} + y_i = x_i$.

Bezeichnungen und Gleichungen im Leontief-Modell

$\vec{x} = (x_1, x_2, x_3)^T$ heißt **Produktionsvektor**, $\vec{y} = (y_1, y_2, y_3)^T$ heißt **Konsumvektor**.

$\mathbf{A} = (a_{ij})$ mit $a_{ij} = \dfrac{x_{ij}}{x_j}$ $(x_{ij} \leq x_j)$ und $0 \leq a_{ij} \leq 1$ heißt **Inputmatrix** oder **Produktionsmatrix.**

Es gilt $\mathbf{A} \cdot \vec{x} + \vec{y} = \vec{x}$ und, falls die **Leontief-Inverse** $(\mathbf{E} - \mathbf{A})^{-1}$ existiert: $\vec{x} = (\mathbf{E} - \mathbf{A})^{-1} \cdot \vec{y}$.

Übergangsprozesse, Austauschprozesse, Markow'sche Prozesse ↻ 074-1

Übergangs-prozesse	Gegeben ist ein System (z. B. von Dingen oder Individuen), das in einem zeitlichen Ablauf verschiedene Zustände $Z_1, Z_2, \ldots$ annehmen kann, wobei der Übergang von einem Zeitpunkt zum nächsten mithilfe einer **Übergangsmatrix** $M = (p_{ij})$ beschrieben werden kann. Der Startvektor $\vec{v}_0 = (v_1, v_2, \ldots, v_n)^T$ beschreibt den Zustand (die Zustandsverteilung) des Systems zum Startzeitpunkt. Dann wird die Zustandsverteilung des Systems nach k Schritten (Zeittakten) durch den Vektor $\vec{v}_k = \mathbf{M}^k \cdot \vec{v}_0$ beschrieben. Bei einem **Austauschprozess** gibt p_{ij} an, welcher Anteil von Z_j nach Z_i übergeht. Ein Übergangsprozess wird als **zyklisch** bezeichnet, wenn es eine natürliche Zahl $k > 1$ gibt, sodass $\mathbf{M}^k = \mathbf{E}$ die Einheitsmatrix ist.
Markow'sche Prozesse	Bei einem stochastischen Prozess haben die Elemente der Übergangsmatrix und ihrer Potenzen die Bedeutung von **Übergangswahrscheinlichkeiten**. Ein stochastischer Prozess mit endlich vielen verschiedenen Zuständen $Z_1, Z_2, \ldots, Z_n$, deren Übergangswahrscheinlichkeiten nicht vom Zeitpunkt des Zustandswechsels und nur von dem Zustand, in dem sich das System unmittelbar vor dem Zustandswechsel befindet, abhängen, wird als homogener **Markow'scher Prozess** bezeichnet. Wird eine Abfolge von k Zustandswechseln betrachtet, spricht man auch von einer **Markow-Kette** der Länge k. p_{ij} ist die (bedingte) Wahrscheinlichkeit dafür, dass das System vom Zustand Z_j in den Zustand Z_i wechselt. Es gilt $0 \leq p_{ij} \leq 1$ und $p_{1j} + \ldots + p_{nj} = 1$ für jedes j. Die Wahrscheinlichkeit, dass das System in k Schritten vom Zustand Z_j in den Zustand Z_i wechselt, ist durch das Element $(\mathbf{M}^k)_{ij}$ der k-ten Potenz der Matrix M gegeben. Ist $q = (q_1, q_2, \ldots, q_n)^T$ die **Anfangsverteilung** des Systems (q_i ist die Wahrscheinlichkeit dafür, dass sich das System zum Startzeitpunkt im Zustand Z_i befindet; es gilt $0 \leq q_i \leq 1$ und $q_1 + q_2 + \ldots + q_n = 1$), so ist die Wahrscheinlichkeit, das System nach k Schritten im Zustand Z_i anzutreffen, durch die i-te Komponente $(\mathbf{M}^k \cdot q)_i$ des Vektors $\mathbf{M}^k \cdot q$ gegeben. Eine Wahrscheinlichkeitsverteilung q des Zustandsraums eines Markow-Prozesses heißt **stationär**, wenn $\mathbf{M} \cdot q = q$ gilt. Falls $p = \lim\limits_{k \to \infty} (\mathbf{M}^k \cdot q)$ existiert, so heißt der Wahrscheinlichkeitsvektor p die **Grenzverteilung** der Markow-Kette. Die Grenzverteilung ist eine stationäre Verteilung.

Informatik

Grundbegriffe

Einheiten

Bit	Das Bit ist die kleinste Einheit, um eine Information im Computer zu speichern. Der Zustand eines Bits kann 0 oder 1 sein. Dies kann verschieden dargestellt werden, z. B. als Strom (schwach/stark), Ladung (positiv/negativ) oder Licht (hell/dunkel).
Byte	Ein Byte ist die Zusammenfassung von 8 Bit zur Darstellung eines Zeichens im Computer. Aus den 8 Bitstellen ergeben sich 256 Kombinationsmöglichkeiten der Zeichendarstellung. Weitere Einheiten sind z. B.: 1 Kibibyte (KiB) $= 2^{10}$ Byte $=$ 1 024 Byte $\approx$ 1 000 Byte 1 Mebibyte (MiB) $= 2^{20}$ Byte $=$ 1 048 576 Byte $\approx$ 1 000 000 Byte 1 Gibibyte (GiB) $= 2^{30}$ Byte $= 1\,073\,741\,824$ Byte $\approx 1\,000\,000\,000$ Byte

Grundlegende Datentypen (Auswahl)

Datentyp	Schlüsselwort Java	Delphi	Wertebereich	Operatoren (Auswahl)
Wahrheitswert/ Logischer Wert	boolean	Boolean	true oder false	Operation: und oder in **Java**: & | in **Delphi**: and or
ein Zeichen	char	Char	'a' bis 'z' sowie Satz- und Sonderzeichen	+ zwei Zeichen zu einer Zeichenfolge verknüpfen
Zeichenfolge	String	String	Zeichenkombi-nationen	+ zwei Zeichenfolgen miteinander verknüpfen
ganze Zahl	int	Integer	$-2\,147\,483\,648$ bis $2\,147\,483\,647$	+ Addition – Subtraktion * Multiplikation / ganzzahliger Teil einer Division mit Rest
Fließkommazahl	double	Double	$\pm 4{,}94 \cdot 10^{-324}$ bis $\pm 1{,}97 \cdot 10^{308}$	+ Addition – Subtraktion * Multiplikation / Division

Algorithmusbegriff

Definition	Ein Algorithmus ist die eindeutige Beschreibung eines Verfahrens zur Lösung von gleich-artigen Problemen. Er gibt an, wie Eingabegrößen schrittweise in Ausgabegrößen umgewandelt werden.
Eigenschaften eines Algorithmus	➤ **Allgemeingültigkeit:** Ein Algorithmus gilt für eine Klasse gleichartiger Probleme. ➤ **Ausführbarkeit:** Alle Anweisungen sind verständlich formuliert und ausführbar. ➤ **Endlichkeit:** Die Beschreibung erfolgt in einem endlich langen Text.
Prozesseigenschaft	➤ **Eindeutigkeit:** Mit jeder Anweisung ist auch die nächstfolgende festgelegt. Gleiche Eingabegrößen werden bei wiederholter Abarbeitung auf dieselben Ausgabegrößen abgebildet. ➤ **Terminiertheit:** Nach endlich vielen Schritten ist eine Lösung gefunden.

Zahlensysteme (↗ S. 9) und Umrechnungstafel mit ASCII-Code: ↻ 075-1

Informatik

Algorithmik

Kontrollstrukturen in verschiedenen Darstellungsformen

Programmierung in Python: ↻ 076-1

Beschreibung	Flussdiagramm / Programmablaufplan (PAP)	Struktogramm / Nassi-Shneiderman-Diagramm (NSD)	Programmierung in Java	Programmierung in Delphi
Sequenz				
Mehrere Anweisungen werden aufeinander folgend abgearbeitet.	*Anweisung 1* → *Anweisung 2* → ⋯ → *Anweisung n*	*Anweisung 1* / *Anweisung 2* / ⋯ / *Anweisung n*	*Anweisung 1*; *Anweisung 2*; ⋯ *Anweisung n*;	*Anweisung 1*; *Anweisung 2*; ⋯ *Anweisung n*;
Auswahl				

einseitige Auswahl
Führe Anweisungen nur aus, falls eine Bedingung erfüllt ist.
	Bedingung — nein / ja → *Anweisungen*	*Bedingung* · ja / nein · *Anweisungen* / –	`if (`*Bedingung*`) {`
			    Anweisungen
			`}`
				`if `*Bedingung*` then begin`
				    Anweisungen
				`end;`

zweiseitige Auswahl
Führe Anweisungen A nur aus, falls eine Bedingung erfüllt ist, andernfalls führe Anweisungen B aus.
	Bedingung — nein → *Anweisungen B* / ja → *Anweisungen A*	*Bedingung* · ja / nein · *Anweisungen A* / *Anweisungen B*	`if (`*Bedingung*`) {`
			    Anweisungen A
			`} else {`
			    Anweisungen B
			`}`
				`if `*Bedingung*` then begin`
				    Anweisungen A
				`end`
				`else begin`
				    Anweisungen B
				`end`

mehrseitige Auswahl *(Fallunterscheidung)*
Führe bestimmte Anweisungen dann aus, wenn eine Variable einen bestimmten Wert hat.
	Variable
	= *Wert 1* → *Anweisungen A*
	= *Wert 2* → *Anweisungen B*
	sonst → *Anweisungen Z*
		Variable
		Wert 1 / *Wert 2* / ⋯ / sonst
		Anweisungen A / *Anweisungen B* / *Anweisungen Z*
			`switch (`*Variable*`) {`
			  `case `*Wert 1*` : `*Anweisungen A*
			        `break;`
			  `case `*Wert 2*` : `*Anweisungen B*
			        `break;`
			    ⋮
			  `default : ` *Anweisungen Z*
			`}`
				`case `*Variable*` of`
				  Wert 1` :begin`
				        Anweisungen A
				      `end;`
				  Wert 2` :begin`
				        Anweisungen B
				      `end;`
				    ⋮
				  `else begin`
				        Anweisungen Z
				      `end;`
				`end;`

Informatik ▼

Wiederholung

Beschreibung	Struktogramm / NSD		Programmierung in Java	Programmierung in Delphi
vorprüfende Schleife Wiederhole Anweisungen solange, wie eine Bedingung gilt.	(Bedingung / ja → Anweisungen / nein)	solange *Bedingung* — *Anweisungen*	`while ( Bedingung ) {` *Anweisungen* `}`	`while` *Bedingung* `do` `begin` *Anweisungen* `end;`
nachprüfende Schleife Wiederhole Anweisungen *solange, wie eine Bedingung gilt* (Java) bzw. *bis eine Abbruchbedingung erfüllt* ist (Delphi). Die Anweisungen werden mindestens einmal ausgeführt.	(Anweisungen → Bedingung / ja, nein)	*Anweisungen* — solange *Bedingung*	*Anweisungen* — bis *Abbruchbedingung*	`do {` *Anweisungen* `} while ( Bedingung );`	`repeat` *Anweisungen* `until` *Abbruchbedingung* `;`
Zählschleife Wiederhole Anweisungen solange, bis eine Zählvariable ausreichend oft erhöht bzw. erniedrigt wurde.	(Zähler <= Endwert / ja → Anweisungen / nein)	für *Zähler = Startwert* bis *Endwert* — *Anweisungen*	`for(int `*Zähler = Startwert,*` `*Zähler <= Endwert,*` `*Zähler++*`) {` *Anweisungen* `}` *(abwärts mit – – statt ++ und Vergleich auf* `>=` *)*	`for `*Zähler := Startwert* `to `*Endwert* `do` `begin` *Anweisungen* `end;` *(abwärts mit* `downto` *statt* `to`*)*

Vereinbarung und Aufruf eines (Teil-)Algorithmus in einer Methode, Prozedur oder Funktion

Beschreibung	Struktogramm / NSD	Programmierung in Java	Programmierung in Delphi
Vereinbarung ohne Rückgabewert	*Name des Algorithmus* — *Anweisungen in Sequenzen, Auswahlen, Wiederholungen und/oder Aufrufe weiterer Teilalgorithmen*	`void `*Name des Algorithmus* `( `*Parameter*` )` `{` *Anweisungen …* `}`	`procedure `*Name des Algorithmus* `( `*Parameter*` ) ;` *Deklaration lokaler Variablen* `begin` *Anweisungen …* `end;`
Vereinbarung mit Rückgabewert – hier ist der Datentyp des Rückgabewertes anzugeben	*Anweisungen …*	*Rückgabetyp Name des Algorithmus* `( `*Parameter*` )` `{` *Anweisungen …* `}`	`function `*Name d. A.* `( `*Param.*` ) : `*Rückgabetyp* `;` *Deklaration lokaler Variablen* `begin` *Anweisungen …* `end;`
Aufruf	*Name des Algorithmus*	*Name des Algorithmus* `( `*Parameter*` )`	*Name des Algorithmus* `( `*Parameterwerte*` )`

Objektorientierung

Grundbegriffe der objektorientierten Programmierung

Objekt, Attribut, Methode	Der Zustand eines **Objekts** wird durch die Werte seiner **Attribute (Eigenschaften)** bestimmt. Die Attributwerte können durch zu den Objekten gehörige **Methoden (Operationen)** geändert werden. Um unerwünschte Manipulationen des Objektzustands zu verhindern, unterliegen die Methoden gemäß dem **Geheimnisprinzip** bestimmten Einschränkungen; Attribute und Methoden sind nicht von allen Klassen aus „sichtbar". Folgende **Sichtbarkeit** von Attributen und Methoden wird unterschieden und in UML wie folgt markiert: – *private* Zugriff nur innerhalb der eigenen Klasse # *protected* Zugriff innerhalb der eigenen Klasse und von Klassen aus, die von der eigenen Klasse erben + *public* Zugriff von allen Klassen aus	*Objektname : Klassenname* *Attributname : Wert* *ein Objekt in UML* Beispiel: kleiner Kreis : Kreis radius : 13 großer Kreis : Kreis radius : 59
Klasse	Von einer **Klasse** können mehrere gleichartige Objekte erzeugt werden. Jedes Objekt einer Klasse hat die gleichen Attribute. Die einzelnen Objekte einer Klasse unterscheiden sich in den Werten ihrer Attribute. Es lassen sich auch **Klassenattribute** definieren, die unabhängig von den Objekten der Klasse existieren (in Java mit `static`). **Klassenmethoden** können sich nur auf Klassenattribute beziehen und werden direkt über den Klassennamen aufgerufen.	*Klassenname* *– Attributname : Datentyp* *+ Methodenname* *(Parameter) : Datentyp* *eine Klasse in UML* Beispiel: Kreis – radius : Integer + getRadius(): Integer + groesser (x : Integer)
UML	Die **U**nified **M**odelling **L**anguage (**UML**) dient der Darstellung von Klassen und der Beziehungen und Interaktionen ihrer Objekte in Diagrammen, zum Beispiel in Klassen-, Interaktions- oder Zustandsdiagrammen.	

Aufbau einer Klasse, Objekte erzeugen und Operationen aufrufen ↻ 078-1

Bestandteil	Programmierung in Java	Programmierung in Delphi
Klasse	`class `*Klassenname* `{`	`Type` Klassennamen beginnen *Klassenname* `= class` in Delphi mit einem T.
Attribut	`private `*Datentyp Attributname*`;`	`private` *Attributname* `: `*Datentyp*`;`

Methode
 	
ohne Rückgabewert
 	
mit Rückgabewert
	
	`public void `*Methodenname*`(`*Parameter*`)`
	`{`
	  `...`
	`}`
	`public `*Datentyp Methodenname*`(`*Parameter*`)`
	`{`
	  `...`
	  `return ...;`
	`}`
	`}`
		`public`
		  `procedure `*Methodenname*`(`*Parameter*`) : `*Datentyp*`;`
		  `function `*Methodenname*`(`*Parameter*`) : `*Datentyp*`;`
		`end;`
		`procedure `*Klassenname*`.`*Methodenname*`(`*Parameter*`);`
		  `begin`
		    `...`
		  `end;`
		`function `*Klassenname*`.`*Methodenname*`(`*Parameter*`) :`
		                   Datentyp`;`
		  `begin`
		    `result := ...;`
		  `end;`

Deklaration	*Klassenname Objektname*`;`	`var `*Objektname* `: `*Klassenname*`;`
Erzeugung	*Objektname* `= new `*Klassenname*`();`	*Objektname* `:= `*Klassenname*`.Create;`
Aufruf	`... = `*Objektname*`.`*Methodenname*`(`*Parameter*`);`	`... := `*Objektname*`.`*Methodenname*`(`*Parameter*`);`

Beziehungen zwischen Klassen

Beziehung	Beschreibung	Darstellung in UML
Assoziation	Ein Objekt der Klasse A **kennt** ein Objekt der Klasse B und/ oder ein Objekt der Klasse B kennt ein Objekt der Klasse A. Die **Kardinalität** (*n* bzw. *m*) gibt an, wie viele Objekte der gegenüberliegenden Klasse ein Objekt kennt.[1]	A *m* —— *n* B
Aggregation	Ein Objekt der Klasse B **ist Teil** von einem Objekt der Klasse A, ein Objekt der Klasse A **hat** Objekte der Klasse B.	A ◇ *m* —— *n* B
Komposition	In einer Komposition sind Objekte der Klasse B existentiell abhängig von genau einem Objekt der Klasse A, d. h., die Existenz der Objekte von B wäre ohne das Objekt aus A sinnlos.	A ◆ 1 —— *n* B
Vererbung Spezialisierung Generalisierung	Ein Objekt der Unterklasse B ist auch ein Objekt der Oberklasse A. Es hat alle Attribute und Methoden der Objekte von A (Vererbung) und noch **weitere Attribute und Methoden** (Erweiterung bzw. Spezialisierung). Eine Oberklasse stellt eine Generalisierung mehrerer Unterklassen dar.	A ◁—— B
	Programmierung: in Java: `class B extends A` in Delphi: `type B = class(A)`	

[1] Für die Kardinalität können Zahlen oder Zahlenbereiche (z. B. 1..6) angegeben werden. Ein Sternchen * steht für „beliebig viele".

UML Klassendiagramm – Beispiel Bank

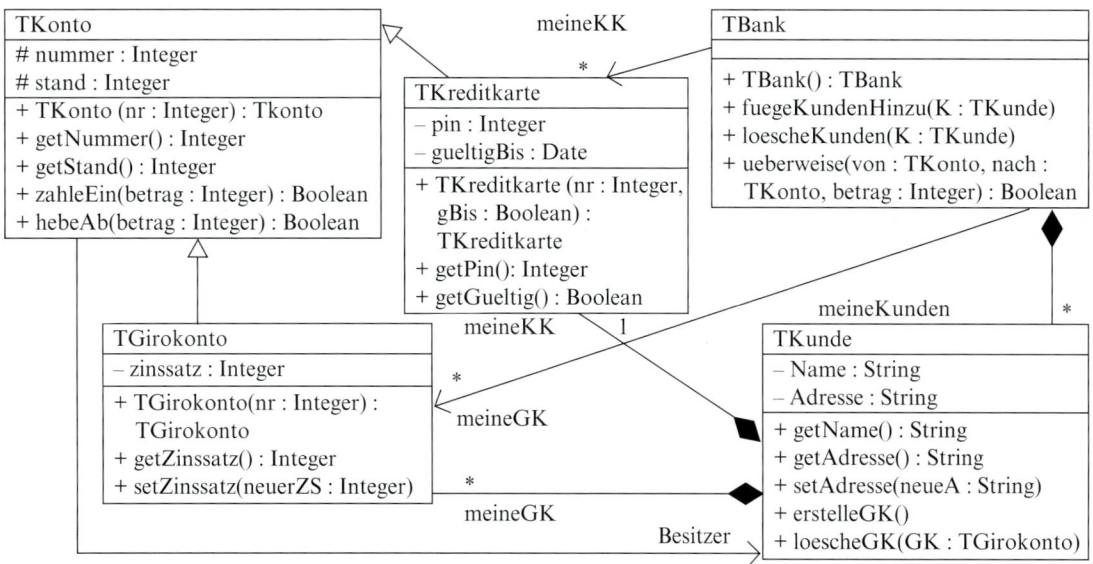

UML Interaktionsdiagramm – Beispiel Überweisung

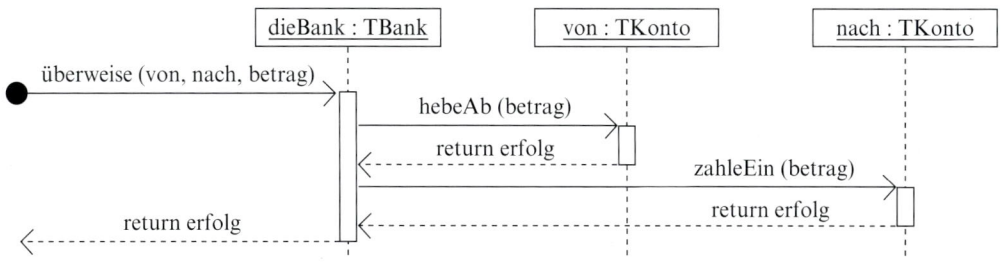

Kommunikation in Netzwerken

Informatik ▶

Begriffe

Internet, Dienste, WWW	Der Begriff **Internet** („Netz zwischen den Netzen") bezeichnet eine Struktur, die mehrere lokale Computernetzwerke miteinander verbindet. **Router** leiten Datenpakete zwischen den Netzwerken in Richtung Empfänger weiter. **Provider** bieten Kunden den Zugang zum Internet an, in der Regel über ein **Modem**, angeschlossen an einen festen oder mobilen Telefonanschluss. Beliebte **Dienste** des Internets sind vor allem **E-Mail**, **Instant Messaging (Chat)** und das World Wide Web (WWW). Im WWW sind in der Hypertext Markup Language (HTML) verfasste und von einem **Browser**-Programm angezeigte Hypertexte über (Hyper-)**Links** mit weiteren im Internet verfügbaren Dateien verknüpft.
Client-Server-Prinzip, IP-Adresse, Domain, DNS	In der Regel nutzt ein **Client** (Dienstnehmer) von einem **Server** (Diensterbringer) angebotene Dienste. Jedem Computer im Internet ist mit der **IP-Adresse** eine einmalige, mindestens 12-stellige Identifikationsnummer zugeordnet. Das Domain Name System (DNS) ordnet jeder **Domain** die IP-Adresse des entsprechenden Servers zu. Beispiel: www.cornelsen.de ← 192.166.197.204
URL	Eine Datei im Internet ist über eine eindeutige Ortsangabe, genannt Uniform Resource Locator (URL), aufrufbar. Die URL besteht aus dem Übertragungsprotokoll, dem Rechnernamen und der Domain des Servers sowie dem Verzeichnispfad und Namen der Datei auf dem Server. Beispiel: *Protokoll* `http://` *Rechnername und Domain* `www.cornelsen.de` *Dateipfad und -name* `/home/index.php`

Übertragungsprotokolle (Auswahl): Regeln der Kommunikation

Schicht	Protokoll	Funktion
Anwendungsschicht	Hypertext Transfer Protocol (HTTP)	Dateien aus dem WWW herunterladen
	Simple Mail Transfer Protocol (SMTP) Post Office Protocol (POP) Internet Message Access Protocol (IMAP)	E-Mails versenden E-Mails empfangen E-Mails empfangen und verwalten
	File Transfer Protocol (FTP)	Dateien hochladen oder herunterladen
	Telnet Protocol	Kommandozeile auf entferntem Computer
	Domain Name System (DNS)	IP-Adresse einer Domain ermitteln
	Dynamic Host Configuration Protocol (DHCP)	Computern in einem lokalen Netzwerk IP-Adressen zuweisen
Transportschicht	Transmission Control Protocol (TCP)	Verbindung zum Empfänger aufbauen und Kommunikation überwachen
Internetschicht (Vermittlung)	Internet Protocol (IP)	IP-Pakete zum Empfänger weiterleiten
	Internet Control Message Protocol (ICMP)	Fehlermeldungen zur Kommunikation im Internet versenden und interpretieren
Netzzugangsschicht (Bitübertragung und Sicherung)	Ethernet	Daten im lokalen Netzwerk übertragen
	Digital Subscriber Line (DSL) Integrated Services Digital Network (ISDN)	Daten über eine Telefonleitung übertragen Daten über eine Telefonleitung übertragen
	General Packet Radio Service (GPRS) Universal Mobile Telecommunications System (UMTS)	Daten über Mobilfunk übertragen Daten über Mobilfunk übertragen

Varianten der Protokolle, so genannte **sichere Übertragungsprotokolle**, ermöglichen eine **sichere Kommunikation über verschlüsselte Verbindungen**. Beispiele sind HTTP Secure (HTTPS) für HTTP, Secure Shell (SSH) für Telnet, SFTP oder Secure Copy Protocol (SCP) für FTP.

Webseitengestaltung mit HTML (Hypertext Markup Language)

Aufbau einer Webseite	```html
	<html>
	  <head>
	    <title> Titel der Webseite </title>
	  </head>
	  <body>
	    Inhalt der Webseite
	  </body>
	</html>
	``
		Die Grundstruktur einer Webseite gliedert sich in die Bereiche **head** (Kopf) und **body** (Körper). Der Kopf beschreibt die Seite unter anderem für Suchmaschinen, der Körper wird im Browserfenster angezeigt.

Darstellung im Quelltext und im Browser zum Vergleich	```html
	<html>
	  <head>
	    <title> Die Entwicklung des WWW </title>
	  </head>
	  <body>
	    <h1 align="center"> Die 1. Webseite </h1>
	    <p> Die <b>erste</b> Webseite der Welt
	    wurde an der <a href="http://www.cern.ch">
	    Europäischen Kernforschung-
	    Organisation</a> entwickelt.
	 Sie
	    wurde 1989 von <i>Tim Berners-Lee</i>
	    vorgestellt. </p>
	  </body>
	</html>
	``
		Die Entwicklung des WWW
		
		Die 1. Webseite
		
		Die **erste** Webseite der Welt wurde an der Europäischen Kernforschung-Organisation entwickelt.
		Sie wurde 1989 von *Tim Berners-Lee* vorgestellt.

Aufbau einer Tabelle	```html
	<table border="r">
	  <tr>
	    <td> Zelleninhalt </td>
	    <td> Zelleninhalt </td>
	    ...
	  </tr>
	  <tr>
	    <td> Zelleninhalt </td>
	    <td> Zelleninhalt </td>
	    ...
	  </tr>
	  ...
	</table>
	``
		Tabelle mit Rahmenstärke *r*
		   Beginn der 1. **Z**eile (**t**able **r**ow)
		      1. **Z**elle der 1. Zeile (**t**able **d**ata)
		      2. Zelle der 1. Zeile
		      …
		   Ende der 1. Zeile
		   Beginn der 2. Zeile
		      1. Zelle der 2. Zeile
		      2. Zelle der 2. Zeile
		      …
		   Ende der 2. Zeile
		   …
		Ende der Tabelle

Einbinden einer Grafik	```html
	<img src="Dateipfad und -name">
	``
		Beispiel für Angabe von Pfad und Namen der einzufügenden Grafik: `bilder/haus.jpg`

Einbinden weiterer Dokumente/ Links	```html
	<a href="Ziel"> Text </a>
	``
		Für einen Link sind anzugeben:
		• die URL der aufzurufenden Webseite bzw. Pfad und Name der verlinkten Datei
		• Text, der als Link angezeigt wird

Textgestaltung

`<b> ... </b>`	**fett** (bold)	`<p> ... </p>`	**Absatz** (**p**aragraph)
`<i> ... </i>`	*kursiv* (italic)	`<he> ... </he>`	**Überschrift** (**h**eading) der Ebene *e* (1 bis 6)
` `	**Zeilenumbruch** (**br**eak)		

Ausrichtung von Objekten	```html
	<div align="Ausrichtung">
	...</div>
	``
		`left` (linksbündig), `right` (rechtsbündig), `center` (zentriert), `justify` (Blocksatz)

Farbgestaltung
↻ 081-1
	``html
	<div style="background-image:url(Dateipfad und -name einer Hintergrundgrafik);
	     background-color:#Farbwert für Hintergrund; color:#Farbwert für Schrift;
	     font-family:'Schriftart'; font-size:Schriftgröße pt;">...</div>
	``	

Sonderzeichen

ä	ö	ü	Ä	Ö	Ü	ß	é	zusätzliches Leerzeichen
`&auml;`	`&ouml;`	`&uuml;`	`&Auml;`	`&Ouml;`	`&Uuml;`	`&szlig;`	`&eacute;`	` `

Informatik ▼

Datenbanken

Entity-Relationship-Modell (ERM) ↻ 082-1

Konzept	Beschreibung	Symbol
Entität (*entity*)	Eine Entität beschreibt ein **Objekt**. Entitäten mit den gleichen Eigenschaften werden zu einem **Entitätstyp** (Entitätenmenge, Klasse) zusammengefasst.	*Entitätstyp*
Relation (*relationship*)	Eine Relation beschreibt die *Beziehung* zwischen Entitäten. Auch Relationen können Eigenschaften haben. Die **Kardinalität** *n* (bzw. *m*) gibt an, mit wie vielen Entitäten des Entitätstyps A (bzw. B) eine Entität des Entitätstyps B (bzw. A) in Beziehung steht. (Das ist gerade umgekehrt wie in UML-Klassendiagrammen!)	A n *Relation* m B
Attribut (*attribute*)	Ein Attribut beschreibt eine *Eigenschaft* eines Entitätstyps oder einer Beziehung.	*Attribut*
Schlüssel (*key*)	Eigenschaften, die eine Entität als **Schlüssel** eindeutig identifizieren, werden **unterstrichen**. Gibt es keine solche Eigenschaft, ist es sinnvoll, eine weitere Eigenschaft als Identifikationsnummer hinzuzufügen, für die jeder Wert nur einmal vergeben wird.	*Attribut*
Beispiel	Person — N — **beschäftigt in** — 1 — Ort; Gehalt, GebDat, Beschäftigungsbeginn, persID, Nachname, Vorname; Name, ortID, Land, Anzahl der Mitarbeiter	

Anlage und Manipulation eines Datensatzes mit SQL (Structured Query Language)

Tabelle anlegen	CREATE TABLE *Tabelle* (*Attribut Datentyp*, *Attribut Datentyp*, ...)
Einfügen	INSERT INTO *Tabelle* (*Attribut(e)*) VALUES (*Wert(e)*) (Mehrere Attribute oder Werte werden durch Kommas voneinander getrennt.)
Ändern	UPDATE *Tabelle* SET *Attribut* = *Wert* WHERE *Bedingung(en)*
Löschen	DELETE FROM *Tabelle* WHERE *Bedingung(en)*

Auswahl von Daten mit SQL ↻ 082-2

Projektion	Auswahl der *Tabellen* und auszugebenden *Attribute* (→ Spalten)	SELECT *Attribut(e)* FROM *Tabelle(n)*
Selektion	Einschränken auf gesuchte *Datensätze* (→ Zeilen)	SELECT *Attribut(e)* FROM *Tabelle(n)* WHERE *Bedingung(en)*
	Verknüpfen mehrerer Tabellen in einem **Join**	SELECT *Attribut(e)* FROM *Tabelle(n)* WHERE *Tabelle1*. *Attribut* = *Tabelle2*. *Attribut*
Funktionen über mehrere Datensätze	Anzahl (COUNT), Summe (SUM), Maximum (MAX), Minimum (MIN), Durchschnitt (AVG)	SELECT *Funktion* (*Attribut*) FROM *Tabelle(n)* Beispiel: SELECT **SUM(**einwohner**)** FROM orte
Aufbereiten von Ergebnissen	Ergebnisse nach einem Attribut – **sortieren** – **gruppieren** – **einschränken**	SELECT *Attribut(e)* FROM *Tabelle(n)* ... ... ORDER BY *Attribut* ASC (↑) oder DESC (↓) ... GROUP BY *Attribut(e)* ... HAVING *Bedingung(en) mit Funktionsaufruf*
Verknüpfen	Mehrere Bedingungen werden durch AND oder OR miteinander verknüpft.	

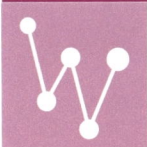

Astronomie

Konstanten, Einheiten und Werte

Konstanten

Lichtgeschwindigkeit im Vakuum	$c = 299\,792\,458\ \mathrm{m \cdot s^{-1}}$	Masseverhältnis Sonne – Erde	$m_S/m_E = 332\,964{,}0$
Gravitationskonstante	$\gamma = 6{,}673 \cdot 10^{-11}\ \mathrm{N \cdot m^2 \cdot kg^{-2}}$	Schiefe der Ekliptik (für das Jahr 2000)	$\varepsilon = 23°\,26'\,21{,}488''$
Solarkonstante	$S = 1{,}367\ \mathrm{kW \cdot m^{-2}}$	Nutationskonstante (für das Jahr 2000)	$N = 9{,}205\,5''$
Hubble-Konstante	$H = 71 \pm 6\ \mathrm{km \cdot s^{-1} \cdot Mpc^{-1}}$	Sonnenparallaxe	$p_S = 8{,}794\,148''$
Masseverhältnis Erde – Mond	$m_E/m_M = 81{,}3$	Aberrationskonstante (für das Jahr 2000)	$\overline{k} = 20{,}495\,52''$

Astronomische Einheiten der Länge und der Zeit

Astronomische Einheit AE	$1\ \mathrm{AE} = 149{,}6 \cdot 10^6\ \mathrm{km} = 4{,}85 \cdot 10^{-6}\ \mathrm{pc} = 15{,}8 \cdot 10^{-6}\ \mathrm{Lj}$
Parsec pc	$1\ \mathrm{pc} = 30{,}857 \cdot 10^{12}\ \mathrm{km} = 0{,}206 \cdot 10^6\ \mathrm{AE} = 3{,}26\ \mathrm{Lj}$
Lichtjahr Lj, ly	$1\ \mathrm{Lj} = 9{,}4605 \cdot 10^{12}\ \mathrm{km} = 63{,}239 \cdot 10^3\ \mathrm{AE} = 0{,}3066\ \mathrm{pc}$
Definition des Jahres	tropisch siderisch 365 d 5 h 48 min 46 s 365 d 6 h 9 min 9 s
Definition des Monats	siderisch synodisch 27,32 d (27 d 7 h 43 min 12 s) 29,53 d (29 d 12 h 44 min 3 s)
Definition des Tages	Sterntag: 24 h Sternzeit = 23 h 56 min 4,1 s Sonnenzeit Sonnentag: 24 h Sonnenzeit = 24 h 3 min 56,6 s Sternzeit

Zeitzonen der Erde

MGZ = Mittlere Greenwicher Zeit (= Westeuropäische Zeit WEZ)

Mitteleuropäische Zeit	MGZ + 1 Stunde	Atlantic Standard Time	MGZ − 4 Stunden
Osteuropäische Zeit	MGZ + 2 Stunden	Pacific Standard Time	MGZ − 8 Stunden

Daten der Erde

Radius am Äquator	$r_\ddot{A} = 6378\ \mathrm{km}$
Radius am Pol	$r_p = 6357\ \mathrm{km}$
Abplattung	$(r_\ddot{A} - r_p) : r_\ddot{A} = 1 : 298 \approx 1 : 300$
Volumen	$V_E = 1{,}083 \cdot 10^{12}\ \mathrm{km^3}$
Masse	$m_E = 5{,}975 \cdot 10^{24}\ \mathrm{kg}$
Mittlere Dichte	$\varrho_E = 5{,}524\ \mathrm{g \cdot cm^{-3}}$
Mittlere Fallbeschleunigung	$g_E \approx 9{,}81\ \mathrm{m \cdot s^{-2}}$
Luftdruck in Meereshöhe (Normdruck)	$p_N = 101{,}3\ \mathrm{kPa} = 1013\ \mathrm{hPa}$
Mittlere Entfernung von der Sonne s_S	$s_S = 149{,}6 \cdot 10^6\ \mathrm{km} = 1\ \mathrm{AE}$
Mittlere Bahngeschwindigkeit	$v_E = 29{,}785\ \mathrm{km \cdot s^{-1}}$
Siderische Umlaufzeit um die Sonne	$T_{sid} = 365{,}26\ \mathrm{d}$

Daten des Erdmondes

Mittlere Entfernung von der Erde	$s_M = 3{,}844 \cdot 10^5$ km $\approx 60{,}3$ Erdradien
Mittlerer scheinbarer Radius	$R'_M = 15'\,32{,}6'' = 0{,}259°$
Radius	$R_M = 1{,}738 \cdot 10^3$ km $\approx 0{,}2725$ Erdradien
Volumen	$V_M = 2{,}192 \cdot 10^{10}$ km^3 $\approx 0{,}02\ V_E$
Masse	$m_M = 7{,}35 \cdot 10^{22}$ kg $= 0{,}0123\ m_E$
Mittlere Dichte	$\varrho_M\ 3{,}34$ g $\cdot$ cm^{-3} $\approx 0{,}61\ \varrho_E$
Fallbeschleunigung an der Oberfläche	$g_M = 1{,}62$ m $\cdot$ s^{-2} $= 0{,}165\ g_E$
Bahnneigung gegen die Erdbahn	$5°\,8'\,43'' = 5{,}1453°$
Siderische Umlaufzeit um die Erde	$T_{sid} = 27{,}322$ d

Daten der Sonne ↻ 084-1

Mittlere Entfernung von der Erde	$s_S = 149{,}6 \cdot 10^6$ km $= 1$ AE
Mittlerer scheinbarer Radius	$R'_S = 16'\,1{,}2'' = 0{,}267°$
Radius	$R_S = 6{,}962 \cdot 10^5$ km $= 109$ Erdradien
Volumen	$V_S = 1{,}414 \cdot 10^{18}$ km^3 $= 1{,}3 \cdot 10^6\ V_E$
Masse	$m_S = 1{,}989 \cdot 10^{30}$ kg $= 3{,}33 \cdot 10^5\ m_E$
Mittlere Dichte	$\varrho_S = 1{,}41$ g $\cdot$ cm^{-3} $= 0{,}26\ \varrho_E$
Fallbeschleunigung an der Oberfläche	$g_S = 274$ m $\cdot$ s^{-2} – $27{,}5\ g_E$
Oberflächentemperatur	$T \approx 6000$ K
Kerntemperatur	$T_{Kern} \approx 15 \cdot 10^6$ K

Planeten des Sonnensystems (und Bahndaten des Pluto[1]) ↻ 084-2

Planet	Symbol	Mittlere Bahngeschwindigkeit in km $\cdot$ s^{-1}	Mittlere Entfernung von der Sonne in 10^6 km	Äquatordurchmesser in km	Masse in Erdmassen	Mittlere Dichte in g $\cdot$ cm^{-3}
Merkur	☿	47,80	58	4880	0,056	5,4
Venus	♀	35,03	108	12 102	0,815	5,2
Erde	♁, ⊕	29,79	149,6	12 756	1	5,52
Mars	♂	24,13	228	6788	0,107	3,93
Jupiter	♃	13,06	778	142 796	317,82	1,33
Saturn	♄	9,64	1427	120 600	95,11	0,69
Uranus	⛢	6,81	2870	51 118	14,52	1,27
Neptun	♆	5,43	4497	49 562	17,2	1,64
Pluto	♇	4,74	5906	2390	0,0021	≈ 1,75

[1] Im August 2006 definierte die Internationale Astronomische Union (IAU) drei Kategorien für Himmelskörper im Sonnensystem neu: Planeten, Zwergplaneten und Kleinkörper. Pluto zählt seitdem zu den Zwergplaneten und ist nicht mehr der neunte Planet unseres Sonnensystems. Die Zwergplaneten sind *Pluto, Ceres, Eris, Makemake* und *Haumea.* Die IAU kündigt für die Zukunft die Bekanntgabe weiterer Zwergplaneten an, sobald genügend Beobachtungsdaten vorliegen.

Entstehung der Mondphasen

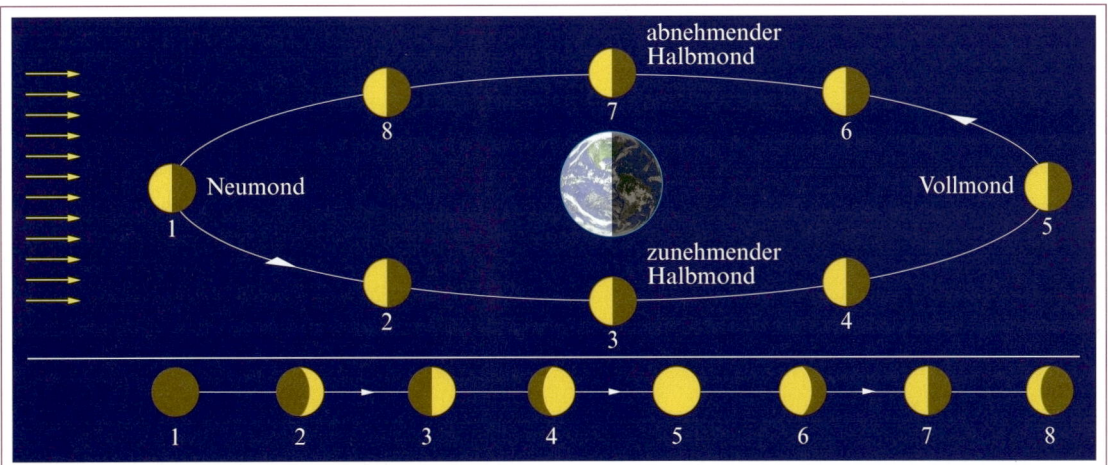

Einige Himmelskörper des Sonnensystems und ihre Monde

Himmelskörper und ihre Monde		Entfernung des Mondes[1] in km	Siderische Umlaufzeit in d	Durchmesser in km
Mars	Phobos	$9{,}38 \cdot 10^3$	0,319	22
	Deimos	$23{,}48 \cdot 10^3$	1,262	12
Jupiter	Ganymed	$1070 \cdot 10^3$	7,155	5276
	Callisto	$1880 \cdot 10^3$	16,689	4820
Saturn	Titan	$1222 \cdot 10^3$	15,95	5150
	Rhea	$527 \cdot 10^3$	4,52	1530
Uranus	Titania	$436 \cdot 10^3$	8,70	1610
	Oberon	$583 \cdot 10^3$	13,46	1550
Neptun	Triton	$355 \cdot 10^3$	5,88	2705
	Nereid	$5563 \cdot 10^3$	360	340
Pluto	Charon	$19{,}6 \cdot 10^3$	6,39[2]	1200

[1] Entfernung von seinem Planeten bzw. Zwergplaneten
[2] Dauer der Bewegung um den gemeinsamen Schwerpunkt

Einige Sterne

Stern (Sternbild)	scheinbare Helligkeit	Farbeindruck	Entfernung von der Sonne
Sirius (Großer Hund)	$-1{,}46^m$	weiß	8,8 Lj
Rigel (Orion)	$0{,}12^m$	weiß	880 Lj
Atair (Adler)	$0{,}77^m$	gelblich	16,1 Lj
Aldebaran (Stier)	$0{,}85^m$	orange	68 Lj
Spica (Jungfrau)	$0{,}97^m$	bläulich	274 Lj

Einige Daten des Milchstraßensystems (Galaxis)

Durchmesser der diskusähnlichen Scheibe	30 000 pc
Dicke in den Randgebieten Dicke im zentralen Kern	1000 pc 5000 pc
Mittlere Dichte	$\approx 10^{-23}$ g/cm^3
Abstand der Sonne vom Zentrum der „Scheibe"	$\approx 10\,000$ pc $\approx 32\,600$ Lj
Zeit für einen vollen Umlauf der Sonne um das Zentrum	≈ 250 Mio. Jahre
Umlaufgeschwindigkeit der Sonne um das Zentrum	≈ 250 km/s
Mit bloßem Auge sichtbare Sterne	≈ 6000
Gesamtanzahl der Sterne	100 – 300 Mrd.

Einteilung der Sterne[1]

Überriesen	**Radius:** 20 R_S bis 750 R_S $\varrho = 10^{-7}$ g $\cdot$ cm^{-3}
Riesen	**Radius:** 3 R_S bis 40 R_S $\varrho = 10^{-5}$ bis 10^{-2} g $\cdot$ cm^{-3}
massereiche Hauptreihensterne	**Radius:** 1 R_S bis 8 R_S $\varrho = 10^{-2}$ g $\cdot$ cm^{-3}
massearme Hauptreihensterne	**Radius:** 0,2 R_S bis 1 R_S $\varrho = 1$ bis 3 g $\cdot$ cm^{-3}
Weiße Zwerge	**Radius:** $\approx 0{,}01$ R_S $\varrho = 10^{5}$ g $\cdot$ cm^{-3}

[1] nach Radien (angegeben als Vielfache des Sonnenradius R_S) und mittleren Dichten ϱ

Astronomie ◄

Astronomie

Formeln

Grundlegende Größen

Fluchtgeschwindigkeit v eines Sternsystems (Gesetz von Hubble)	$v = H \cdot r$	H r	Hubble-Konstante Entfernung des Sternsystems
Zusammenhang zwischen scheinbarer Helligkeit, absoluter Helligkeit und Entfernung eines Sterns	$m - M = 5 \cdot \lg r - 5$	m M r	scheinbare Helligkeit absolute Helligkeit Entfernung des Sterns in pc
Leuchtkraft L Leuchtkraft L_S der Sonne	$L = \dfrac{E}{t}$; $L_\text{S} = 3{,}845 \cdot 10^{26}$ W	E t	ausgestrahlte Energie Zeit
Zusammenhang zwischen Parallaxe und Entfernung eines Sterns	$r = \dfrac{1}{p}$	r p	Entfernung des Sterns in pc Parallaxe in Bogensekunden

Die Kepler'schen Gesetze ↻ 086-1

Erstes Kepler'sches Gesetz	Alle Planeten bewegen sich auf Ellipsenbahnen, in deren einem Brennpunkt die Sonne steht.	A t	vom Leitstrahl überstrichene Fläche erforderliche Zeit
Zweites Kepler'sches Gesetz	$\dfrac{\Delta A}{\Delta t} = \text{konst.};\quad \dfrac{\Delta A_1}{\Delta t_1} = \dfrac{\Delta A_2}{\Delta t_2}$	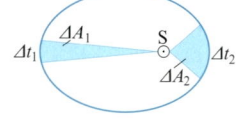	
Drittes Kepler'sches Gesetz	$\dfrac{T_1^2}{T_2^2} = \dfrac{a_1^3}{a_2^3}$	T a e	Umlaufzeit große Halbachse der Planetenbahn lineare Exzentrizität
Numerische Exzentrizität ε (für Ellipse)	$\varepsilon = \dfrac{e}{a}$		

Das Gravitationsgesetz

Gravitationsgesetz, Gravitationskraft F	$F = \gamma \cdot \dfrac{m_1 \cdot m_2}{r^2}$	γ m_1, m_2 r	Gravitationskonstante Massen der Körper Abstand der beiden Massenmittelpunkte

Kosmische Geschwindigkeiten

1. kosmische Geschwindigkeit (Kreisbahn an der Erdoberfläche)	$v_\text{K} = \sqrt{\gamma \dfrac{m_\text{E}}{r_\text{E}}} = 7{,}9$ km/s	γ m_E r_E v_P1	Gravitationskonstante Masse der Erde Radius der Erde Parabelgeschwindigkeit für die Erde 11,2 km/s
2. kosmische Geschwindigkeit (Fluchtgeschwindigkeit aus dem Gravitationsfeld der Erde)	$v_\text{P} = \sqrt{2\gamma \dfrac{m_\text{E}}{r_\text{E}}} = 11{,}2$ km/s	v_P2	12,4 km/s
3. kosmische Geschwindigkeit (Hyperbel, Fluchtgeschwindigkeit aus dem Gravitationsfeld der Sonne)	$v_\text{H} = \sqrt{v_\text{P1}^2 + v_\text{P2}^2} = 16{,}7$ km/s		

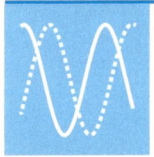

Physik

SI-Einheiten und Vorsätze

Basiseinheiten des Internationalen Einheitensystems (SI)

Name	Zeichen	Definition
Meter	m	**Das Meter** ist die Länge der Strecke, die Licht im Vakuum während der Dauer von $^1/_{299\,792\,458}$ Sekunde durchläuft.
Kilogramm	kg	**Das Kilogramm** ist die Masse des internationalen Kilogrammprototyps.
Sekunde	s	**Die Sekunde** ist die Dauer von 9 192 631 770 Perioden der Strahlung, die dem Übergang zwischen den beiden Hyperfeinstrukturniveaus des Grundzustandes von Atomen des Caesiumnuklids ^{133}Cs entspricht.
Ampere	A	**Das Ampere** ist die Stärke des zeitlich unveränderten elektrischen Stromes durch zwei geradlinige, parallele, unendlich lange Leiter von vernachlässigbarem Querschnitt, die den Abstand 1 m haben und zwischen denen die durch den Strom elektrodynamisch hervorgerufene Kraft im leeren Raum je 1 m Länge der Doppelleitung $2 \cdot 10^{-7}$ N beträgt.
Kelvin	K	**Das Kelvin** ist der 273,16te Teil der thermodynamischen Temperatur des Tripelpunktes von Wasser.
Mol	mol	**Das Mol** ist die Stoffmenge eines Systems, das aus ebenso vielen Einzelteilchen besteht, wie Atome in 0,012 kg des Kohlenstoffnuklids ^{12}C enthalten sind.
Candela	cd	**Die Candela** ist die Lichtstärke in einer bestimmten Richtung einer Strahlungsquelle, die monochromatische Strahlung der Frequenz $540 \cdot 10^{12}$ Hertz aussendet und deren Strahlstärke in dieser Richtung $^1/_{683}$ Watt durch Steradiant beträgt.

Vorsätze bei Einheiten

Vorsatz	Zeichen	Faktor, mit dem die Einheit multipliziert wird		
Exa	E	1 000 000 000 000 000 000	(10^{18})	(Trillion)
Peta	P	1 000 000 000 000 000	(10^{15})	(Billiarde)
Tera	T	1 000 000 000 000	(10^{12})	(Billion)
Giga	G	1 000 000 000	(10^{9})	(Milliarde)
Mega	M	1 000 000	(10^{6})	(Million)
Kilo	k	1 000	(10^{3})	(Tausend)
Hekto	h	100	(10^{2})	(Hundert)
Deka	da	10	(10^{1})	(Zehn)
Dezi	d	0,1	(10^{-1})	(Zehntel)
Zenti	c	0,01	(10^{-2})	(Hundertstel)
Milli	m	0,001	(10^{-3})	(Tausendstel)
Mikro	μ	0,000 001	(10^{-6})	(Millionstel)
Nano	n	0,000 000 001	(10^{-9})	(Milliardstel)
Pico	p	0,000 000 000 001	(10^{-12})	(Billionstel)
Femto	f	0,000 000 000 000 001	(10^{-15})	(Billiardstel)
Atto	a	0,000 000 000 000 000 001	(10^{-18})	(Trillionstel)

↗ **Naturkonstanten**

Eine Übersicht über wichtige Naturkonstanten befindet sich auf dem vorderen Vorsatz des Buches.

Mechanik – Größen, Einheiten, Werte

Größen und Einheiten der Mechanik und Akustik ↻ 088-1

Größe	Formel-zeichen	Einheiten Name	Zeichen	Beziehungen zwischen unterschiedlichen Einheiten
Arbeit	W	Joule	J	$1\,\text{J} = 1\,\text{N} \cdot \text{m} = 1\,\frac{\text{kg} \cdot \text{m}^2}{\text{s}^2}$
		Newtonmeter	$\text{N} \cdot \text{m}$	$1\,\text{N} \cdot \text{m} = 1\,\text{J}$
		Wattsekunde	$\text{W} \cdot \text{s}$	$1\,\text{W} \cdot \text{s} = 1\,\text{J}$
		Kilowattstunde	$\text{kW} \cdot \text{h}$	$1\,\text{kW} \cdot \text{h} = 3{,}6 \cdot 10^6\,\text{W} \cdot \text{s}$
		Elektronvolt	eV	$1\,\text{eV} = 1{,}602\,2 \cdot 10^{-19}\,\text{J}$
		Kalorie	cal	$1\,\text{cal} = 4{,}1868\,\text{J}$
Beschleunigung	a	Meter pro Quadratsekunde	$\frac{\text{m}}{\text{s}^2}$	
Dichte	ϱ	Kilogramm pro Kubikmeter	$\frac{\text{kg}}{\text{m}^3}$	$1\,\frac{\text{kg}}{\text{m}^3} = 0{,}001\,\frac{\text{g}}{\text{cm}^3}$
		Gramm pro Kubikzentimeter	$\frac{\text{g}}{\text{cm}^3}$	$1\,\frac{\text{g}}{\text{cm}^3} = 1\,\frac{\text{kg}}{\text{dm}^3} = 1\,\frac{\text{t}}{\text{m}^3}$
Drehimpuls	L	Newtonmetersekunde	$\text{N} \cdot \text{m} \cdot \text{s}$	$1\,\text{N} \cdot \text{m} \cdot \text{s} = 1\,\frac{\text{kg} \cdot \text{m}^2}{\text{s}}$
Drehmoment	M	Newtonmeter	$\text{N} \cdot \text{m}$	$1\,\text{N} \cdot \text{m} = 1\,\frac{\text{kg} \cdot \text{m}^2}{\text{s}^2}$
Drehzahl	n	Eins pro Sekunde	$\frac{1}{\text{s}}$	$\frac{1}{\text{s}} = 60\,\frac{1}{\text{min}}$
Druck	p	Pascal	Pa	$1\,\text{Pa} = 1\,\frac{\text{N}}{\text{m}^2} = 1\,\frac{\text{kg}}{\text{m} \cdot \text{s}^2}$
		Bar	bar	$1\,\text{bar} = 100\,000\,\text{Pa} = 10^5\,\text{Pa}$
		Atmosphäre	at	$1\,\text{at} = 98{,}1 \cdot 10^3\,\text{Pa}$
		Torr	Torr	$1\,\text{Torr} = 133{,}3\,\text{Pa}$
		mm Quecksilbersäule	mm Hg	$1\,\text{mm Hg} = 1\,\text{Torr} = 133{,}3\,\text{Pa}$
Energie	E	Joule	J	$1\,\text{J} = 1\,\text{N} \cdot \text{m} = 1\,\frac{\text{kg} \cdot \text{m}^2}{\text{s}^2}$
		Newtonmeter	$\text{N} \cdot \text{m}$	$1\,\text{N} \cdot \text{m} = 1\,\text{J}$
		Wattsekunde	$\text{W} \cdot \text{s}$	$1\,\text{W} \cdot \text{s} = 1\,\text{J}$
		Kilowattstunde	$\text{kW} \cdot \text{h}$	$1\,\text{kW} \cdot \text{h} = 3{,}6 \cdot 10^6\,\text{W} \cdot \text{s}$
		Elektronvolt	eV	$1\,\text{eV} = 1{,}602\,2 \cdot 10^{-19}\,\text{J}$
		Kalorie	cal	$1\,\text{cal} = 4{,}186\,8\,\text{J}$
Federkonstante	D, k	Newton durch Meter	$\frac{\text{N}}{\text{m}}$	$1\,\frac{\text{N}}{\text{m}} = 1\,\frac{\text{kg}}{\text{s}^2}$
Fläche, Flächeninhalt	A	Quadratmeter	m^2	$1\,\text{m}^2 = 1\,\text{m} \cdot 1\,\text{m}$
		Ar	a	$1\,\text{a} = 100\,\text{m}^2 = 10^2\,\text{m}^2$
		Hektar	ha	$1\,\text{ha} = 10\,000\,\text{m}^2 = 10^4\,\text{m}^2$
Frequenz	f	Hertz	Hz	$1\,\text{Hz} = \frac{1}{\text{s}}$
Geschwindigkeit	v	Meter pro Sekunde	$\frac{\text{m}}{\text{s}}$	$1\,\frac{\text{m}}{\text{s}} = 3{,}6\,\frac{\text{km}}{\text{h}}$
		Kilometer pro Stunde	$\frac{\text{km}}{\text{h}}$	$1\,\frac{\text{km}}{\text{h}} = \frac{1}{3{,}6}\,\frac{\text{m}}{\text{s}}\,(\approx 28\,\frac{\text{cm}}{\text{s}})$

Physik ▶

Impuls	p	Kilogrammmeter pro Sekunde (= Newtonsekunde)	$\dfrac{\mathrm{kg}\cdot\mathrm{m}}{\mathrm{s}}$	$1\,\dfrac{\mathrm{kg}\cdot\mathrm{m}}{\mathrm{s}} = 1\,\mathrm{N}\cdot\mathrm{s}$
Kraft	F	Newton	N	$1\,\mathrm{N} = 1\,\dfrac{\mathrm{kg}\cdot\mathrm{m}}{\mathrm{s}^2}$
Kraftstoß	I	Newton mal Sekunde	$\mathrm{N}\cdot\mathrm{s}$	$1\,\mathrm{N}\cdot\mathrm{s} = 1\,\dfrac{\mathrm{kg}\cdot\mathrm{m}}{\mathrm{s}}$
Länge	l	**Meter** Dezimeter Zentimeter astronomische Einheit Lichtjahr Parsec Seemeile Ångström	**m** dm cm AE Lj, ly pc sm Å	**Basiseinheit** $1\,\mathrm{dm} = 0{,}1\,\mathrm{m}$ $1\,\mathrm{cm} = 10^{-2}\,\mathrm{m}$ $1\,\mathrm{AE} = 1{,}496\cdot10^{11}\,\mathrm{m}$ $1\,\mathrm{Lj} = 9{,}461\cdot10^{15}\,\mathrm{m}$ $1\,\mathrm{pc} = 3{,}086\cdot10^{16}\,\mathrm{m}$ $1\,\mathrm{sm} = 1852\,\mathrm{m}$ $1\,\text{Å} = 10^{-10}\,\mathrm{m}$
Lautstärkepegel	L_N	Phon	phon	
Leistung, Energiestrom	P	Watt Pferdestärke	W PS	$1\,\mathrm{W} = 1\,\dfrac{\mathrm{J}}{\mathrm{s}} = 1\,\dfrac{\mathrm{N}\cdot\mathrm{m}}{\mathrm{s}} = 1\,\dfrac{\mathrm{kg}\cdot\mathrm{m}^2}{\mathrm{s}^3}$ $1\,\mathrm{PS} = 735{,}5\,\mathrm{W}$
Masse	m	**Kilogramm** Tonne Karat atomare Masseneinheit	**kg** t Kt u	**Basiseinheit** $1\,\mathrm{t} = 10^3\,\mathrm{kg}$ $1\,\mathrm{Kt} = 0{,}2\,\mathrm{g}$ $1\,\mathrm{u} = 1{,}660\,539\cdot10^{-27}\,\mathrm{kg}$
Schalldruckpegel	L_P	Dezibel	dB	
Schallintensität	I	Watt pro Quadratmeter	$\dfrac{\mathrm{W}}{\mathrm{m}^2}$	$1\,\dfrac{\mathrm{W}}{\mathrm{m}^2} = 1\,\dfrac{\mathrm{kg}}{\mathrm{s}^3}$
Schwingungsdauer, Periodendauer	T	Sekunde	s	
Trägheitsmoment	J	Kilogramm mal Quadratmeter	$\mathrm{kg}\cdot\mathrm{m}^2$	
Volumen	V	Kubikmeter Liter	m^3 l	$1\,\mathrm{m}^3 = 1\,\mathrm{m}\cdot1\,\mathrm{m}\cdot1\,\mathrm{m}$ $1\,\mathrm{l} = 1\,\mathrm{dm}^3 = 10^{-3}\,\mathrm{m}^3$
Weg	s	Meter	m	(siehe Länge)
Winkel – ebener Winkel – Drehwinkel	α, β, γ φ	Radiant Grad Minute Sekunde	rad ° ′ ″	$1\,\mathrm{rad} = 57{,}3°;\ \pi\,\mathrm{rad} = 180°$ $1° = 60′$ $1′ = 60″$ $1″ = \dfrac{1}{60}′ = \dfrac{1}{3600}°$
Winkel- beschleunigung	α	Radiant pro Quadratsekunde	$\dfrac{\mathrm{rad}}{\mathrm{s}^2}$	$1\,\dfrac{\mathrm{rad}}{\mathrm{s}^2} = \dfrac{1}{\mathrm{s}^2}$
Winkel- geschwindigkeit	ω	Radiant pro Sekunde	$\dfrac{\mathrm{rad}}{\mathrm{s}}$	$1\,\dfrac{\mathrm{rad}}{\mathrm{s}} = \dfrac{1}{\mathrm{s}}$
Wirkungsgrad	η	–	1 oder %	$1 \mathrel{\hat{=}} 100\,\%$
Zeit	t	**Sekunde** Minute Stunde Tag Jahr	**s** min h d a	**Basiseinheit** $1\,\mathrm{min} = 60\,\mathrm{s}$ $1\,\mathrm{h} = 60\,\mathrm{min} = 3600\,\mathrm{s}$ $1\,\mathrm{d} = 24\,\mathrm{h} = 1440\,\mathrm{min} = 86\,400\,\mathrm{s}$ $1\,\mathrm{a} = 31\,556\,926\,\mathrm{s} \approx 365{,}242\,\mathrm{d}$

Physik

Dichte ausgewählter Stoffe

Stoff	Dichte ϱ in $\frac{g}{cm^3}$	Stoff	Dichte ϱ in $\frac{g}{cm^3}$	Stoff	Dichte ϱ in $\frac{g}{cm^3}$
Feste Stoffe (bei 25° C, falls nicht anders angegeben)					
Aluminium	2,70	Gold	19,3	Lehm	1,5 … 1,8
Beton	2,3	Graphit	2,26	Magnesium	1,74
Blei	11,34	Hartgummi	1,2 … 1,8	Papier	0,7 … 1,2
Diamant	3,51	Holz (Eiche)	0,5 … 1,3	Porzellan	2,2 … 2,4
Eis (bei 0 °C)	0,917	Holz (Kiefer)	0,3 … 0,7	Silber	10,50
Eisen	7,86	Konstantan	8,8	Stahl	7,8
Glas (Fensterglas)	2,4 … 2,6	Kork	0,2 … 0,35	Zink	7,14
Glas (Quarzglas)	2,20	Kupfer	8,96	Zinn	7,28
Flüssigkeiten (bei 25° C)					
Aceton	0,79	Ethanol	0,79	Schwefelsäure (50 %)	1,397
Benzin	0,68 … 0,72	Glycerin	1,26	Spiritus	0,83
Dieselkraftstoff	0,84	Petroleum	0,76	Wasser (destilliert)	1,0
Erdöl	0,7 … 0,9	Quecksilber	13,53	Meerwasser	1,02
Gase (bei 0° C)					
Helium	0,00018	Luft	0,00129	Stickstoff	0,00125
Kohlenstoffdioxid	0,00198	Sauerstoff	0,00143	Wasserstoff	0,00009

Abhängigkeit der Dichte ϱ des Wassers von der Temperatur ϑ ↻ 090-1 (Dichteanomalie des Wassers)

ϑ in °C	ϱ in $\frac{g}{cm^3}$	ϑ in °C	ϱ in $\frac{g}{cm^3}$	ϑ in °C	ϱ in $\frac{g}{cm^3}$	ϑ in °C	ϱ in $\frac{g}{cm^3}$	ϑ in °C	ϱ in $\frac{g}{cm^3}$
0	0,999841	3	0,999965	6	0,999941	9	0,999782	12	0,999498
1	0,999900	4	0,999973	7	0,999902	10	0,999701	13	0,999377
2	0,999941	5	0,999965	8	0,999849	11	0,999606	14	0,999244

Reibungszahlen (Richtwerte)

Werkstoff	Haftreibungszahl μ_H	Gleitreibungszahl μ_{Gl}	Rollreibungszahl μ_{Ro}
Stahl auf Stahl	0,15	0,03 bis 0,09	0,006 (Stahlreifen auf Schienen)
Stahl auf Eis	0,03	0,01	
Gummireifen auf Asphalt	< 0,9 bei Trockenheit < 0,5 bei Nässe	< 0,3 bei Trockenheit < 0,15 bei Nässe	< 0,02
Gummireifen auf Beton	< 1 bei Trockenheit < 0,6 bei Nässe	< 0,5 bei Trockenheit < 0,3 bei Nässe	0,04
Holz auf Holz	0,5 bis 0,65	0,2 bis 0,4	
Leder auf Metall (Dichtungen)	0,6	0,25	

Physik

Geräusche und Lautstärkepegel

Geräusch	Lautstärke-pegel in phon	Empfinden	Wirkung auf den Menschen
Normales Atmen	10	ruhig	
Blätterrauschen, Flüstern	20		
Ticken eines Weckers	30	leise	
Leise Unterhaltung, leises Radio	40		Schlafstörungen
Normale Umgangssprache	50		Konzentrationsstörungen
Laute Unterhaltung	60	laut	Kommunikationsstörungen
Normaler Verkehrslärm, Rasenmäher	70		
Lebhafter Straßenverkehr	80		
Kreissäge, Moped	90	sehr laut	Gehörschäden ab 40 h pro Woche
Presslufthammer	100		
Rockband, Disco	110		Gehörschädigungen in kurzer Zeit
Düsentriebwerk	120	schmerzhaft	
Kanonenschlag (1 m Entfernung)	130		Schmerzschwelle
startender Düsenjäger (30 m Entfernung)	140		

Schallgeschwindigkeiten

(Richtwerte für 20 °C und Normdruck 101,3 kPa, falls nicht anders angegeben)

Feste Stoffe	v in m/s
Aluminium	6 350
Beton	3 800
Blei	1 300
Eis bei −4 °C	3 230
Glas	4 000 bis 5 000
Naturgummi	1 600
Kupfer	3 900
Stahl	5 100
Ziegelmauerwerk	3 600

Flüssigkeiten und Gase	v in m/s
Benzin	1 160
Wasser bei 4 °C	1 400
Wasser bei 20 °C	1 484
Kohlenstoffdioxid	260
Luft bei 0 °C	331
Luft bei 10 °C	337
Luft bei 20 °C	343
Luft bei 30 °C	349
Wasserstoff	1 280

Widerstandsbeiwerte c_w einiger Körper (Kreisscheibe: c_w = 1)

Körper	c_w
Hohlhalbkugel	
– Strömung zur Höhlung	1,4
– Strömung zur Wölbung	0,3 … 0,4
Stromlinienkörper	
– Strömung zur Spitze	0,2
– Strömung zur Wölbung	<0,1

Körper	c_w
Kugel	0,45
Pkw (geschlossen)	≈ 0,3
Rennwagen	0,15 … 0,2
Fallschirm	1,4

Mechanik – Formeln und Gesetze

Geradlinige Bewegungen

Gleichförmige geradlinige Bewegung	$s = v \cdot t + s_0; \quad v = \dfrac{\Delta s}{\Delta t}; \quad a = 0$	s	Weg
		v	Geschwindigkeit
		t	Zeit
Gleichmäßig beschleunigte geradlinige Bewegung $\circlearrowright$ 092-1 $\odot$ 092-1	$s = \dfrac{a}{2} \cdot t^2 + v_0 \cdot t + s_0$ $v = a \cdot t + v_0; \quad a = \dfrac{\Delta v}{\Delta t} = \text{konst.}$ Bei der Bedingung $s_0 = 0$ und $v_0 = 0$ gilt: $s = \dfrac{a}{2} \cdot t^2; \quad v = a \cdot t; \quad v = \sqrt{2a \cdot s}; a = \dfrac{v}{t}$ Für den freien Fall gilt: $s = \dfrac{g}{2} \cdot t^2; \quad v = g \cdot t; \quad v = \sqrt{2g \cdot s}$	s_0 a v_0 g	Anfangsweg bei $t = 0$ Beschleunigung Anfangsgeschwindigkeit bei $t = 0$ Fallbeschleunigung $g = 9{,}81\ \mathrm{m \cdot s^{-2}}$
Ungleichmäßig beschleunigte geradlinige Bewegung	**Momentangeschwindigkeit** $\qquad v = \dfrac{\mathrm{d}s}{\mathrm{d}t} = \dot{s}$ **Momentanbeschleunigung** $\qquad a = \dfrac{\mathrm{d}v}{\mathrm{d}t} = \dot{v} = \dfrac{\mathrm{d}^2 s}{\mathrm{d}t^2} = \ddot{s}$ **Weg-Zeit-Gesetz** $\qquad s = s_0 + \int\limits_{t_0}^{t} v(t)\,\mathrm{d}t$ **Geschwindigkeit-Zeit-Gesetz** $\quad v = v_0 + \int\limits_{t_0}^{t} a(t)\,\mathrm{d}t$	$s = s(t)$ $v = v(t)$	Weg-Zeit-Funktion Geschwindigkeit-Zeit-Funktion

Gleichförmige Kreisbewegung

Geschwindigkeit	$v = \dfrac{2\pi \cdot r}{T} = 2\pi \cdot r \cdot n = \omega \cdot r$		r T n ω	Kreisradius Umlaufzeit Drehzahl Winkelgeschwindigkeit
Radialbeschleunigung (Zentripetalbeschleunigung)	$a_\mathrm{r} = \dfrac{v^2}{r} = \omega^2 \cdot r$ $a_\mathrm{r} = \dfrac{4\pi^2 \cdot r}{T^2}$			

Bewegungsgesetze der Rotation

Gleichförmige Rotation	Drehwinkel: $\qquad\qquad \varphi = \omega \cdot t + \varphi_0$ Winkelgeschwindigkeit: $\ \omega = \dfrac{v}{r} = \text{konst.}$ $\qquad\qquad\qquad\qquad \omega = \dfrac{\Delta \varphi}{\Delta t} = \dfrac{2\pi}{T} = 2\pi \cdot n$ Winkelbeschleunigung: $\ \alpha = 0$	φ ω α n v a r	Drehwinkel Winkelgeschwindigkeit Winkelbeschleunigung Drehzahl Geschwindigkeit Beschleunigung Radius
Gleichmäßig beschleunigte Rotation	Drehwinkel: $\varphi = \dfrac{\alpha}{2} \cdot t^2 + \omega_0 \cdot t + \varphi_0$ $\qquad\qquad \varphi = \dfrac{\alpha}{2} \cdot t^2 = \dfrac{\omega \cdot t}{2} \ (\omega_0 = 0; \varphi_0 = 0)$ Winkelgeschwindigkeit: $\ \omega = \alpha \cdot t + \omega_0$ $\qquad\qquad\qquad\qquad\quad \omega = \alpha \cdot t \quad (\text{für } \omega_0 = 0)$ Winkelbeschleunigung: $\ \alpha = \dfrac{a}{r} = \text{konst.} \neq 0; \alpha = \dfrac{\Delta \omega}{\Delta t}$		

Zusammensetzung von Geschwindigkeiten (gilt analog für Kräfte)

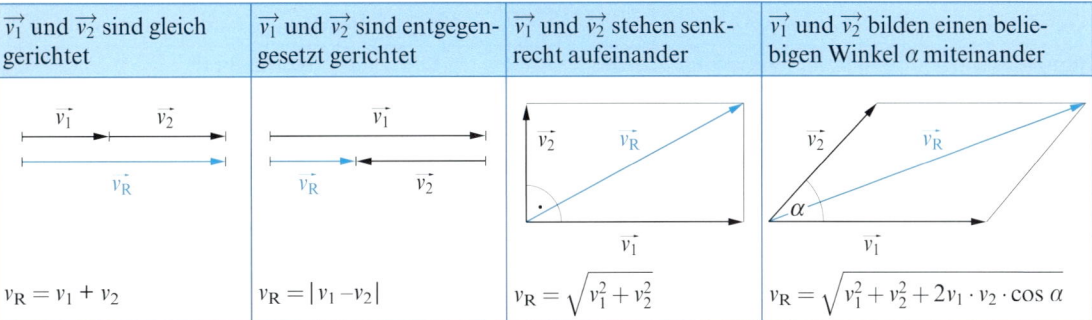

$\vec{v_1}$ und $\vec{v_2}$ sind gleich gerichtet	$\vec{v_1}$ und $\vec{v_2}$ sind entgegengesetzt gerichtet	$\vec{v_1}$ und $\vec{v_2}$ stehen senkrecht aufeinander	$\vec{v_1}$ und $\vec{v_2}$ bilden einen beliebigen Winkel α miteinander
$v_R = v_1 + v_2$	$v_R = |v_1 - v_2|$	$v_R = \sqrt{v_1^2 + v_2^2}$	$v_R = \sqrt{v_1^2 + v_2^2 + 2 v_1 \cdot v_2 \cdot \cos \alpha}$

Die **resultierende Geschwindigkeit** ist in allen Fällen $\vec{v_R} = \vec{v_1} + \vec{v_2}$.

Wurfbewegungen ↻ 093-1 ⊙ 093-1

Senkrechter Wurf	Der Körper wird mit der Anfangsgeschwindigkeit v_0 senkrecht nach oben ($v_0 > 0$) bzw. senkrecht nach unten ($v_0 < 0$) geworfen.

Geschwindigkeit-Zeit-Gesetz: $\qquad\qquad$ Weg-Zeit-Gesetz:

$v = v_0 - g \cdot t$ $\qquad\qquad\qquad\qquad$ $y = y_0 + v_0 \cdot t - \dfrac{g}{2} \cdot t^2$

Für $v_0 > 0$ gilt: Steigzeit $t_h = \dfrac{v_0}{g}$; Steighöhe $s_h = \dfrac{v_0^2}{2g}$ $\quad$ (g ist die Fallbeschleunigung)

Waagerechter Wurf	

Weg-Zeit-Gesetz: $x = v_0 \cdot t$; $y = -\dfrac{g}{2} \cdot t^2$

Geschwindigkeit-Zeit-Gesetz: $v = \sqrt{v_0^2 + g^2 \cdot t^2}$

Wurfparabel: $y = -\dfrac{g}{2 v_0^2} \cdot x^2$

Schräger Wurf	Bei einer Anfangsgeschwindigkeit $v_0 > 0$, einem Abwurfwinkel α (gemessen gegen die Horizontale) und dem Koordinatenursprung (0;0) als Ort des Abwurfs gilt:

Weg-Zeit-Gesetz: $x = v_0 \cdot t \cdot \cos \alpha$; $y = -\dfrac{g}{2} \cdot t^2 + v_0 \cdot t \cdot \sin \alpha$

Geschwindigkeit-Zeit-Gesetz: $v = \sqrt{v_0^2 + g^2 \cdot t^2 - 2 v_0 \cdot g \cdot t \cdot \sin \alpha}$

Wurfparabel: $y = -\dfrac{g}{2 v_0^2 \cdot \cos^2 \alpha} \cdot x^2 + \tan \alpha \cdot x$

Wurfweite: $s_w = \dfrac{v_0^2 \cdot \sin 2\alpha}{g}$ $\qquad\qquad$ Wurfhöhe $s_h = \dfrac{v_0^2 \cdot \sin^2 \alpha}{2g}$

Newton'sche Gesetze

1. Newton'sches Gesetz: **Trägheitssatz**	Ist die Summe der auf einen Körper wirkenden Kräfte null, so bleibt er in Ruhe oder er bewegt sich geradlinig mit konstanter Geschwindigkeit. $\vec{v} = $ **konst. bei** $\vec{F} = 0$
2. Newton'sches Gesetz: **Grundgleichung der Mechanik**	Für die Kraft $\vec{F}$, die auf einen Körper der konstanten Masse m wirkt, und die Beschleunigung $\vec{a}$, die der Körper dabei erfährt, gilt: $\vec{F} = m \cdot \vec{a}$ **(Kraft = Masse mal Beschleunigung)**
3. Newton'sches Gesetz: **Wechselwirkungsgesetz**	Zu jeder Kraft, die ein Körper auf einen zweiten Körper ausübt, gehört eine ihr entgegengesetzt wirkende gleich große Gegenkraft, mit der der zweite Körper auf den ersten wirkt: $\vec{F_1} = -\vec{F_2}$ **(„Actio gleich Reactio")**

Physik ◄

Kräfte in der Mechanik

Gewichtskraft F_G	$F_G = m \cdot g$	m Masse, g Fallbeschleunigung
Reibungskraft	Reibungskraft $F_R = \mu \cdot F_N$ Rollreibungskraft $F_{Ro} = \mu_{Ro} \cdot \dfrac{F_N}{r}$	F_N Normalkraft μ Reibungszahl μ_{Ro} Rollreibungszahl r Radius des rollenden Körpers
Radialkraft F_r (Zentripetalkraft) ⊙ 094-1	$F_r = \dfrac{m \cdot v^2}{r} = m \cdot a_r$ $F_r = m \cdot \dfrac{4\pi^2 \cdot r}{T^2}$ $\quad = m \cdot \omega^2 \cdot r$ 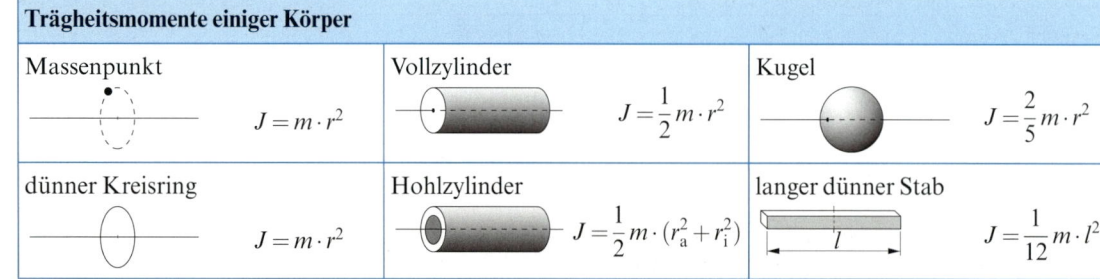	m Masse v Geschwindigkeit r Radius a_r Radialbeschleunigung (Zentripetalbeschleunigung) T Umlaufzeit ω Winkelgeschwindigkeit
Federspannkraft F_S (Hooke'sches Gesetz)	$F_S = D \cdot s$	D Federkonstante s Verlängerung der Feder
Auftriebskraft F_A	$F_A = \varrho \cdot V \cdot g$	ϱ Dichte der Flüssigkeit/des Gases V Volumen des Körpers; g Fallbeschleunigung

Kraftumformende Einrichtungen ⊙ 094-2

Goldene Regel der Mechanik	Für kraftumformende Einrichtungen gilt: $F_1 \cdot s_1 = F_2 \cdot s_2$ „Was man an Kraft spart, muss man an Weg zusetzen."
Kraftumformende Einrichtungen	Anwendung der „Goldenen Regel" auf spezielle kraftumformende Einrichtungen: **feste Rolle:** $F_{Zug} = F_{Hub}$; $s_{Zug} = s_{Hub}$ $\qquad$ **lose Rolle:** $F_{Zug} = \dfrac{F_{Hub}}{2}$; $s_{Zug} = 2 \cdot s_{Hub}$ **Flaschenzug:** $F_{Zug} = \dfrac{F_{Hub}}{n}$; $s_{Zug} = n \cdot s_{Hub}$ $\qquad$ (n = Anzahl der tragenden Seilstücke) **Hebel (im Gleichgewicht):** $F_1 \cdot l_1 = F_2 \cdot l_2$ („Kraft · Kraftarm = konst.") $\quad$ (F_1, F_2 = am Hebel angreifende Kräfte; l_1, l_2 = Längen der Kraftarme) **schiefe (geneigte) Ebene:** $\dfrac{F_H}{F_G} = \sin\alpha$ $\qquad$ (F_H Hangabtriebskraft; $\quad$ F_G Gewichtskraft; α Anstiegswinkel der schiefen Ebene)

Rotation starrer Körper

Drehmoment M	$\vec{M} = \vec{r} \times \vec{F}$ Unter der Bedingung $\vec{r} \perp \vec{F}$ gilt: $M = r \cdot F$	F Kraft r Radius m Masse α Winkelbeschleunigung ω Winkelgeschwindigkeit
Trägheitsmoment J	$J = \int r^2 \, dm$	
Grundgesetz der Dynamik für die Rotation	$\vec{M} = J \cdot \vec{\alpha}$	

Trägheitsmomente einiger Körper		
Massenpunkt $J = m \cdot r^2$	Vollzylinder $J = \dfrac{1}{2} m \cdot r^2$	Kugel $J = \dfrac{2}{5} m \cdot r^2$
dünner Kreisring $J = m \cdot r^2$	Hohlzylinder $J = \dfrac{1}{2} m \cdot (r_a^2 + r_i^2)$	langer dünner Stab $J = \dfrac{1}{12} m \cdot l^2$

Physik

Zusammenhang zwischen Größen der Translation und der Rotation

Translation	Zusammenhang	Rotation
Weg s	$s = \varphi \cdot r$	Winkel φ
Geschwindigkeit v	$v = \omega \cdot r$	Winkelgeschwindigkeit ω
Beschleunigung a	$a = \alpha \cdot r$	Winkelbeschleunigung α
Kraft F	$\vec{M} = \vec{r} \times \vec{F}$ $M = r \cdot F \quad$ (für $\vec{r} \perp \vec{F}$)	Drehmoment M
Masse m	$J = \int r^2 \, dm$	Trägheitsmoment J

$$\vec{F} = m \cdot \vec{a} \qquad \text{Grundgesetz der Dynamik} \qquad \vec{M} = J \cdot \vec{\alpha}$$

Mechanik der Flüssigkeiten und Gase ⊙ 095-1

Druck	$p = \dfrac{F}{A}$ („Druck = Kraft pro Fläche") (Bedingung: Die Kraft wirkt senkrecht zur Fläche.) Speziell für den **hydrostatischen Druck** (Schweredruck in Flüssigkeiten) gilt: $p = \dfrac{F_G}{A} = \varrho \cdot g \cdot h \qquad$ (ϱ Dichte der Flüssigkeit; g Fallbeschleunigung; $\qquad\qquad\qquad\qquad\qquad h$ Höhe der Flüssigkeitssäule über dem Messpunkt)	
Barometrische Höhenformel	$p = p_0 \cdot e^{-\varrho_0 \cdot g \cdot \frac{h}{p_0}}$	ϱ_0 Dichte der Luft bei 0° C und 101,325 kPa p_0 Luftdruck in 0 m Höhe
Hydraulische Anlagen	$\dfrac{F_P}{F_A} = \dfrac{A_P}{A_A}$ Bedingung: Vernachlässigung der Reibung	F_P Kraft am Pumpenkolben A_P Fläche des Pumpenkolbens F_A Kraft am Arbeitskolben A_A Fläche des Arbeitskolbens
Stationäre Strömung	$\dfrac{A_1}{A_2} = \dfrac{v_2}{v_1}$	A_1, A_2 Querschnittsflächen v_1, v_2 Geschwindigkeiten der Strömung
Strömungswiderstandskraft	$F_w = \dfrac{1}{2} c_w \cdot \varrho \cdot v^2 \cdot A$	c_w Widerstandsbeiwert ϱ Dichte des strömenden Stoffes A Querschnittsfläche des umströmten Körpers v Strömungsgeschwindigkeit ($\vec{v}$ senkrecht zu A)
Auftrieb	Auftriebskraft: $F_A = \varrho \cdot V \cdot g$ (archimedisches Prinzip) Sinken: $\qquad$ Schweben: $\qquad$ Steigen: $\qquad$ Schwimmen: $F_G > F_A \qquad\quad F_G = F_A \qquad\quad F_G < F_A \qquad\quad F_G = F_A$	V Volumen des verdrängten Mediums ϱ Dichte des Mediums; g Fallbeschleunigung

Mechanische Energie ⊙ 095-2

Potenzielle Energie (Lageenergie)	im erdnahen Gravitationsfeld: $E_{pot} = F_G \cdot h = m \cdot g \cdot h$ einer gespannten Feder: $E_{pot} = \dfrac{1}{2} F_E \cdot s = \dfrac{1}{2} D \cdot s^2$	m Masse eines Körpers h Höhe des Körpers über dem Bezugspunkt g Fallbeschleunigung D Federkonstante (Federhärte)
Kinetische Energie (Bewegungsenergie)	für Translation: $E_{kin} = \dfrac{1}{2} m \cdot v^2$ für Rotation: $E_{kin} = \dfrac{1}{2} J \cdot \omega^2$	s Dehnung der Feder v Geschwindigkeit des Körpers J Trägheitsmoment ω Winkelgeschwindigkeit
Energieerhaltungssatz der Mechanik	In einem abgeschlossenen reibungsfreien mechanischen System gilt: $E_{ges} = E_{kin} + E_{pot} = \text{konst.}$	

Physik ◀

Mechanische Arbeit

Mechanische Arbeit W	$W = \int\limits_{s_1}^{s_2} F(s)\,\mathrm{d}s$ wenn $F \neq$ konst.; $\sphericalangle\,(\vec{F};\vec{s}) = 0$ $W = F \cdot s$ wenn $F =$ konst.; $\sphericalangle\,(\vec{F};\vec{s}) = 0$ $W = F \cdot s \cdot \cos\alpha$ wenn $F =$ konst.; $\sphericalangle\,(\vec{F};\vec{s}) = \alpha$	F Kraft s Weg (bzw. Dehnung der Feder bzw. Hubhöhe bzw. ...) F_G Gewichtskraft m Masse
Hubarbeit W_Hub	$W_\mathrm{Hub} = F_\mathrm{G} \cdot s = m \cdot g \cdot s = \Delta E_\mathrm{pot}$	g Fallbeschleunigung F_R Reibungskraft
Reibungsarbeit W_R	$W_\mathrm{R} = F_\mathrm{R} \cdot s$	F_B beschleunigende Kraft
Beschleunigungsarbeit W_B	$W_\mathrm{B} = F_\mathrm{B} \cdot s = m \cdot a \cdot s = \Delta E_\mathrm{kin}$	a Beschleunigung F_E Kraft am Ende des Spannvorgangs
Federspannarbeit W_F	$W_\mathrm{F} = \dfrac{1}{2} F_\mathrm{E} \cdot s \qquad W_\mathrm{F} = \dfrac{1}{2} D \cdot s^2 = \Delta E_\mathrm{pot}$ (Bedingung: Es gilt das Hooke'sche Gesetz.)	D Federkonstante

Impuls und Drehimpuls

Impuls $\vec{p}$	$\vec{p} = m \cdot \vec{v}$	v Geschwindigkeit m Masse
Kraftstoß $\vec{I}$ und Impulsänderung	$\vec{I} = \vec{F} \cdot \Delta t = \Delta\vec{p}$	Δt Zeitdauer F Kraft
Drehimpuls L	$\vec{L} = J \cdot \vec{\omega}$	J Trägheitsmoment ω Winkelgeschwindigkeit
Drehmoment und Drehimpulsänderung	$\Delta\vec{L} = \vec{M} \cdot \Delta t = \Delta\vec{p}$	M Drehmoment
Impulserhaltungssatz	In einem abgeschlossenen mechanischen System gilt: $\vec{p} = \sum\limits_{i=1}^{n} \vec{p}_i =$ konst.	
Drehimpulserhaltungssatz	Wirken auf ein mechanisches System keine äußeren Drehmomente, gilt: $\qquad \vec{L} = \sum\limits_{i=1}^{n} \vec{L}_i =$ konst.	

Elastischer Stoß (vollkommen, gerade, zentral) ↻ 096-1 ⊙ 096-1

Impuls	$m_1 \cdot \vec{v}_1 + m_2 \cdot \vec{v}_2 = m_1 \cdot \vec{u}_1 + m_2 \cdot \vec{u}_2$	m_1, m_2 Massen der Körper
Energie	$E_{\mathrm{kin,a}} = E_{\mathrm{kin,e}}; \qquad \Delta E_\mathrm{kin} = 0$	v_1, v_2 Geschwindigkeiten der Körper vor dem Stoß
Geschwindigkeiten nach dem Stoß	$u_1 = \dfrac{(m_1 - m_2)\,v_1 + 2m_2 \cdot v_2}{m_1 + m_2}$ $u_2 = \dfrac{(m_2 - m_1)\,v_2 + 2m_1 \cdot v_1}{m_1 + m_2}$ $v_1 + u_1 = v_2 + u_2$	u_1, u_2 Geschwindigkeiten der Körper nach dem Stoß $E_{\mathrm{kin,a}}$ Energie vor dem Stoß $E_{\mathrm{kin,e}}$ Energie nach dem Stoß

Unelastischer Stoß (vollkommen, gerade, zentral) ⊙ 096-2

Impuls	$m_1 \cdot \vec{v}_1 + m_2 \cdot \vec{v}_2 = (m_1 + m_2)\,\vec{u}$	m_1, m_2 Massen der Körper
Energie	$E_{\mathrm{kin,a}} > E_{\mathrm{kin,e}}$ $\Delta E_\mathrm{kin} = \dfrac{1}{2}\left(m_1 \cdot v_1^2 + m_2 \cdot v_2^2\right) - \dfrac{1}{2}(m_1 + m_2) \cdot u^2$ $\Delta E_\mathrm{kin} = \dfrac{m_1 \cdot m_2}{2(m_1 + m_2)} \cdot (v_1 - v_2)^2$	v_1, v_2 Geschwindigkeiten der Körper vor dem Stoß u Geschwindigkeiten der Körper nach dem Stoß
Geschwindigkeit nach dem Stoß	$u = \dfrac{m_1 \cdot v_1 + m_2 \cdot v_2}{m_1 + m_2}$	$E_{\mathrm{kin,a}}, E_{\mathrm{kin,e}}$ Energie vor bzw. nach dem Stoß

Physik

Mechanische Leistung und Wirkungsgrad

Leistung P, Energiestrom	$P = \dfrac{\mathrm{d}W}{\mathrm{d}t}$; $P = \dfrac{W}{t}$; $P = \dfrac{\mathrm{d}E}{\mathrm{d}t}$ $P = \dfrac{F \cdot s}{t} = F \cdot v$ (v und F konst.)	W verrichtete Arbeit E übertragene/umgewandelte Energie t Zeit $\quad F$ Kraft s Weg $\quad v$ Geschwindigkeit
Wirkungsgrad η	$\eta = \dfrac{E_{\mathrm{ab}}}{E_{\mathrm{zu}}}$; $\eta = \dfrac{W_{\mathrm{ab}}}{W_{\mathrm{zu}}}$; $\eta = \dfrac{P_{\mathrm{ab}}}{P_{\mathrm{zu}}}$ Gesamtwirkungsgrad einer Anordnung: $\eta = \eta_1 \cdot \eta_2 \cdot \ldots \cdot \eta_n$	$E_{\mathrm{ab}}, W_{\mathrm{ab}}, P_{\mathrm{ab}}$ Beträge der abgegebenen, nutzbaren Energie, Arbeit, Leistung $E_{\mathrm{zu}}, W_{\mathrm{zu}}, P_{\mathrm{zu}}$ zugeführte, aufgewandte Energie, Arbeit, Leistung

Gravitation ⊙ 097-1

Gravitationsgesetz, Gravitationskraft F	$F = G \cdot \dfrac{m_1 \cdot m_2}{r^2}$	G Gravitationskonstante m_1, m_2 Massen der Körper r Abstand der beiden Massenmittelpunkte r_1, r_2 Abstände g Gravitationsfeldstärke $G = 6{,}673 \cdot 10^{-11}\ \mathrm{m^3/(kg \cdot s^2)}$
Arbeit W_{G} im Gravitationsfeld	$W_{\mathrm{G}} = G \cdot m \cdot M \cdot \left(\dfrac{1}{r_1} - \dfrac{1}{r_2} \right)$ In der Nähe der Erdoberfläche gilt: $W_{\mathrm{G}} = m \cdot g \cdot h$	
Energie E_{pot} eines Körpers im Gravitationsfeld der Erde	$E_{\mathrm{pot}} = -G \cdot \dfrac{m_{\mathrm{E}} \cdot m}{r}$ (für $r > r_{\mathrm{E}}$)	m_{E} Masse der Erde m Masse des Körpers r Abstand des Körpers vom Erdmittelpunkt r_{E} Radius der Erde
Potential V im Gravitationsfeld der Erde	$V = \dfrac{E_{\mathrm{pot}}}{m} = -G \cdot \dfrac{m_{\mathrm{E}}}{r}$	
Gravitationsfeldstärke g der Erde	$g = G \cdot \dfrac{m_{\mathrm{E}}}{r^2}$ (für $r > r_{\mathrm{E}}$)	m_{E} Masse der Erde r Abstand vom Erdmittelpunkt r_{E} Radius der Erde

Mechanische Schwingungen ⊙ 097-2

Schwingungsdauer T (Periodendauer)	$T = \dfrac{t}{n}$; $T = \dfrac{1}{f}$	n Anzahl der Schwingungen t Zeit f Frequenz ω Kreisfrequenz T Periodendauer
Frequenz f	$f = \dfrac{n}{t}$; $f = \dfrac{1}{T}$	
Kreisfrequenz ω	$\omega = 2\pi \cdot f$; $\omega = \dfrac{2\pi}{T}$	
Harmonische Schwingung ↻ 097-1	Weg-Zeit-Gesetz: $y = y_{\max} \cdot \sin(\omega \cdot t + \varphi_0)$ Geschwindigkeit-Zeit-Gesetz: $v = \dfrac{\mathrm{d}y}{\mathrm{d}t} = \dot{y}$ $\quad v = y_{\max} \cdot \omega \cdot \cos(\omega \cdot t + \varphi_0)$ Beschleunigung-Zeit-Gesetz: $a = \dfrac{\mathrm{d}v}{\mathrm{d}t} = \dfrac{\mathrm{d}^2 y}{\mathrm{d}t^2} = \ddot{y}$ $\quad a = -y_{\max} \cdot \omega^2 \cdot \sin(\omega \cdot t + \varphi_0)$	ω Kreisfrequenz T Periodendauer y Auslenkung $y_{\max}$ Amplitude φ_0 Phasenwinkel v Geschwindigkeit a Beschleunigung δ Abklingkoeffizient
Gedämpfte Schwingung	Weg-Zeit-Gesetz: $y = -y_{\max} \cdot \mathrm{e}^{-\delta \cdot t} \cdot \sin(\omega \cdot t + \varphi_0)$	
Schwingungsdauer T eines Fadenpendels	Für kleine ($< 5°$) Auslenkungen gilt: $T = 2\pi \cdot \sqrt{\dfrac{l}{g}}$	l Länge des Fadens g Fallbeschleunigung ($g = 9{,}81\ \mathrm{m \cdot s^{-2}}$) m Masse des Körpers D Federkonstante
Schwingungsdauer T eines Federpendels	$T = 2\pi \cdot \sqrt{\dfrac{m}{D}}$	

Physik ◀

Akustische Schwingungen

Frequenz f einer schwingenden Saite (für den Grundton)	$f = \dfrac{1}{2l}\sqrt{\dfrac{F}{\varrho \cdot A}}$		F Spannkraft der Saite ϱ Dichte des Saitenmaterials
Frequenz f einer Pfeife (für den Grundton)	offene Pfeife $f = \dfrac{c}{2l}$ $\dfrac{\lambda}{2}$	geschlossene Pfeife $f = \dfrac{c}{4l}$ $\dfrac{\lambda}{4}$	A Querschnitt der Saite l Länge der Saite bzw. Länge der schwingenden Luftsäule λ Wellenlänge der entstehenden Schallwelle c Schallgeschwindigkeit in Luft

Mechanische Wellen ☉ 098-1

Ausbreitungsgeschwindigkeit c	$c = \lambda \cdot f$	λ Wellenlänge f Frequenz
Wellengleichung	$y = y_{max} \cdot \sin\left(2\pi\left(\dfrac{t}{T} - \dfrac{x}{\lambda}\right)\right)$	y Auslenkung y_{max} Amplitude t Zeit T Periodendauer, Schwingungsdauer x Ort
Schallgeschwindigkeit in festen Stoffen	$c = \sqrt{\dfrac{E}{\varrho}}$	E Elastizitätsmodul ϱ Dichte K Kompressionsmodul
Schallgeschwindigkeit in Flüssigkeiten	$c = \sqrt{\dfrac{K}{\varrho}}$	p Gasdruck T absolute Temperatur des Gases R_S spezifische Gaskonstante
Schallgeschwindigkeit in Gasen	$c = \sqrt{\dfrac{\varkappa \cdot p}{\varrho}} = \sqrt{\varkappa \cdot R_S \cdot T}$ mit $\varkappa = \dfrac{c_p}{c_V}$	c_p spezifische Wärmekapazität bei konstantem Druck c_V spezifische Wärmekapazität bei konstantem Volumen $\varkappa$ Adiabatenexponent
Schallintensität I	$I = \dfrac{E}{t \cdot A}$ $I = \dfrac{P}{A}$	E Schallenergie t Zeit A Fläche P Leistung
Lautstärkepegel L_N	$L_N = 10 \cdot \lg\left(\dfrac{I}{I_0}\right)$	I_0 Schallintensität bei der Hörschwelle (10^{-12} W $\cdot$ m^{-2} bei 1000 Hz)
Schalldruckpegel L_A	$L_A = 20 \cdot \lg\left(\dfrac{p}{p_0}\right)$	p Schalldruck p_0 Schalldruck bei der Hörschwelle ($2 \cdot 10^{-10}$ bar bei 1000 Hz)

Dopplereffekt ↺ 098-1

Ruhender Sender, bewegter Empfänger	$f' = f\left(1 \pm \dfrac{v_E}{c}\right)$	f' vom Empfänger aufgenommene Frequenz f Frequenz des Senders c Schallgeschwindigkeit
Ruhender Empfänger, bewegter Sender	$f' = f\,\dfrac{1}{1 \mp \dfrac{v_S}{c}}$	v_S Geschwindigkeit des Senders v_E Geschwindigkeit des Empfängers
Bewegter Sender, bewegter Empfänger	$f' = f\,\dfrac{c \pm v_E}{c \mp v_S}$	oberes Vorzeichen gilt für Annäherung, unteres Vorzeichen gilt für Entfernungszunahme

Physik ▶

Thermodynamik – Größen, Einheiten, Werte

Größen und Einheiten der Thermodynamik ↻ 099-1

Größe	Formel-zeichen	Einheiten Name	Zeichen	Beziehungen zwischen unterschiedlichen Einheiten
Entropie	S	Joule durch Kelvin	$\dfrac{\text{J}}{\text{K}}$	$1\,\dfrac{\text{J}}{\text{K}} = 1\,\dfrac{\text{W}\cdot\text{s}}{\text{K}}$
innere Energie	U	Joule	J	$1\,\text{J} = 1\,\text{W}\cdot\text{s} = 1\,\text{N}\cdot\text{m}$
molare Masse	M	Kilogramm pro Mol	$\dfrac{\text{kg}}{\text{mol}}$	$1\,\dfrac{\text{kg}}{\text{mol}} = 1\,\text{kg}\cdot\text{mol}^{-1}$
molares Volumen	V_{M}	Kubikmeter pro Mol	$\dfrac{\text{m}^3}{\text{mol}}$	$1\,\dfrac{\text{m}^3}{\text{mol}} = 1\,\text{m}^3\cdot\text{mol}^{-1}$
spezifische Schmelzwärme	q_{S}, s	Kilojoule pro Kilogramm	$\dfrac{\text{kJ}}{\text{kg}}$	
spezifische Verdampfungswärme	q_{V}, r	Kilojoule pro Kilogramm	$\dfrac{\text{kJ}}{\text{kg}}$	
spezifische Wärmekapazität	c	Joule durch Kilogramm und durch Kelvin	$\dfrac{\text{J}}{\text{kg}\cdot\text{K}}$	$1\,\dfrac{\text{J}}{\text{kg}\cdot\text{K}} = 1\,\dfrac{\text{W}\cdot\text{s}}{\text{kg}\cdot\text{K}}$
Stoffmenge	**n**	**Mol**	**mol**	**Basiseinheit**
Temperatur	**T** ϑ	**Kelvin** Grad Celsius	**K** °C	**Basiseinheit** 0 °C = 273,15 K
Wärme	Q	Joule Kalorie	J cal	$1\,\text{J} = 1\,\text{W}\cdot\text{s} = 1\,\text{N}\cdot\text{m}$ $1\,\text{cal} = 4,1868\,\text{J}$
Wärmekapazität	C	Joule durch Kelvin	$\dfrac{\text{J}}{\text{K}}$	$1\,\dfrac{\text{J}}{\text{K}} = 1\,\dfrac{\text{W}\cdot\text{s}}{\text{K}}$

Thermische Eigenschaften von Gasen

Stoff	Schmelz-temperatur ϑ_{S} in °C (bei 101,3 kPa)	Siede-temperatur ϑ_{V} in °C (bei 101,3 kPa)	Spezifische Wärmekapazität c_{V} bei konstantem Volumen in kJ/(kg · K)	Spezifische Wärmekapazität c_{p} bei konstantem Druck in kJ/(kg · K)	Spezifische Verdampfungswärme q_{V} in kJ/kg (bei 101,3 kPa)
Ammoniak	–78	–33	1,56	2,05	1370
Helium	–270	–269	3,22	5,23	25
Kohlenstoffdioxid	–57	–79	0,65	0,85	574
Luft	–213	–193	0,72	1,01	190
Propan	–187,7	–42	1,36	1,55	427
Sauerstoff	–219	–183	0,65	0,92	213
Stickstoff	–210	–196	0,75	1,04	198
Wasserstoff	–259,3	–252,8	10,13	14,28	455

Physik ◀

Thermische Eigenschaften von Flüssigkeiten

(γ kubischer Ausdehnungskoeffizient, ϑ_S Schmelztemperatur, ϑ_V Siedetemperatur, c spezifische Wärmekapazität, q_S spezifische Schmelzwärme, q_V spezifische Verdampfungswärme)

Stoff	γ in $\frac{1}{K}$	ϑ_S in °C (bei 101,3 kPa)	ϑ_V in °C (bei 101,3 kPa)	c in $\frac{kJ}{kg \cdot K}$	q_S in $\frac{kJ}{kg}$	q_V in $\frac{kJ}{kg}$ (bei 101,3 kPa)
Benzol	0,0011	5	80	1,70	127	394
Diethylether	0,0016	–116	35	2,35	98	384
Ethanol	0,0011	–114	78	2,42	108	842
Glycerin	0,0005	18	290	2,39		
Methanol	0,0011	–98	65	2,49	69	1102
Petroleum	0,0009			2,00		
Quecksilber	0,0011	–39	357	0,14	11	285
Trichlormethan	0,00128	–64	61	0,95	75	245
Wasser	0,00018	0	100	4,186	334	2260

Thermische Eigenschaften von festen Stoffen

(α linearer Ausdehnungskoeffizient, ϑ_S Schmelztemperatur bei 101,3 kPa, ϑ_V Siedetemperatur bei 101,3 kPa, c spezifische Wärmekapazität, q_S spezifische Schmelzwärme)

Stoff	α in $\frac{1}{K}$	ϑ_S in °C	ϑ_V in °C	c in $\frac{kJ}{kg \cdot K}$	q_S in $\frac{kJ}{kg}$	Stoff	α in $\frac{1}{K}$	ϑ_S in °C	ϑ_V in °C	c in $\frac{kJ}{kg \cdot K}$	q_S in $\frac{kJ}{kg}$
Aluminium	0,000023	660	2450	0,90	397	Kupfer	0,000016	1083	2600	0,39	205
Stahlbeton	0,000012			0,92		Magnesium	0,000026	650	1110	1,02	382
Bismut	0,000014	271	1560	0,12	52,2	Mauerwerk	0,000005			0,86	
Blei	0,000029	327	1740	0,13	26	Platin	0,000009	1773	3827	0,13	113
Bronze	0,000018	900		0,39		Porzellan	0,000004			$\approx 0,84$	
Diamant	0,000001	>3550		0,50		Quarzglas	$<10^{-6}$	1700		0,73	
Eichenholz	0,000008			2,39		Silber	0,000020	961	2212	0,23	104
Fensterglas	0,000010			0,17		Stahl	0,000013	≈ 1500		$\approx 0,47$	
Gold	0,000014	1063	2677	0,13	65	Wolfram	0,000004	3350	5700	0,13	192
Graphit	0,000002	3730	4830	0,71		Zink	0,000036	419	906	0,39	111
Konstantan	0,000015			0,41		Zinn	0,000027	232	2350	0,23	59

Heizwerte

Feste Brennstoffe	Heizwert H in MJ/kg	Flüssige Brennstoffe	Heizwert H in MJ/l	Heizwert H in MJ/kg	Gasförmige Brennstoffe	Heizwert H in MJ/m³
Anthrazit	32	Benzin	32 … 38	40	Butan	134
Rohbraunkohle	8 … 12	Flugbenzin	45	59	Erdgas	19 … 54
Braunkohle-brikett	20	Erdöl	36 … 41	42 … 48	Methan	36
		Heizöl	42	43	Propan	102
Holz, trocken	15	Diesel	35 … 38	41 … 44	Steinkohlengas	23
Steinkohle	30	Spiritus	32	39	Wasserstoff	11

Thermodynamik – Formeln und Gesetze

Wärme, Wärmeübertragung

Berechnung der Wärme Q (Grundgleichung der Wärmelehre)	$Q = m \cdot c \cdot \Delta T = C \cdot \Delta T$ (Bedingung: Der Aggregatzustand ändert sich nicht.)	c spezifische Wärmekapazität m Masse Q_{ab} abgegebene Wärme ΔT Temperaturänderung
Thermische Leistung einer Wärmequelle	$P = \dfrac{Q_{ab}}{t}$	C Wärmekapazität t Zeit
Verbrennungswärme Q	$Q = H \cdot m$ $Q = H \cdot V$	H Heizwert V Volumen

Thermisches Verhalten von festen Stoffen und Flüssigkeiten

Schmelzwärme Q_S	$Q_S = q_S \cdot m$	q_S spezifische Schmelzwärme
Verdampfungswärme Q_V	$Q_V = q_V \cdot m$	q_V spezifische Verdampfungswärme α linearer Ausdehnungskoeffizient
Längenänderung Δl	$\Delta l = \alpha \cdot l_0 \cdot \Delta T$ $l = l_0\,(1 + \alpha \cdot \Delta T)$	ΔT Temperaturänderung l_0 Anfangslänge
Volumenänderung ΔV	$\Delta V = \gamma \cdot V_0 \cdot \Delta T$ $V = V_0(1 + \gamma \cdot \Delta T)$	γ kubischer Ausdehnungskoeffizient V_0 Anfangsvolumen

Hauptsätze der Wärmelehre; Entropie

Erster Hauptsatz der Wärmelehre ⊙ 101-1	$\Delta U = Q + W$	ΔU Änderung der inneren Energie Q Wärme W Arbeit
Volumenarbeit W_V – bei konstantem Druck – bei veränderlichem Druck	$W_V = -p \cdot \Delta V$ $W_V = -\displaystyle\int_{V_1}^{V_2} p(V)\,\mathrm{d}V$	p Druck V Volumen
Wirkungsgrad η – von Wärmekraftmaschinen – für Carnot-Prozesse	$\eta = \dfrac{|W_{ab}|}{Q_{zu}}$ $\eta = \dfrac{Q_{zu} + Q_{ab}}{Q_{zu}}$ $\quad = \dfrac{T_{zu} - T_{ab}}{T_{zu}}$ $\quad = 1 - \dfrac{T_{ab}}{T_{zu}}$	W_{ab} abgegebene Arbeit Q_{zu} zugeführte Wärme Q_{ab} abgegebene Wärme T_{ab} Temperatur, bei der die Wärme abgegeben wird T_{zu} Temperatur, bei der die Wärme zugeführt wird
Entropieänderung ΔS	$\Delta S = \dfrac{Q_{rev}}{T}$ $\Delta S = k \cdot \ln \dfrac{W_e}{W_a}$	Q_{rev} reversibel aufgenommene Wärme T Temperatur, bei der die Wärme zugeführt wird W_a Wahrscheinlichkeit für den Ausgangszustand W_e Wahrscheinlichkeit für den Endzustand k Boltzmann-Konstante
Zweiter Hauptsatz der Wärmelehre	$\Delta S \geq 0$	ΔS Entropieänderung für reversible Prozesse $\Delta S = 0$ für irreversible Prozesse $\Delta S > 0$

Physik ▼

Temperaturstrahlung

Kirchhoff'sches Strahlungsgesetz	$\varepsilon = \alpha$ (Der Emissionsgrad ε und der Absorptionsgrad α eines Körpers sind gleich groß.)		
Stefan-Boltzmann'sches Strahlungsgesetz	$P = \sigma \cdot A \cdot T^4$	P σ T A	Strahlungsleistung Stefan-Boltzmann-Konstante Temperatur des Strahlers Senderfläche
Wien'sches Verschiebungsgesetz	$\lambda_{\max} = \dfrac{b}{T}$	$\lambda_{\max}$ b T	Wellenlänge der intensivsten Strahlung Wien'sche Konstante Temperatur

Ideales Gas ⊙ 102-1

Normzustand des idealen Gases	**Normtemperatur T_n** = 273,15 K **Normdruck p_n** = $1{,}01325 \cdot 10^5$ Pa **molares Normvolumen V_n** = 22,414 l/mol	V p T	Volumen Druck Temperatur
Allgemeine Zustandsgleichung des idealen Gases	$\dfrac{p_1 \cdot V_1}{T_1} = \dfrac{p_2 \cdot V_2}{T_2} = \dfrac{p \cdot V}{T} = \text{konst.}$		
Isotherme Zustandsänderung (Gesetz von Boyle und Mariotte)	$p_1 \cdot V_1 = p_2 \cdot V_2$ $p \cdot V = \text{konst.}$ (Bedingung: $T = \text{konst.}$)		
Isochore Zustandsänderung (Gesetz von Amontons)	$\dfrac{p_1}{T_1} = \dfrac{p_2}{T_2} = \dfrac{p}{T} = \text{konst.}$ (Bedingung: $V = \text{konst.}$)		
Isobare Zustandsänderung (Gesetz von Gay-Lussac)	$\dfrac{V_1}{T_1} = \dfrac{V_2}{T_2} = \dfrac{V}{T} = \text{konst.}$ (Bedingung: $p = \text{konst.}$)		

Kinetische Gastheorie (für das ideale Gas)

Anzahl N der Gasteilchen	$N = N_A \cdot n$	N_A	Avogadro-Konstante $N_A = 6{,}022 \cdot 10^{23}\,\text{mol}^{-1}$
Molares Volumen V_m	$V_m = \dfrac{V}{n}$	n V	Stoffmenge Volumen
Molare Masse M	$M = \dfrac{m}{n}$	m	Masse
Mittlere kinetische Energie $\bar{E}_{kin}$ der Teilchen des idealen Gases	$\bar{E}_{kin} = \dfrac{3}{2} k \cdot T$	k T N	Boltzmann-Konstante Temperatur Anzahl der Teilchen
Innere Energie U des idealen Gases	$U = N \cdot \bar{E}_{kin}$	$\bar{E}_{kin}$	mittlere kin. Energie der Teilchen
Grundgleichung der kinetischen Gastheorie ↻ 102-1	$p \cdot V = \dfrac{2}{3} N \cdot \bar{E}_{kin} = \dfrac{1}{3} N \cdot m_T \cdot \bar{v}^2$ $p = \dfrac{1}{3} \varrho \cdot \bar{v}^2$ $p \cdot V = N \cdot k \cdot T$ ($N = \text{konst.}$) $p \cdot V = n \cdot R \cdot T$ ($n = \text{konst.}$)	$\bar{v}^2$ m_T ϱ p V p_n V_n T_n	mittlere quadrat. Geschwindigkeit Masse eines Teilchens Dichte des Gases Druck Volumen des Gases Normdruck molares Normvolumen Normtemperatur
Quadratisch gemittelte Geschwindigkeit v_q der Teilchen	$v_q = \sqrt{\dfrac{3 k \cdot T}{m_T}}$		
Universelle Gaskonstante R	$R = \dfrac{p_n \cdot V_n}{T_n} = 8{,}314510\,\dfrac{\text{J}}{\text{K} \cdot \text{mol}}$		

Elektrizitätslehre und Magnetismus – Größen, Einheiten, Werte

Größen und Einheiten der Elektrizitätslehre und des Magnetismus ↻ 103-1

Größe	Formel-zeichen	Einheiten Name	Zeichen	Beziehungen zwischen unterschiedlichen Einheiten
Elektrische Arbeit Elektrische Energie	W E	Joule Wattsekunde Kilowattstunde Elektronvolt	J W · s kW · h eV	$1\,\text{J} = 1\,\text{W} \cdot \text{s} = 1\,\text{V} \cdot \text{A} \cdot \text{s}$ $1\,\text{W} \cdot \text{s} = 1\,\text{J}$ $1\,\text{kW} \cdot \text{h} = 3,6\,\text{MJ} = 3,6 \cdot 10^6\,\text{W} \cdot \text{s}$ $1\,\text{eV} = 1,6022 \cdot 10^{-19}\,\text{J}$
Elektrische Feldstärke	E	Volt durch Meter	$\dfrac{\text{V}}{\text{m}}$	$1\,\dfrac{\text{V}}{\text{m}} = 1\,\dfrac{\text{N}}{\text{C}} = 1\,\dfrac{\text{kg} \cdot \text{m}}{\text{s}^3 \cdot \text{A}}$
Elektrische Kapazität	C	Farad	F	$1\,\text{F} = 1\,\dfrac{\text{C}}{\text{V}} = 1\,\dfrac{\text{A} \cdot \text{s}}{\text{V}}$
Elektrische Ladung	Q	Coulomb	C	$1\,\text{C} = 1\,\text{A} \cdot \text{s}$
Elektrische Leistung	P	Watt	W	$1\,\text{W} = 1\,\text{V} \cdot \text{A} = 1\,\dfrac{\text{J}}{\text{s}}$
Elektrische Spannung Elektrisches Potenzial	U φ	Volt	V	$1\,\text{V} = 1\,\dfrac{\text{W}}{\text{A}} = 1\,\dfrac{\text{kg} \cdot \text{m}^2}{\text{s}^3 \cdot \text{A}}$
Elektrische Stromstärke	**I**	**Ampere**	**A**	**Basiseinheit**
Elektrischer Widerstand	R	Ohm	Ω	$1\,\Omega = 1\,\dfrac{\text{V}}{\text{A}}$
Induktivität	L	Henry	H	$1\,\text{H} = 1\,\dfrac{\text{V} \cdot \text{s}}{\text{A}} = 1\,\dfrac{\text{Wb}}{\text{A}}$
Magnetische Flussdichte	B	Tesla	T	$1\,\text{T} = 1\,\dfrac{\text{V} \cdot \text{s}}{\text{m}^2} = 1\,\dfrac{\text{Wb}}{\text{m}^2}$
Magnetischer Fluss	Φ	Weber	Wb	$1\,\text{Wb} = 1\,\text{V} \cdot \text{s}$
Permeabilität	μ_0	Henry durch Meter	$\dfrac{\text{H}}{\text{m}}$	$1\,\dfrac{\text{H}}{\text{m}} = 1\,\dfrac{\text{V} \cdot \text{s}}{\text{A} \cdot \text{m}}$
Permittivität	ε_0	Farad durch Meter	$\dfrac{\text{F}}{\text{m}}$	$1\,\dfrac{\text{F}}{\text{m}} = 1\,\dfrac{\text{A} \cdot \text{s}}{\text{V} \cdot \text{m}}$

Spezifische elektrische Widerstände ↻ 103-2

Metalle	ϱ in $\dfrac{\Omega \cdot \text{mm}^2}{\text{m}}$	Kohle und Wider-standslegierungen	ϱ in $\dfrac{\Omega \cdot \text{mm}^2}{\text{m}}$	Halbleiter und Isolierstoffe	ϱ in $\dfrac{\Omega \cdot \text{mm}^2}{\text{m}}$
Aluminium	0,028	Bogenlampenkohle	60 … 80	Bernstein	bis 10^{18}
Blei	0,21	Bürstenkohle	40 … 100	Holz, trocken	$10^{11} … 10^{15}$
Eisen	0,10	Chromnickel	1,1	Kupferoxid	$10^3 … 10^8$
Gold	0,022	Eisen, legiert (4 Si)	0,5	Quarzglas	$10^{13} … 10^{15}$
Kupfer	0,0172	Konstantan	0,50	Polyethen PE	10^{12}
Quecksilber	0,96	Leitungskupfer	0,0178	Polyvinylchlorid PVC	$10^{14} … 10^{15}$
Silber	0,016	Manganin	0,43	Porzellan	bis 10^{15}
Wolfram	0,055	Nickelin	0,43	Silicium	$10^{-1} … 10^5$
Zinn	0,11	Stahlguss	0,18	Transformatorenöl	$10^{12} … 10^{15}$

Physik

Relative Permittivitäten ε_r (Permittivitätszahlen)

Stoff	ε_r
Bernstein	2,8
Glas	5 … 16
Keramische Werkstoffe für Kondensatoren	100 … 10 000

Stoff	ε_r
Luft	1,000 6
Hartpapier	3,5 … 5
Paraffin	2,3
Polystyrol	2,6

Stoff	ε_r
Porzellan	4,5 … 6,5
Transformatorenöl	2,5
Vakuum	1
Wasser	81

Relative Permeabilitäten μ_r (Permeabilitätszahlen) magnetischer Werkstoffe

Stoff	Anfangspermeabilität $\mu_{r,a}$	Maximalpermeabilität $\mu_{r,max}$
Elektrolyteisen	600	15 000
Ferrite	300 … 3000	
Nickel-Eisen-Legierung	2 700	20 000

Stoff	Anfangspermeabilität $\mu_{r,a}$	Maximalpermeabilität $\mu_{r,max}$
Sonderlegierungen	bis 100 000	bis 300 000
Technisches Eisen	250	7 000
Transformatorenblech	600	7 600

Hall-Konstanten R_H

Metall	R_H in 10^{-11} m³/C	Metall	R_H in 10^{-11} m³/C	Metall	R_H in 10^{-11} m³/C
Aluminium	$-3,5$	Gold	$-7,2$	Silber	$-8,9$
Bismut	$-(5,3 … 6,8) \cdot 10^4$	Kupfer	$-5,3$	Wolfram	$+1,15$
Blei	$+0,9$	Palladium	$-8,6$	Zink	$+6,4$
Cadmium	$+5,9$	Platin	$-2,0$	Zinn	$-0,3$

Spektrum elektromagnetischer Wellen

Art der Wellen	Frequenz f in Hz	Wellenlänge λ
Hertz'sche Wellen		
Langwellen	$1,5 \cdot 10^5$ bis $3 \cdot 10^5$	2 000 m bis 1 000 m
Mittelwellen	$0,5 \cdot 10^6$ bis $2 \cdot 10^6$	600 m bis 150 m
Kurzwellen	$0,6 \cdot 10^7$ bis $2 \cdot 10^7$	50 m bis 15 m
Ultrakurzwellen	10^8 bis $3 \cdot 10^8$	30 m bis 1 m
Mikrowellen	$3 \cdot 10^8$ bis 10^{13}	1 m bis 0,03 mm
Lichtartige Strahlung		
infrarotes Licht	10^{12} bis $3,9 \cdot 10^{14}$	0,3 mm bis 770 nm
sichtbares Licht	$3,9 \cdot 10^{14}$ bis $7,7 \cdot 10^{14}$	770 nm bis 390 nm
Rot	$3,9 \cdot 10^{14}$ bis $4,7 \cdot 10^{14}$	770 nm bis 640 nm
Orange	$4,7 \cdot 10^{14}$ bis $5 \cdot 10^{14}$	640 nm bis 600 nm
Gelb	$5 \cdot 10^{14}$ bis $5,3 \cdot 10^{14}$	600 nm bis 570 nm
Grün	$5,3 \cdot 10^{14}$ bis $6,1 \cdot 10^{14}$	570 nm bis 490 nm
Blau	$6,1 \cdot 10^{14}$ bis $6,5 \cdot 10^{14}$	490 nm bis 430 nm
Violett	$7 \cdot 10^{14}$ bis $7,7 \cdot 10^{14}$	430 nm bis 390 nm
ultraviolettes Licht	$7,7 \cdot 10^{14}$ bis $5 \cdot 10^{16}$	390 nm bis 5 nm
Röntgenstrahlung	$3 \cdot 10^{16}$ bis $3 \cdot 10^{21}$	10 nm bis 0,1 nm
Gammastrahlung	10^{18} bis 10^{23}	300 pm bis 0,003 pm
Kosmische Strahlung	10^{21} bis 10^{24}	0,3 pm bis 0,0003 pm

Physik

Schaltzeichen

Symbol	Bedeutung	Symbol	Bedeutung	Symbol	Bedeutung
	Leiter, Leitung, Stromweg		Relais mit Schließkontakt		Fotoelement, Fotozelle
	Abzweig von 2 Leitern		Widerstand, allgemein		Fotodiode
	Doppelabzweig von Leitern		Widerstand mit Schleifkontakt, Potenziometer		Leuchtdiode
	Erde, allgemein Verbindung mit der Erde		Widerstand mit Schleifkontakt, einstellbar		Oszilloskop
	Masse, Gehäuse		Widerstand, veränderbar		Glühlampe
	Anschluss (z. B. Buchse)		Fotowiderstand		Glimmlampe
	Verbindung von Leitern		Heizelement		Lautsprecher, allgemein
	Buchse, Pol einer Steckdose		Kondensator, allgemein		Mikrofon, allgemein
	Stecker, Pol eines Steckers		Kondensator, gepolt		Hörer, allgemein
	Buchse und Stecker Steckverbindung		Spule, Wicklung		Summer
	elektrische Energiequelle, allgemein		Spule mit Eisenkern		Generator, nicht umlaufend
	Primärzelle, Akkumulator		Transformator mit zwei Wicklungen		Generator
	Batterie von Primärzellen, Akkumulatorenbatterie		Transformator, veränderbare Kopplung		Elektromotor
	Sicherung, allgemein		Transformator mit Mittelanzapfung an einer Wicklung		Gleichstrommotor
	Schließer, Schalter		Antenne, allgemein		Thermoelement
	Öffner		Halbleiterdiode		Messgerät, anzeigend, allgemein, ohne Kennzeichnung der Messgröße
	Wechsler mit Unterbrechung		npn-Transistor		Strommessgerät
	Zweiwegschließer mit Mittelstellung „Aus"				Spannungsmessgerät
					Leistungsmessgerät
					Galvanometer

Physik ▼

Elektrizitätslehre und Magnetismus – Formeln und Gesetze

Gleichstrom

Elektrische Stromstärke I	$I = \dfrac{Q}{t}$	Q elektrische Ladung t Zeit W_{el} elektrische Arbeit P_{el} elektrische Leistung
Elektrische Spannung U	$U = \dfrac{W_{el}}{Q} \qquad U = \dfrac{P_{el}}{I}$	
Elektrischer Widerstand R	$R = \dfrac{U}{I}$	
Ohm'sches Gesetz (bei konstanter Temperatur)	$I \sim U$ $U = R \cdot I$ (für $R =$ konst.)	U elektrische Spannung I elektrische Stromstärke t Zeit ϱ spezifischer elektrischer Widerstand l Länge des Leiters A Querschnittsfläche des Leiters
Widerstandsgesetz	$R = \varrho \cdot \dfrac{l}{A}$	
Elektrische Energie E_{el} Elektrische Arbeit W_{el}	$E_{el} = U \cdot I \cdot t$ $W_{el} = \Delta E = U \cdot I \cdot t$	
Elektrische Leistung P_{el}	$P_{el} = U \cdot I = \dfrac{E_{el}}{t}$	

Gesetze im unverzweigten und im verzweigten Stromkreis

Unverzweigter Stromkreis (Reihenschaltung)	Verzweigter Stromkreis (Parallelschaltung)
Reihenschaltung von Widerständen $R_1, R_2, …, R_n$ I Gesamtstromstärke, U Gesamtspannung, R_{ges} Gesamtwiderstand. I_j bzw. U_j ist die am Widerstand R_j abfallende Stromstärke bzw. Spannung. $I = I_1 = I_2 = … = I_n \qquad U = U_1 + U_2 + … + U_n$ $R_{ges} = R_1 + R_2 + … + R_n$ **Spannungsteilerregel** $\dfrac{U_1}{U_2} = \dfrac{R_1}{R_2}$	**Parallelschaltung von Widerständen $R_1, R_2, …, R_n$** I Gesamtstromstärke, U Gesamtspannung, R_{ges} Gesamtwiderstand. I_j bzw. U_j ist die am Widerstand R_j abfallende Stromstärke bzw. Spannung. $I = I_1 + I_2 + … + I_n \qquad U = U_1 = U_2 = … = U_n$ $\dfrac{1}{R_{ges}} = \dfrac{1}{R_1} + \dfrac{1}{R_2} + … + \dfrac{1}{R_n}$ **Stromteilerregel** $\dfrac{I_1}{I_2} = \dfrac{R_2}{R_1}$
Reihenschaltung von Spannungsquellen $U = U_1 + U_2 + … + U_n$	**Parallelschaltung von Spannungsquellen** Für gleiche Spannungsquellen gilt: $U = U_1 = … = U_n$
Reihenschaltung von Kondensatoren $\dfrac{1}{C} = \dfrac{1}{C_1} + \dfrac{1}{C_2} + … + \dfrac{1}{C_n}; U = U_1 + … + U_n$ $Q = Q_1 = Q_2 = … = Q_n$	**Parallelschaltung von Kondensatoren** $C = C_1 + C_2 + … + C_n$ $U = U_1 = U_2 = … = U_n$ $Q = Q_1 + Q_2 + … + Q_n$

Kirchhoff'sche Gesetze

1. Kirchhoff'sches Gesetz (Knotensatz)	In einem Verzweigungspunkt (Knoten) eines Stromkreises ist die Summe der zufließenden Ströme gleich der Summe der abfließenden Ströme. $\sum I_{zu} = \sum I_{ab}$
2. Kirchhoff'sches Gesetz (Maschensatz)	In jedem geschlossenen Stromkreis (Masche) ist die Summe der Quellenspannungen U_Q gleich der Summe aller abfallenden Teilspannungen U_i. (In jedem geschlossenen Stromkreis ist die Summe aller Spannungen null.) $\sum U_Q = \sum U_i$

Elektrisches Feld

Elektrische Ladung Q – allgemein	$Q = \int\limits_{t_1}^{t_2} I(t)\,\mathrm{d}t$	I elektrische Stromstärke t Zeit
– für I = konst.	$Q = I \cdot t$	
Coulomb'sches Gesetz (Kraft F zwischen zwei Punkt- ladungen) $\circlearrowleft$ 107-1 $\odot$ 107-1	$F = \dfrac{1}{4\pi \cdot \varepsilon_0 \cdot \varepsilon_r} \cdot \dfrac{Q_1 \cdot Q_2}{r^2}$ Q_1 $\underset{}{\oplus} \;\xrightarrow{\vec{F}}\; \;\xleftarrow{-\vec{F}}\; \ominus$ Q_2 $\underset{r}{\longleftrightarrow}$	Q_1, Q_2 Punktladungen ε_0 elektrische Feldkonstante ε_r relative Permittivität r Abstand der Punkt- ladungen voneinander

Elektrische Feldstärke $\vec{E}$
– allgemein
 	
– im homogenen Feld eines
   Plattenkondensators
 	
– im Abstand r von einer
   Punktladung Q im Vakuum
	$\vec{E} = \dfrac{\vec{F}}{Q_P}$
	
	$E = \dfrac{U}{d}$
	
	$E = \dfrac{Q}{4\pi \cdot \varepsilon_0 \cdot r^2}$
		F Kraft
		Q_P elektrische Ladung des in das
		       Feld gebrachten Probekörpers
		U elektrische Spannung
		d Abstand der Platten
		      voneinander
		Q felderzeugende elektrische
		      Ladung
		ε_0 elektrische Feldkonstante

Elektrisches Potenzial φ	$\varphi = \int\limits_{s_0}^{s_1} \vec{E}(s)\,\mathrm{d}\vec{s}$ im Radialfeld: $\varphi = \dfrac{1}{4\pi \cdot \varepsilon_0} \cdot \dfrac{Q}{r}$	E elektrische Feldstärke s Weg Q elektrische Ladung r Abstand
Kinetische Energie E_{kin} eines Ladungsträgers nach der Beschleunigung in einem elektrischen Feld	$E_{kin} = Q \cdot U$ für ein Elektron: $E_{kin} = e \cdot U$	U elektrische Spannung Q elektrische Ladung e Elementarladung

Elektrische Kapazität C
– allgemein
 	
– für einen Plattenkondensator
	$C = \dfrac{Q}{U}$
	
	$C = \varepsilon_0 \cdot \varepsilon_r \cdot \dfrac{A}{d}$
		Q elektrische Ladung
		U elektrische Spannung
		ε_0 elektrische Feldkonstante
		ε_r relative Permittivität des
		      Stoffes im Plattenkonden-
		      sator
		A Fläche einer Platte
		d Abstand der Platten

Energie E_{el} des elektrischen Feldes im Plattenkondensator	$E_{el} = \dfrac{1}{2} C \cdot U^2$	C Kapazität des Kondensators U elektrische Spannung
Aufladen eines Kondensators $\circlearrowleft$ 107-2	$U_C = U \cdot \left(1 - \mathrm{e}^{-\left(\frac{t}{R \cdot C}\right)}\right)$ $I = I_0 \cdot \mathrm{e}^{-\left(\frac{t}{R \cdot C}\right)}$	U_C elektrische Spannung am Kondensator R Widerstand t Zeit I elektrische Stromstärke I_0 Anfangsstromstärke
Entladen eines Kondensators $\circlearrowleft$ 107-3	$U_C = U \cdot \mathrm{e}^{-\left(\frac{t}{R \cdot C}\right)}$ $I = -I_0 \cdot \mathrm{e}^{-\left(\frac{t}{R \cdot C}\right)}$	

Magnetisches Feld

Magnetische Flussdichte B – allgemein – außerhalb eines geraden stromdurchflossenen Leiters – bei homogenem Feld im Inneren einer langen Spule	$B = \dfrac{F}{I \cdot l}$ (für $\vec{B}$ senkrecht zur Stromrichtung) $B = \mu_0 \cdot \mu_r \cdot \dfrac{I}{2\pi \cdot r}$ $B = \mu_0 \cdot \mu_r \cdot \dfrac{N \cdot I}{l}$	F Kraft auf den stromdurchflossenen Leiter im magnetischen Feld I elektrische Stromstärke r Abstand vom Leiter l Länge des Leiters bzw. der Spule N Windungszahl der Spule μ_r relative Permeabilität μ_0 magnetische Feldkonstante $\mu_0 = 4\pi \cdot 10^{-7}$ H/m
Magnetischer Fluss Φ	$\Phi = B \cdot A$ (für $\vec{B}$ = konst.) Für die Fläche A gilt: $A = A_0 \cdot \cos\alpha$	
Kraft $\vec{F_L}$ auf einen bewegten Ladungsträger (Lorentzkraft) ⊙ 108-1	$\vec{F_L} = Q \cdot \vec{v} \times \vec{B}$ $F_L = Q \cdot v \cdot B$ (für $\vec{v} \perp \vec{B}$) Für negativ geladene Teilchen gilt die Linke-Hand-Regel ("Drei-Finger-Regel der linken Hand"). (Für positiv geladene Teilchen gilt die entsprechende Rechte-Hand-Regel.)	Q elektrische Ladung v Geschwindigkeit B magnetische Flussdichte
Kraft F auf einen stromdurchflossenen Leiter	$F = l \cdot I \cdot B$ (für $\vec{B}$ senkrecht zur Stromrichtung)	l Länge des Leiters I elektrische Stromstärke B magnetische Flussdichte
Hall-Spannung U_H	$U_H = R_H \cdot \dfrac{I \cdot B}{d}$ $R_H = \dfrac{1}{n \cdot e}$	I elektrische Stromstärke des Gleichstroms durch die Folie B magnetische Flussdichte senkrecht zur Folienfläche R_H Hall-Konstante d Dicke des Leiterbandes n Elektronendichte in der Folie e Elementarladung

Physik

Elektromagnetische Induktion, Transformator ↻ 109-1 ⊙ 109-1

Induktionsgesetz – für eine Leiterschleife	$U_i = -\dfrac{d\Phi}{dt} \quad U_i = -\dfrac{\Delta\Phi}{\Delta t};$	Φ	magnetischer Fluss durch eine Leiterschleife
		U_i	Induktionsspannung
– für eine Spule	$U_i = -N\dfrac{d\Phi}{dt} \quad U_i = -N\cdot\dfrac{\Delta\Phi}{\Delta t}$	N	Windungszahl der Spule
		B	magnetische Flussdichte
		l	Länge des Leiters
– für einen bewegten Leiter	$U_i = -B\cdot l\cdot v \quad (\vec{v}\perp\vec{B})$	v	Geschwindigkeit des Leiters
Selbstinduktionsspannung U_i in einer Spule – allgemein	$U_i = -L\dfrac{dI}{dt}$	L	Induktivität
		I	elektrische Stromstärke
– bei gleichmäßiger Änderung der Stromstärke	$U_i = -L\dfrac{\Delta I}{\Delta t}$	t	Zeit
Induktivität L für eine lange Spule	$L = \mu_0\cdot\mu_r\cdot\dfrac{N^2\cdot A}{l}$	μ_0	magnetische Feldkonstante
		μ_r	relative Permeabilität
		N	Windungszahl
		A	Querschnittsfläche der Spule
		l	Länge der Spule
Energie E_{mag} des magnetischen Feldes einer stromdurchflossenen Spule	$E_{mag} = \dfrac{1}{2}L\cdot I^2$	L	Induktivität der Spule
		I	elektrische Stromstärke
Spannungsverhältnis am unbelasteten (idealen) Transformator	$\dfrac{U_1}{U_2} = \dfrac{N_1}{N_2}$	U_1	Primärspannung
		U_2	Sekundärspannung
		N_1	Windungszahl der Primärspule
Spannungsverhältnis am stark belasteten Transformator	$\dfrac{I_1}{I_2} = \dfrac{N_2}{N_1}$	N_2	Windungszahl der Sekundärspule
		I_1	Primärstromstärke
		I_2	Sekundärstromstärke

Wechselstrom

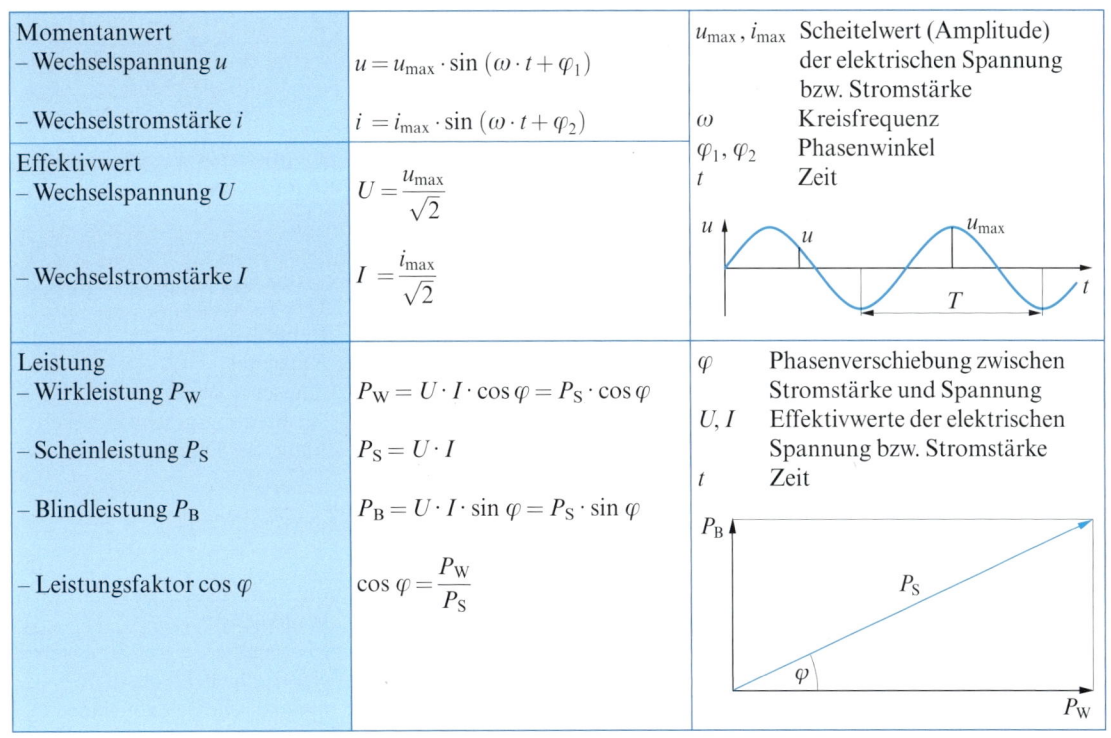

Momentanwert – Wechselspannung u	$u = u_{max}\cdot\sin(\omega\cdot t + \varphi_1)$	u_{max}, i_{max}	Scheitelwert (Amplitude) der elektrischen Spannung bzw. Stromstärke
– Wechselstromstärke i	$i = i_{max}\cdot\sin(\omega\cdot t + \varphi_2)$	ω	Kreisfrequenz
Effektivwert – Wechselspannung U	$U = \dfrac{u_{max}}{\sqrt{2}}$	φ_1, φ_2	Phasenwinkel
		t	Zeit
– Wechselstromstärke I	$I = \dfrac{i_{max}}{\sqrt{2}}$		
Leistung – Wirkleistung P_W	$P_W = U\cdot I\cdot\cos\varphi = P_S\cdot\cos\varphi$	φ	Phasenverschiebung zwischen Stromstärke und Spannung
		U, I	Effektivwerte der elektrischen Spannung bzw. Stromstärke
– Scheinleistung P_S	$P_S = U\cdot I$	t	Zeit
– Blindleistung P_B	$P_B = U\cdot I\cdot\sin\varphi = P_S\cdot\sin\varphi$		
– Leistungsfaktor $\cos\varphi$	$\cos\varphi = \dfrac{P_W}{P_S}$		

Physik ◄

Widerstände im Wechselstromkreis

Ohmscher Widerstand R	$R = \dfrac{U}{I}$ $R = \varrho \cdot \dfrac{l}{A}$ Strom und Spannung laufen in Phase.	U Effektivwert der Spannung I Effektivwert der Stromstärke ω Kreisfrequenz L Induktivität C Kapazität ϱ spezifischer elektr. Widerstand l Länge des Leiters A Querschnittsfläche des Leiters
Induktiver Widerstand X_L einer Spule	$X_L = \dfrac{U}{I}$; $X_L = \omega \cdot L$ Phasenverschiebung: $\varphi = +\dfrac{\pi}{2}$	
Kapazitiver Widerstand X_C eines Kondensators	$X_C = \dfrac{U}{I}$; $X_C = \dfrac{1}{\omega \cdot C}$ Phasenverschiebung $\varphi = -\dfrac{\pi}{2}$	
Reihenschaltung von R, X_L und X_C	Zeigerdiagramm: Blindwiderstand X: $\quad X = \omega \cdot L - \dfrac{1}{\omega \cdot C}$ Scheinwiderstand Z: $\quad Z = \sqrt{R^2 + X^2}$ (Wechselstromwiderstand)	
Parallelschaltung von R, X_L und X_C	Zeigerdiagramm: Blindwiderstand X: $\quad \dfrac{1}{X} = \omega \cdot C - \dfrac{1}{\omega \cdot L}$ Scheinwiderstand Z: $\quad \dfrac{1}{Z} = \sqrt{\dfrac{1}{R^2} + \dfrac{1}{X^2}}$ (Wechselstromwiderstand)	

Elektromagnetische Schwingungen und Wellen ⊙ 110-1

Thomson'sche Schwingungsgleichung	$T = 2\pi \cdot \sqrt{L \cdot C}$	T Periodendauer L Induktivität C Kapazität R ohmscher Widerstand c Ausbreitungsgeschwindigkeit l Länge des Dipols
Eigenfrequenz f eines elektromagnetischen Schwingkreises	ungedämpft ($R = 0$): $f = \dfrac{1}{2\pi \cdot \sqrt{L \cdot C}}$ gedämpft: $f = \dfrac{1}{2\pi} \cdot \sqrt{\dfrac{1}{L \cdot C} - \dfrac{R^2}{4L^2}}$	
Eigenfrequenz f eines Dipols	$f = \dfrac{c}{2l}$	
Ausbreitungsgeschwindigkeit c	$c = \lambda \cdot f$ $c = \sqrt{\dfrac{1}{\varepsilon_0 \cdot \mu_0}}$ (im Vakuum)	λ Wellenlänge f Frequenz ε_0 elektrische Feldkonstante μ_0 magnetische Feldkonstante

Physik

Optik – Größen, Einheiten, Werte

Größen und Einheiten der Optik

Größe	Formel-zeichen	Einheiten Name	Zeichen	Beziehungen zwischen unterschiedlichen Einheiten
Brechwert	D	Dioptrie	dpt	$1\,\text{dpt} = \dfrac{1}{\text{m}}$
Brechzahl	n	Eins	–	
Brennweite Gegenstandsweite Bildweite	f g b	Meter, Zentimeter, Millimeter	m, cm, mm	$1\,\text{m} = 100\,\text{cm} = 1000\,\text{mm}$
Lichtstärke	I	**Candela**	**cd**	**Basiseinheit**

Lichtgeschwindigkeiten und Brechzahlen ↻ 111-1

(Die angegebenen **Brechzahlen *n*** beziehen sich auf den Übergang des Lichtes aus dem Vakuum in den betreffenden Stoff für die gelbe Natriumlinie ($\lambda = 589{,}3$ nm). Die Werte für die Lichtgeschwindigkeit sind gerundet.)
Lichtgeschwindigkeit im Vakuum: $2{,}997\,924\,58 \cdot 10^{8}$ m/s $\approx 300\,000$ km/s

Stoff	c in km/s	Brechzahl n	Stoff	c in km/s	Brechzahl n
Diamant	124 000	2,417	Kronglas, leicht	198 000	1,515
Eis	229 000	1,31	Kronglas, schwer	186 000	1,615
Flintglas, leicht	186 000	1,608	Quarzglas	205 000	1,459
Flintglas, schwer	171 000	1,754	Luft	299 700	1,0003
Glycerin	204 000	1,469	Wasser	225 000	1,333

Wellenlängen einiger Spektrallinien

Element	Wellenlänge λ in nm	Farbeindruck
Helium	447,15 492,19 587,56 667,82 706,52	blau blaugrün gelb rot dunkelrot
Natrium	589,00 589,59	gelb gelb
Quecksilber	404,66 435,84 546,07 576,96 579,07	violett blau grün gelb gelb
Wasserstoff (Balmer-Serie)	410,17 (H_δ) 434,05 (H_γ) 486,13 (H_β) 656,27 (H_α)	violett blau blaugrün rot

Physik

Optik – Formeln und Gesetze

Strahlenoptik

Reflexionsgesetz	$\alpha = \alpha'$ α Einfallswinkel α' Reflexionswinkel Der einfallende Lichtstrahl, das Einfallslot und der reflektierte Lichtstrahl liegen in einer Ebene.
Brechzahl n eines optischen Mediums	$n = \dfrac{c_{\text{Vakuum}}}{c_{\text{Medium}}}$ Ein Medium 1 nennt man *optisch dichter* als ein Medium 2, wenn $n_1 > n_2$ gilt. Die Lichtgeschwindigkeit ist in einem optisch dichteren Medium also kleiner als in einem *optisch dünneren* Medium.
Brechungsgesetz	$\dfrac{\sin \alpha}{\sin \beta} = \dfrac{n_2}{n_1} = \dfrac{c_1}{c_2}$ n_1 Brechzahl des Mediums 1 n_2 Brechzahl des Mediums 2 c_1 Lichtgeschwindigkeit im Medium 1 c_2 Lichtgeschwindigkeit im Medium 2
Grenzwinkel α_G der Totalreflexion	Totalreflexion tritt ein, wenn der Einfallswinkel größer als der Grenzwinkel der Totalreflexion ist. Für den Grenzwinkel α_G gilt: $\sin \alpha_G = \dfrac{n_2}{n_1}$ für $n_1 > n_2$
Brennpunkt einer Linse; Brechwert D einer Linse	$D = \dfrac{1}{f}$ (Brennweite f in Meter) Strahlen, die parallel zur optischen Achse verlaufen, werden so gebrochen, dass sie nach Durchgang durch eine Sammellinse alle durch einen Punkt, den Brennpunkt F, verlaufen.

Abbildungsgleichung (für dünne Linsen); Abbildungsmaßstab A	$\dfrac{1}{f} = \dfrac{1}{g} + \dfrac{1}{b}$ $A = \dfrac{B}{G} = \dfrac{b}{g}$	f Brennweite g Gegenstandsweite b Bildweite G Gegenstandsgröße B Bildgröße r Radius des kugelförmigen Hohlspiegels
Kugelförmige Hohlspiegel	$\overline{MS} = r$ $\overline{MF} = \overline{FS} = \dfrac{r}{2} = f$ $\dfrac{1}{f} = \dfrac{1}{g} + \dfrac{1}{b}$	

Physik

Wellenoptik

Ausbreitungsgeschwindigkeit einer Lichtwelle	$c = \lambda \cdot f$	λ Wellenlänge f Frequenz
Interferenz am Einzelspalt – für Maxima – für Minima	$\dfrac{2n+1}{2d} \cdot \lambda \approx \sin \alpha_n = \dfrac{s_n}{e_n}$ $\dfrac{n \cdot \lambda}{d} = \sin \alpha_n = \dfrac{s_n}{e_n}$	

Interferenz am Doppelspalt
– für Maxima (konstruktive Interferenz)

$$\frac{n \cdot \lambda}{b} = \sin \alpha_n = \frac{s_n}{e_n}$$

– für Minima (destruktive Interferenz)

$$\frac{2n+1}{2b} \cdot \lambda \approx \sin \alpha_n = \frac{s_n}{e_n}$$

$\circlearrowleft$ 113-1
$\odot$ 113-1

d Spaltbreite
λ Wellenlänge
s_n Abstand zwischen dem n-ten jeweiligen Maximum/Minimum und dem Maximum 0-ter Ordnung
e_n Abstand zwischen dem n-ten Interferenzstreifen und dem Doppelspalt bzw. dem Gitter
b Abstand der Spalte (Gitterkonstante)

$(n = 1, 2, 3, \ldots)$ Einzelspalt
$(n = 0, 1, 2, 3, \ldots)$ Doppelspalt

Interferenz am Gitter für Hauptmaxima	$\dfrac{n \cdot \lambda}{b} = \sin \alpha_n = \dfrac{s_n}{e_n}$	
Interferenz an dünnen Schichten (reflektiertes Licht)	$d_A = \dfrac{2m}{n} \cdot \dfrac{\lambda}{4}$ $d_V = \dfrac{2m+1}{n} \cdot \dfrac{\lambda}{4}$	d_A Schichtdicke bei Auslöschung d_V Schichtdicke bei Verstärkung n Brechzahl der Schicht λ Wellenlänge im Vakuum $(m = 0, 1, 2, \ldots)$
Auflösungsvermögen optischer Geräte	Damit zwei Punkte noch getrennt wahrgenommen werden können, muss für den „Sehwinkel" α, unter dem sie vom Objektiv aus erscheinen, gelten: $\alpha \geq 1{,}22 \cdot \dfrac{\lambda}{d}$	λ Wellenlänge des Lichts d Durchmesser der Blendenöffnung des Objektivs
Brewster'sches Gesetz (Lichtwellen)	$\tan \alpha_p = \dfrac{n_2}{n_1}$	α_p Polarisationswinkel n_1, n_2 Brechzahlen der Medien 1 und 2
Dopplereffekt für Licht (bewegter Sender, ruhender Empfänger)	$f' = f \cdot \dfrac{\sqrt{1 \pm \dfrac{v}{c}}}{\sqrt{1 \mp \dfrac{v}{c}}}$	f' vom Empfänger gemessene Frequenz f Frequenz des Senders v Relativgeschwindigkeit zwischen Sender und Empfänger c Lichtgeschwindigkeit

Physik

Spezielle Relativitätstheorie

Spezielle Relativitätstheorie

<table>
<tr>
<td>Galileitransformation</td>
<td>

$x = x' + v \cdot t$
$t = t'$

$$\begin{array}{l|l} S \to S' & S' \to S \\ x' = x - v \cdot t & x = x' + v \cdot t \\ y' = y & y = y' \\ z' = z & z = z' \\ t' = t & t = t' \end{array}$$

</td>
<td>

x Koordinate in einem Inertialsystem S
x' Koordinate in einem zweiten Inertialsystem S'
v Relativgeschwindigkeit
t, t' Zeiten in den jeweiligen Systemen
c Lichtgeschwindigkeit

</td>
</tr>
<tr>
<td>Lorentzfaktor k

Lorentztransformation</td>
<td>

Lorentzfaktor: $k = \dfrac{1}{\sqrt{1 - \dfrac{v^2}{c^2}}}$

$$\begin{array}{l|l} S \to S' & S' \to S \\ x' = k\,(x - v \cdot t) & x = k\,(x' + v \cdot t') \\ y' = y & y = y' \\ z' = z & z = z' \\ t' = k\left(t - \dfrac{v}{c^2} \cdot x\right) & t = k\left(t' + \dfrac{v}{c^2} \cdot x'\right) \end{array}$$

</td>
<td>

x Koordinate in einem Inertialsystem S
x' Koordinate in einem zweiten Inertialsystem S'
v Relativgeschwindigkeit
t, t' Zeiten in den jeweiligen Systemen
c Lichtgeschwindigkeit
k Lorentzfaktor

</td>
</tr>
<tr>
<td>Relativistisches Additionsgesetz für Geschwindigkeiten</td>
<td>

$u = \dfrac{u' + v}{1 + \dfrac{u' \cdot v}{c^2}}$

</td>
<td rowspan="3">

u, u' Geschwindigkeit des Körpers von S bzw. von S' aus gemessen
v Relativgeschwindigkeit zwischen S und S'
c Lichtgeschwindigkeit
t, t' Zeiten in den jeweiligen Systemen
l, l' Längen in den jeweiligen Systemen
k Lorentzfaktor

</td>
</tr>
<tr>
<td>Zeitdilatation</td>
<td>

$t = \dfrac{t'}{\sqrt{1 - \dfrac{v^2}{c^2}}} = k \cdot t'$

</td>
</tr>
<tr>
<td>Längenkontraktion</td>
<td>

$l = l' \cdot \sqrt{1 - \dfrac{v^2}{c^2}} = \dfrac{l'}{k}$

</td>
</tr>
<tr>
<td>Relativistische Masse
⊙ 114-1</td>
<td>

$m = \dfrac{m_0}{\sqrt{1 - \dfrac{v^2}{c^2}}} = k \cdot m_0$

</td>
<td rowspan="3">

E Gesamtenergie
c Lichtgeschwindigkeit
v Geschwindigkeit
m_0 Ruhemasse
E_0 Ruheenergie
k Lorentzfaktor

</td>
</tr>
<tr>
<td>Relativistische kinetische Energie</td>
<td>

$E_{kin} = \dfrac{m_0 \cdot c^2}{\sqrt{1 - \dfrac{v^2}{c^2}}} - m_0\, c^2 = (k - 1) \cdot m_0 \cdot c^2$

</td>
</tr>
<tr>
<td>Masse-Energie-Beziehung</td>
<td>

$E = m \cdot c^2; \quad E_0 = m_0 \cdot c^2; \quad E_{kin} = E - E_0$

</td>
</tr>
</table>

Quantenphysik

Formeln und Gesetze zur Quantenphysik

Energie E eines Lichtquants	$E = h \cdot f = h \cdot \dfrac{c}{\lambda}$	h — Planck'sches Wirkungsquantum $(h = 6{,}626 \cdot 10^{-34}\,\text{J} \cdot \text{s})$
Energiebilanz beim Fotoeffekt	$h \cdot f = E_\text{kin} + W_\text{A}$ $h \cdot f = \dfrac{1}{2} m \cdot v^2 + W_\text{A}$	f — Frequenz c — Lichtgeschwindigkeit λ — Wellenlänge E_kin — kinetische Energie
Austrittsarbeit W_A (Auslöseenergie)	$W_\text{A} = h \cdot f_\text{G}$	W_A — Austrittsarbeit f_G — Grenzfrequenz
Masse m eines Lichtquants	$m = \dfrac{E}{c^2}$ $m = \dfrac{h \cdot f}{c^2} = \dfrac{h}{c \cdot \lambda}$	
Impuls p eines Lichtquants	$p = \dfrac{E}{c}$ $p = \dfrac{h \cdot f}{c} = \dfrac{h}{\lambda}$	
Compton-Effekt – Energiebilanz – Wellenlängenänderung	$h \cdot f_0 = E_\text{kin} + h \cdot f$ $\Delta\lambda = \lambda_\text{C}(1 - \cos\vartheta)$ mit $\lambda_\text{C} = \dfrac{h}{m_\text{e} \cdot c}$	f_0 — Frequenz des auftreffenden Quants f — Frequenz des gestreuten Quants E_kin — kinetische Energie des Elektrons λ_C — Compton-Wellenlänge m_e — Ruhemasse des Elektrons ϑ — Streuwinkel
De-Broglie-Wellenlänge λ ⊙ 115-1	$\lambda = \dfrac{h}{p} = \dfrac{h}{m \cdot v}$	p — Impuls v — Geschwindigkeit des Teilchens h — Planck'sches Wirkungsquantum
Heisenberg'sche Unbestimmtheitsrelation	$\Delta x \cdot \Delta p_\text{x} \geq \dfrac{h}{4\pi}$	Δx — Unschärfe der Ortskoordinate Δp_x — Unschärfe der Impulskoordinate ΔE — Unschärfe der Energie
Energie-Zeit-Unschärfe-relation	$\Delta E \cdot \Delta t \geq \dfrac{h}{4\pi}$	Δt — Unschärfe der Zeit h — Planck'sches Wirkungsquantum
Bohr'sche Frequenzbedingung	$h \cdot f = E_m - E_n = \Delta E$	ΔE — abgegebener Energiebetrag n, m — Bezeichnung der Energie-zustände des Atoms
Moseley-Gesetz	$f_{\text{K}_\alpha} = \dfrac{3}{4} R_\text{H} (Z - 1)^2$	f_{K_α} — Frequenz der K_α-Linie Z — Ordnungszahl
Spektrallinien für das H-Atom ↻ 115-1 — Lyman-Serie — Balmer-Serie	$f = R_\text{H} \left(\dfrac{1}{n^2} - \dfrac{1}{m^2} \right)$ $n = 1; \; m = 2, 3, 4, \ldots$ $n = 2; \; m = 3, 4, 5, \ldots$	R_H — Rydberg-Frequenz für das Wasserstoffatom $R_\text{H} = 3{,}290 \cdot 10^{15}\,\text{Hz}$

Austrittsarbeiten W_A der Elektronen aus reinen Metalloberflächen ↻ 115-2

Metall	W_A in eV	Metall	W_A in eV	Metall	W_A in eV
Aluminium	4,20	Calcium	3,20	Platin	5,36
Barium	2,52	Gold	4,71	Wolfram	4,53
Cadmium	4,04	Eisen	4,63	Zink	3,95
Caesium	1,94	Magnesium	3,70	Zinn	4,39

Physik

Atom- und Kernphysik – Größen, Einheiten, Werte

Größen und Einheiten der Kernphysik und im Strahlenschutz

Größe	Formel-zeichen	Einheiten Name	Zeichen	Beziehungen zwischen unterschiedlichen Einheiten
Aktivität	A	Becquerel	Bq	1 Bq = 1 Zerfall pro Sekunde
Äquivalentdosis	H	Sievert	Sv	$1\,\text{Sv} = 1\,\text{J} \cdot \text{kg}^{-1}$
Energiedosis	D	Gray	Gy	$1\,\text{Gy} = 1\,\text{J} \cdot \text{kg}^{-1}$
Atommasse	m_A	atomare Masseneinheit	u	$1\,\text{u} = 1{,}660\,539 \cdot 10^{-27}\,\text{kg}$
relative Atommasse	A_r	1 (reiner Zahlenwert)		$A_r = m_A \cdot \text{u}^{-1}$
Halbwertszeit	$T_{1/2}$	Sekunden bis Jahren	s,…, a	

Eigenschaften ausgewählter Teilchen

Name	Ruhemasse	Ruheenergie	Ladung	Quarkzusammensetzung
Elektron	$9{,}109\,39 \cdot 10^{-31}\,\text{kg} = 5{,}485\,8 \cdot 10^{-4}\,\text{u}$	511 keV	$-1\,e$	–
Proton	$1{,}672\,62 \cdot 10^{-27}\,\text{kg} = 1{,}007\,276\,\text{u}$	938,28 MeV	$+1\,e$	uud
Neutron	$1{,}674\,93 \cdot 10^{-27}\,\text{kg} = 1{,}008\,665\,\text{u}$	939,57 MeV	0	udd
α-Teilchen	$6{,}644\,2 \cdot 10^{-27}\,\text{kg} = 4{,}001\,228\,\text{u}$	3,727 12 GeV	$+2\,e$	–

Leptonen und Quarks

	Teilchen / Antiteilchen	Symbol	Ladung in e	Ruhemasse in MeV $\cdot\, c^{-2}$
Leptonen	Elektron / Positron	$e^-\,/\,e^+$	–1 / +1	0,511
	Elektron-Neutrino / Anti-Elektron-Neutrino	$v_e\,/\,\overline{v_e}$	0 / 0	$< 2 \cdot 10^{-6}$
	Myon / Anti-Myon	$\mu\,/\,\bar{\mu}$	–1 / +1	105,66
	Myon-Neutrino / Anti-Myon-Neutrino	$v_\mu\,/\,\overline{v_\mu}$	0 / 0	< 0,17
	Tauon / Anti-Tauon	$\tau\,/\,\bar{\tau}$	–1 / +1	1777
	Tauon-Neutrino / Anti-Tauon-Neutrino	$v_\tau\,/\,\overline{v_\tau}$	0 / 0	< 15,5

	Teilchen / Antiteilchen	Symbol	Ladung in e	Masse in MeV $\cdot\, c^{-2}$
Quarks	Up / Anti-Up	$u\,/\,\bar{u}$	$+\frac{2}{3}\,/\,-\frac{2}{3}$	1,5 bis 3,3
	Down / Anti-Down	$d\,/\,\bar{d}$	$-\frac{1}{3}\,/\,+\frac{1}{3}$	3,5 bis 6
	Charm / Anti-Charm	$c\,/\,\bar{c}$	$+\frac{2}{3}\,/\,-\frac{2}{3}$	1270 +70/–11
	Strange / Anti-Strange	$s\,/\,\bar{s}$	$-\frac{1}{3}\,/\,+\frac{1}{3}$	104 + 26/–34
	Top / Anti-Top	$t\,/\,\bar{t}$	$+\frac{2}{3}\,/\,-\frac{2}{3}$	170 900 ± 1800
	Bottom / Anti-Bottom	$b\,/\,\bar{b}$	$-\frac{1}{3}\,/\,+\frac{1}{3}$	4200 + 170/–70

Qualitätsfaktor q

Strahlungsart	β- und γ-Strahlung, Röntgenstrahlung	Thermische Neutronen	Schnelle Neutronen	α-Strahlung	Schwere Ionen
Qualitätsfaktor q	1	2,3	10	20	20

Physik ➤

Alpha-, Beta- und Gammastrahlung

Name	Art der Strahlung	Symbol	Elektrische Ladung	Massenzahl
α	Teilchenstrahlung (Heliumkern)	$_2^4\text{He}$	$+2\,e$	4
β^-	Teilchenstrahlung (Elektron)	$_{-1}^{0}\text{e}$	$-1\,e$	0
β^+	Teilchenstrahlung (Positron)	$_{+1}^{0}\text{e}$	$+1\,e$	0
γ	elektromagnetische Strahlung	$_0^0\gamma$	ungeladen	0

Fundamentale Wechselwirkungen (Standardmodell)

Kraft (Wechsel-wirkung)	wirkt auf die Eigenschaft	wirkt auf	Austausch-teilchen	Reichweite	relative Stärke
Elektromag-netische Kraft	elektrische Ladung	elektrisch geladene Teilchen	Photon	nimmt mit $\frac{1}{r^2}$ ab	10^{-2}
Starke Kraft	Farbladung	Quarks, also auch auf Kernteilchen	Gluon	10^{-15} m	1
Schwache Kraft	schwache Ladung	alle Teilchen	W- und Z-Boson	10^{-17} m	10^{-13}
Gravitations-kraft	Masse	alle Teilchen	Graviton (hypothetisch)	nimmt mit $\frac{1}{r^2}$ ab	10^{-40}

Halbwertszeiten (HWZ) und Zerfallsarten ausgewählter Radionuklide ↻ 117-1

Element	Nuklid (m_a in u)	HWZ	Zer-falls-art	Zerfalls-energie (in MeV)	Element	Nuklid (m_a in u)	HWZ	Zer-falls-art	Zerfalls-energie (in MeV)
Wasser-stoff	$_1^3\text{H}$ (3,0160494)	12,3 a	β^-	0,018	Iod	$_{53}^{131}\text{I}$ (130,90612)	8,05 d	β^-	0,61
								γ	0,64
Kohlen-stoff	$_6^{14}\text{C}$ (14,0032420)	5730 a	β^-	0,158	Cäsium	$_{55}^{137}\text{Cs}$ (136,90677)	30 a	β^-	0,51
								γ	0,66
Stickstoff	$_7^{13}\text{N}$ (13,0057386)	10,0 min	β^+	1,2	Blei	$_{82}^{210}\text{Pb}$ (209,98416)	22,3 a	β^-	0,02
								α	3,72
Sauerstoff	$_8^{15}\text{O}$ (15,0030654)	122,24 s	β^+	1,68	Polonium	$_{84}^{210}\text{Po}$ (209,98288)	138,4 d	α	5,3
								γ	0,8
Natrium	$_{11}^{22}\text{Na}$ (21,994437)	2,6 a	β^+	0,54	Radon	$_{86}^{220}\text{Rn}$ (220,01137)	55,6 s	α	6,29
			γ	1,28				γ	0,55
Phosphor	$_{15}^{32}\text{P}$ (31,9739072)	14,3 d	β^-	1,69		$_{86}^{222}\text{Rn}$ (222,01753)	3,83 d	α	5,49
Chlor	$_{17}^{38}\text{Cl}$ (37,9680106)	37,3 min	β^-	4,8	Radium	$_{88}^{226}\text{Ra}$ (226,0254026)	1601 a	α	4,78
			γ	1,63				γ	0,187
Kalium	$_{19}^{42}\text{K}$ (41,9624031)	12,4 h	β^-	3,5	Thorium	$_{90}^{232}\text{Th}$ (232,0380504)	1,41 $\cdot 10^{10}$ a	α	4,08
			γ	1,51				γ	0,06
Calcium	$_{20}^{45}\text{Ca}$ (44,9561859)	163 d	β^-	0,26	Uran	$_{92}^{234}\text{U}$ (234,04090)	2,48 $\cdot 10^5$ a	α	4,72
								γ	0,12
Kobalt	$_{27}^{60}\text{Co}$ (59,933814)	5,26 a	β^-	0,31		$_{92}^{235}\text{U}$ (235,04392)	$7,1\cdot10^8$ a	α	4,39
			γ	1,17; 1,33				γ	0,19
			γ	1,45		$_{92}^{238}\text{U}$ (238,05077)	$4,5\cdot10^9$ a	α	4,19
Krypton	$_{36}^{85}\text{Kr}$ (84,91253)	10,8 a	β^-	0,7				γ	0,048
Strontium	$_{38}^{90}\text{Sr}$ (89,9077376)	29 a	β^-	0,54	Plutonium	$_{94}^{239}\text{Pu}$ (239,05215)	24000 a	α	5,15
								γ	0,4

$u = 1,660539 \cdot 10^{-27}$ kg

Physik ▼

Auszug aus der Nuklidkarte (vereinfacht) ↻ 118-1

Physik

a	Jahr	ms	Millisekunde
d	Tag	µs	Mikrosekunde
h	Stunde		
m	Minute		
s	Sekunde		

Ausschnitt aus der Nuklidkarte im Bereich der leichten Elemente

Element	Isotope
14 Si 28,0855	Si 22 (6 ms) · Si 23 · Si 24 (103 ms) · Si 25 (218 ms) · Si 26 (2,21 s)
Al 26,981539	Al 22 (70 ms) · Al 23 (470 ms) · Al 24 (2,07 s) · Al 25 (7,18 s)
12 Mg 24,3050	Mg 20 (95 ms) · Mg 21 (122,5 ms) · Mg 22 (3,86 s) · Mg 23 (11,3 s) · Mg 24 (78,99)
Na 22,989768	Na 19 · Na 20 (446 ms) · Na 21 (22,48 s) · Na 22 (2,603 a) · Na 23 (100)
10 Ne 20,1797	Ne 16 · Ne 17 (109,2 ms) · Ne 18 (1,67 s) · Ne 19 (17,22 s) · Ne 20 (90,48) · Ne 21 (0,27) · Ne 22 (9,25)
F 18,998403	F 15 · F 16 · F 17 (64,8 s) · F 18 (109,7 m) · F 19 (100) · F 20 (11,0 s) · F 21 (4,16 s)
8 O 15,9994	O 12 · O 13 (8,58 ms) · O 14 (70,59 s) · O 15 (2,03 m) · O 16 (99,762) · O 17 (0,038) · O 18 (0,200) · O 19 (27,1 s) · O 20 (13,5 s)
N 14,00674	N 11 · N 12 (11,0 ms) · N 13 (9,96 m) · N 14 (99,634) · N 15 (0,366) · N 16 (7,13 s) · N 17 (4,17 s) · N 18 (0,63 s)
6 C 12,011	C 9 (126,5 ms) · C 10 (19,3 s) · C 11 (20,38 m) · C 12 (98,90) · C 13 (1,10) · C 14 (5730 a) · C 15 (2,45 s) · C 16 (0,747 s) · C 17 (193 ms)
B 10,811	B 8 (770 ms) · B 9 · B 10 (19,9) · B 11 (80,1) · B 12 (20,20 ms) · B 13 (17,33 ms) · B 14 (13,8 ms) · B 15 (10,4 ms)
4 Be 9,012182	Be 6 · Be 7 (53,29 d) · Be 8 · Be 9 (100) · Be 10 ($1,6 \cdot 10^6$ a) · Be 11 (13,8 s) · Be 12 (23,6 ms)
Li 6,941	Li 5 · Li 6 (7,5) · Li 7 (92,5) · Li 8 (840,3 ms) · Li 9 (178,3 ms) · Li 10 · Li 11 (8,5 ms)
2 He 4,002602	He 3 (0,000137) · He 4 (99,999863) · He 5 · He 6 (806,7 ms) · He 7 · He 8 (119 ms)
1 H 1,00794	H 1 (99,985) · H 2 (0,015) · H 3 (12,323 a)
	n 1 (10,25 m)

Neutronenzahl (unten): 1 · 2 · 4 · 6 · 8 · 10 · 12

Ausschnitt aus der Nuklidkarte im Bereich der natürlichen Zerfallsreihen

Element	Isotope
92 U 238,0289	U 218 (1,5 ms) · U 219 (~42 µs)
Pa 231,03588	Pa 213 (5,3 ms) · Pa 214 (17 ms) · Pa 215 (14 ms) · Pa 216 (0,2 s) · Pa 217 (4,9 ms) · Pa 218 (0,12 ms) · Pa 219 (53 ns)
90 Th 232,0381	Th 210 (9 ms) · Th 211 (37 ms) · Th 212 (30 ms) · Th 213 (0,14 s) · Th 214 (0,10 s) · Th 215 (1,2 s) · Th 216 (28 ms) · Th 217 (252 µs) · Th 218 (0,1 µs)
Ac 227,0278	Ac 207 (22 ms) · Ac 208 (95 ms) · Ac 209 (90 ms) · Ac 210 (0,35 s) · Ac 211 (0,25 s) · Ac 212 (0,93 s) · Ac 213 (0,80 s) · Ac 214 (8,2 s) · Ac 215 (0,17 s) · Ac 216 (~0,33 ms) · Ac 217 (69 ns)
88 Ra 226,0254	Ra 204 (45 ms) · Ra 205 (0,22 s) · Ra 206 (0,24 s) · Ra 207 (1,3 s) · Ra 208 (1,3 s) · Ra 209 (4,6 s) · Ra 210 (3,7 s) · Ra 211 (13 s) · Ra 212 (13 s) · Ra 213 (2,74 m) · Ra 214 (2,46 s) · Ra 215 (1,6 s) · Ra 216 (0,18 s)
Fr	Fr 200 (0,57 s) · Fr 201 (48 ms) · Fr 202 (0,34 s) · Fr 203 (0,55 s) · Fr 204 (1,7 s) · Fr 205 (3,9 s) · Fr 206 (15,9 s) · Fr 207 (14,8 s) · Fr 208 (58,6 s) · Fr 209 (50,0 s) · Fr 210 (3,18 m) · Fr 211 (3,10 m) · Fr 212 (20,0 m) · Fr 213 (34,6 s) · Fr 214 (5,0 ms) · Fr 215 (0,09 ms)
86 Rn	Rn 197 (51 ms) · Rn 198 (64 ms) · Rn 199 (0,62 s) · Rn 200 (1,06 s) · Rn 201 (7,0 s) · Rn 202 (9,85 s) · Rn 203 (45 s) · Rn 204 (1,24 m) · Rn 205 (2,83 m) · Rn 206 (5,67 m) · Rn 207 (9,3 m) · Rn 208 (24,4 m) · Rn 209 (28,5 m) · Rn 210 (2,4 h) · Rn 211 (14,6 h) · Rn 212 (24 m) · Rn 213 (25 ms) · Rn 214 (0,27 µs)
At	At 197 (0,35 s) · At 198 (4,2 s) · At 199 (7,2 m) · At 200 (43 s) · At 201 (1,5 m) · At 202 (184 s) · At 203 (7,4 m) · At 204 (9,2 m) · At 205 (26,2 m) · At 206 (29,4 m) · At 207 (1,8 h) · At 208 (1,63 h) · At 209 (5,4 h) · At 210 (8,3 h) · At 211 (7,22 h) · At 212 (314 ms) · At 213 (0,11 µs)
84 Po	Po 196 (5,8 s) · Po 197 (56 s) · Po 198 (1,76 m) · Po 199 (5,2 m) · Po 200 (11,5 m) · Po 201 (15,3 m) · Po 202 (44,7 m) · Po 203 (36 m) · Po 204 (3,53 h) · Po 205 (1,66 h) · Po 206 (8,8 d) · Po 207 (5,84 h) · Po 208 (2,898 a) · Po 209 (102 a) · Po 210 (138,38 d) · Po 211 (0,516 s) · Po 212 (0,3 µs)
Bi 208,98037	Bi 195 (3,0 m) · Bi 196 (5,1 m) · Bi 197 (9,3 m) · Bi 198 (10,3 m) · Bi 199 (27 m) · Bi 200 (36,4 m) · Bi 201 (1,8 h) · Bi 202 (1,72 h) · Bi 203 (11,76 h) · Bi 204 (11,22 h) · Bi 205 (15,31 d) · Bi 206 (6,24 d) · Bi 207 (31,55 a) · Bi 208 ($3,68 \cdot 10^5$ a) · Bi 209 (100) · Bi 210 (5,013 d) · Bi 211 (2,17 m)
82 Pb 207,2	Pb 194 (12,0 m) · Pb 195 (~15 m) · Pb 196 (36,4 m) · Pb 197 (8 m) · Pb 198 (2,40 h) · Pb 199 (1,5 h) · Pb 200 (21,5 h) · Pb 201 (9,4 h) · Pb 202 ($5,25 \cdot 10^4$ a) · Pb 203 (51,9 h) · Pb 204 (1,4) · Pb 205 ($1,5 \cdot 10^7$ a) · Pb 206 (24,1) · Pb 207 (22,1) · Pb 208 (52,4) · Pb 209 (3,253 h) · Pb 210 (22,3 a)
Tl 204,3833	Tl 193 (22,6 m) · Tl 194 (33 m) · Tl 195 (1,13 h) · Tl 196 (1,8 h) · Tl 197 (2,84 h) · Tl 198 (5,3 h) · Tl 199 (7,42 h) · Tl 200 (26,1 h) · Tl 201 (73,1 h) · Tl 202 (12,23 d) · Tl 203 (29,524) · Tl 204 (3,78 a) · Tl 205 (70,476) · Tl 206 (4,20 m) · Tl 207 (4,77 m) · Tl 208 (3,053 m) · Tl 209 (2,16 m)
80 Hg 200,59	Hg 192 (4,9 h) · Hg 193 (3,5 h) · Hg 194 (520 a) · Hg 195 (9,5 h) · Hg 196 (0,15) · Hg 197 (64,1 h) · Hg 198 (9,97) · Hg 199 (16,87) · Hg 200 (23,10) · Hg 201 (13,18) · Hg 202 (29,86) · Hg 203 (46,59 d) · Hg 204 (6,87) · Hg 205 (5,2 m) · Hg 206 (8,15 m) · Hg 207 (2,9 m) · Hg 208 (~42 m)

Neutronenzahl (unten): 110 · 112 · 114 · 116 · 118 · 120 · 122 · 124 · 126 · 128

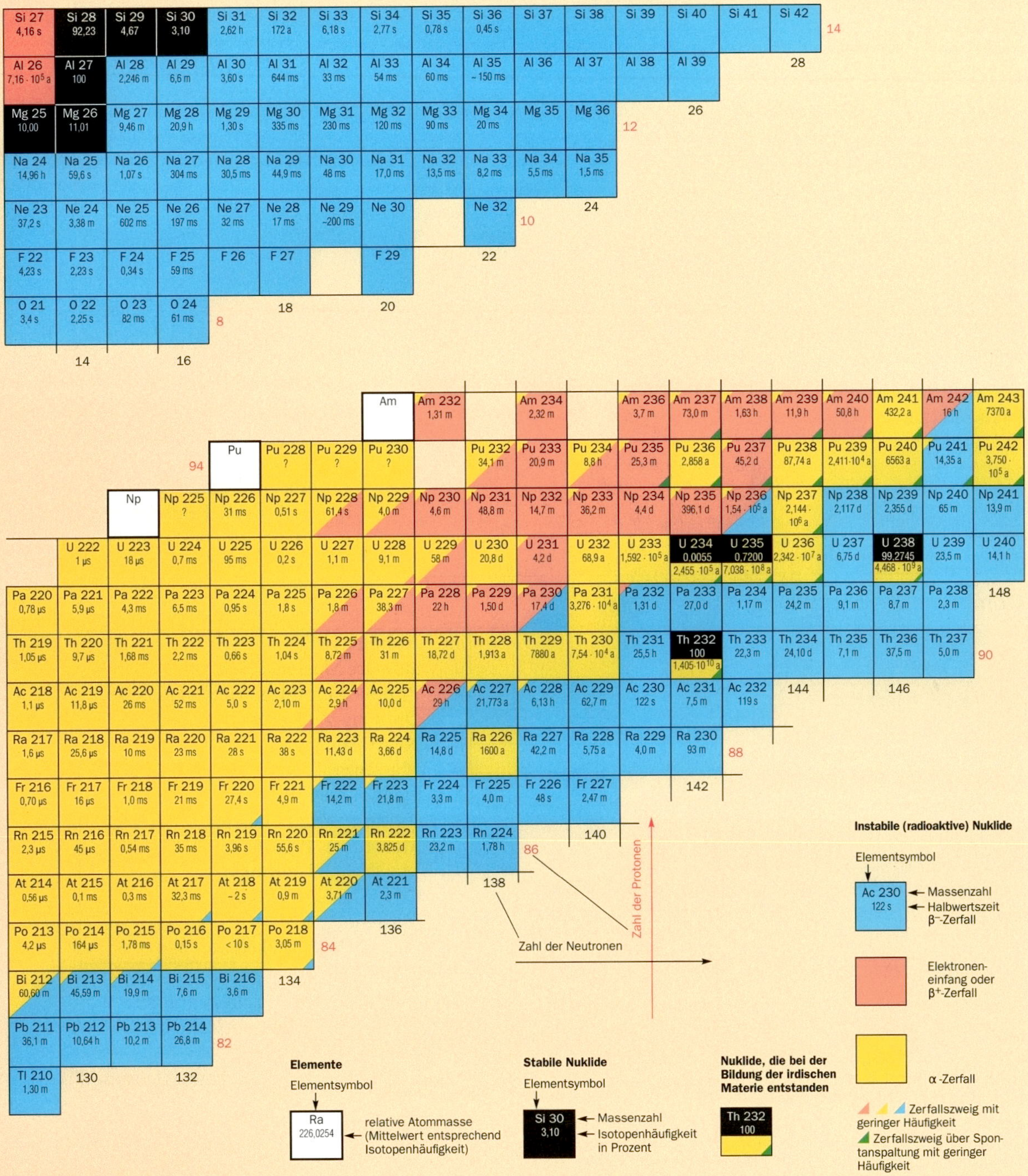

Oberer Ausschnitt (Si – O):

Si 27 4,16 s	Si 28 92,23	Si 29 4,67	Si 30 3,10	Si 31 2,62 h	Si 32 172 a	Si 33 6,18 s	Si 34 2,77 s	Si 35 0,78 s	Si 36 0,45 s	Si 37	Si 38	Si 39	Si 40	Si 41	Si 42	14
Al 26 7,16·10⁵ a	Al 27 100	Al 28 2,246 m	Al 29 6,6 m	Al 30 3,60 s	Al 31 644 ms	Al 32 33 ms	Al 33 54 ms	Al 34 60 ms	Al 35 ~150 ms	Al 36	Al 37	Al 38	Al 39			28
Mg 25 10,00	Mg 26 11,01	Mg 27 9,46 m	Mg 28 20,9 h	Mg 29 1,30 s	Mg 30 335 ms	Mg 31 230 ms	Mg 32 120 ms	Mg 33 90 ms	Mg 34 20 ms	Mg 35	Mg 36	12				
Na 24 14,96 h	Na 25 59,6 s	Na 26 1,07 s	Na 27 304 ms	Na 28 30,5 ms	Na 29 44,9 ms	Na 30 48 ms	Na 31 17,0 ms	Na 32 13,5 ms	Na 33 8,2 ms	Na 34 5,5 ms	Na 35 1,5 ms	24				
Ne 23 37,2 s	Ne 24 3,38 m	Ne 25 602 ms	Ne 26 197 ms	Ne 27 32 ms	Ne 28 17 ms	Ne 29 ~200 ms	Ne 30		Ne 32	10						
F 22 4,23 s	F 23 2,23 s	F 24 0,34 s	F 25 59 ms	F 26	F 27		F 29	22								
O 21 3,4 s	O 22 2,25 s	O 23 82 ms	O 24 61 ms	8												

14   16

Unterer Ausschnitt (Am – Tl):

Am: Am | Am 232 1,31 m | | Am 234 2,32 m | | Am 236 3,7 m | Am 237 73,0 m | Am 238 1,63 h | Am 239 11,9 h | Am 240 50,8 h | Am 241 432,2 a | Am 242 16 h | Am 243 7370 a

Pu: 94 | Pu | Pu 228 ? | Pu 229 ? | Pu 230 ? | | Pu 232 34,1 m | Pu 233 20,9 m | Pu 234 8,8 h | Pu 235 25,3 m | Pu 236 2,858 a | Pu 237 45,2 d | Pu 238 87,74 a | Pu 239 2,411·10⁴ a | Pu 240 6563 a | Pu 241 14,35 a | Pu 242 3,750·10⁵ a

Np: Np | Np 225 ? | Np 226 31 ms | Np 227 0,51 s | Np 228 61,4 s | Np 229 4,0 m | Np 230 4,6 m | Np 231 48,8 m | Np 232 14,7 m | Np 233 36,2 m | Np 234 4,4 d | Np 235 396,1 d | Np 236 1,54·10⁵ a | Np 237 2,144·10⁶ a | Np 238 2,117 d | Np 239 2,355 d | Np 240 65 m | Np 241 13,9 m

U: U 222 1 µs | U 223 18 µs | U 224 0,7 µs | U 225 95 ms | U 226 0,2 s | U 227 1,1 m | U 228 9,1 m | U 229 58 m | U 230 20,8 d | U 231 4,2 d | U 232 68,9 a | U 233 1,592·10⁵ a | U 234 0,0055 2,455·10⁵ a | U 235 0,7200 7,038·10⁸ a | U 236 2,342·10⁷ a | U 237 6,75 d | U 238 99,2745 4,468·10⁹ a | U 239 23,5 m | U 240 14,1 h

Pa: Pa 220 0,78 µs | Pa 221 5,9 µs | Pa 222 4,3 ms | Pa 223 6,5 ms | Pa 224 0,95 s | Pa 225 1,8 s | Pa 226 1,8 m | Pa 227 38,3 s | Pa 228 22 h | Pa 229 1,50 d | Pa 230 17,4 d | Pa 231 3,276·10⁴ a | Pa 232 1,31 d | Pa 233 27,0 d | Pa 234 1,17 m | Pa 235 24,2 m | Pa 236 9,1 m | Pa 237 8,7 m | Pa 238 2,3 m | 148

Th: Th 219 1,05 µs | Th 220 9,7 µs | Th 221 1,68 ms | Th 222 2,2 ms | Th 223 0,66 s | Th 224 1,04 s | Th 225 8,72 m | Th 226 31 m | Th 227 18,72 d | Th 228 1,913 a | Th 229 7880 a | Th 230 7,54·10⁴ a | Th 231 25,5 h | Th 232 100 1,405·10¹⁰ a | Th 233 22,3 m | Th 234 24,10 d | Th 235 7,1 m | Th 236 37,5 m | Th 237 5,0 m | 90

Ac: Ac 218 1,1 µs | Ac 219 11,8 µs | Ac 220 26 ms | Ac 221 52 ms | Ac 222 5,0 s | Ac 223 2,10 m | Ac 224 2,9 h | Ac 225 10,0 d | Ac 226 29 h | Ac 227 21,773 a | Ac 228 6,13 h | Ac 229 62,7 m | Ac 230 122 s | Ac 231 7,5 m | Ac 232 119 s | 144 | 146

Ra: Ra 217 1,6 µs | Ra 218 25,6 µs | Ra 219 10 ms | Ra 220 23 ms | Ra 221 28 s | Ra 222 38 s | Ra 223 11,43 d | Ra 224 3,66 d | Ra 225 14,8 d | Ra 226 1600 a | Ra 227 42,2 m | Ra 228 5,75 a | Ra 229 4,0 m | Ra 230 93 m | 88

Fr: Fr 216 0,70 µs | Fr 217 16 µs | Fr 218 1,0 ms | Fr 219 21 ms | Fr 220 27,4 s | Fr 221 4,9 m | Fr 222 14,2 m | Fr 223 21,8 m | Fr 224 3,3 m | Fr 225 4,0 m | Fr 226 48 s | Fr 227 2,47 m | 142

Rn: Rn 215 2,3 µs | Rn 216 45 µs | Rn 217 0,54 ms | Rn 218 35 ms | Rn 219 3,96 s | Rn 220 55,6 s | Rn 221 25 m | Rn 222 3,825 d | Rn 223 23,2 m | Rn 224 1,78 h | 140 | 86

At: At 214 0,56 µs | At 215 0,1 ms | At 216 0,3 ms | At 217 32,3 ms | At 218 ~2 s | At 219 0,9 m | At 220 3,71 m | At 221 2,3 m | 138

Po: Po 213 4,2 µs | Po 214 164 µs | Po 215 1,78 ms | Po 216 0,15 s | Po 217 <10 s | Po 218 3,05 m | 136 | 84

Bi: Bi 212 60,60 m | Bi 213 45,59 m | Bi 214 19,9 m | Bi 215 7,6 m | Bi 216 3,6 m | 134

Pb: Pb 211 36,1 m | Pb 212 10,64 h | Pb 213 10,2 m | Pb 214 26,8 m | 82

Tl: Tl 210 1,30 m | 130 | 132

Zahl der Protonen · Zahl der Neutronen

Legende:

Instabile (radioaktive) Nuklide
Elementsymbol
Ac 230 · 122 s ← Massenzahl / Halbwertszeit / β⁻-Zerfall

Elektroneneinfang oder β⁺-Zerfall

α-Zerfall

Zerfallszweig mit geringer Häufigkeit
Zerfallszweig über Spontanspaltung mit geringer Häufigkeit

Elemente
Elementsymbol
Ra · 226,0254 ← relative Atommasse (Mittelwert entsprechend Isotopenhäufigkeit)

Stabile Nuklide
Elementsymbol
Si 30 · 3,10 ← Massenzahl / Isotopenhäufigkeit in Prozent

Nuklide, die bei der Bildung der irdischen Materie entstanden
Th 232 · 100

Physik

Nach: G. Pfennig, H. Klewe-Nebenius, W. Seelmann-Eggebert: Karlsruher Nuklidkarte. 6. Aufl. 1995, Copyright by Forschungszentrum Karlsruhe GmbH

Atom- und Kernphysik – Formeln und Gesetze

Atomhülle

Bohr'sche Frequenzbedingung	$h \cdot f = E_m - E_n = \Delta E$	ΔE abgegebener Energie-betrag
Moseley-Gesetz	$f_{K_\alpha} = \dfrac{3}{4}\, R_H (Z-1)^2$	n, m Bezeichnung der Energie-zustände des Atoms
Spektralserien für das H-Atom	$f = R_H \left(\dfrac{1}{n^2} - \dfrac{1}{m^2} \right)$	f_{K_α} Frequenz der k_α-Linie Z Ordnungszahl
– Lyman-Serie	$n = 1;\ m = 2, 3, 4, \dots$	R_H Rydberg-Frequenz für das Wasserstoffatom
– Balmer-Serie	$n = 2;\ m = 3, 4, 5, \dots$	$R_H = 3{,}290 \cdot 10^{15}$ Hz

↻ 120-1

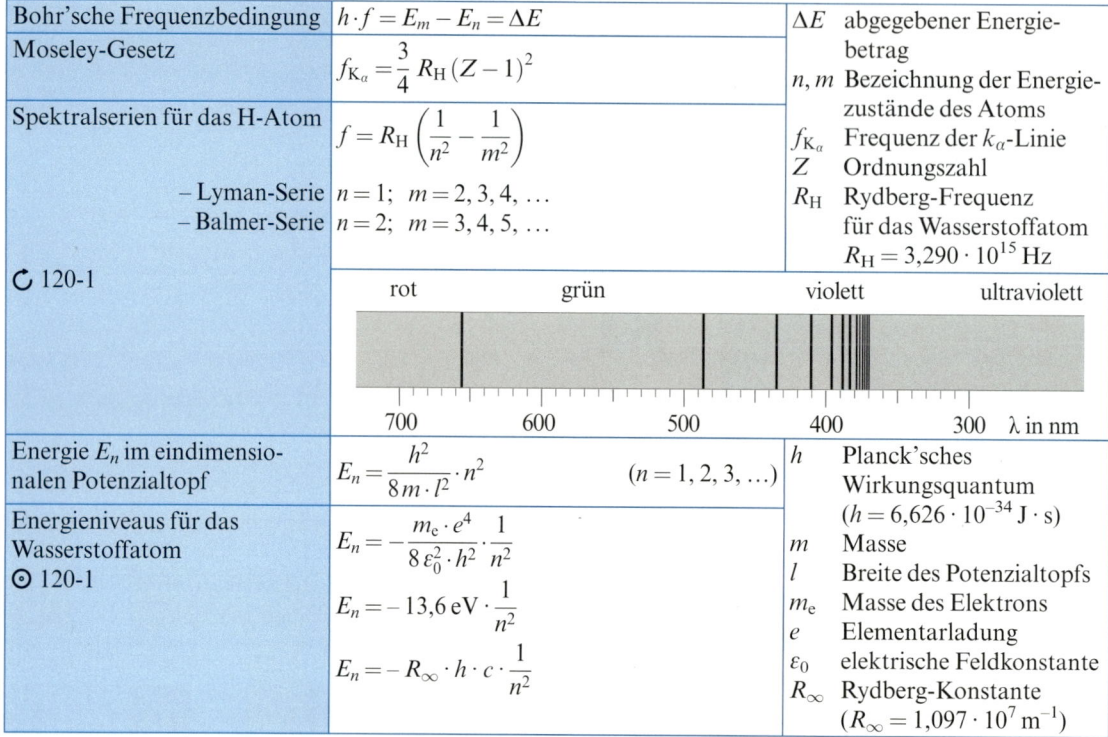

rot grün violett ultraviolett

700   600   500   400   300 λ in nm

Energie E_n im eindimensionalen Potenzialtopf	$E_n = \dfrac{h^2}{8\,m \cdot l^2} \cdot n^2 \qquad (n = 1, 2, 3, \dots)$	h Planck'sches Wirkungsquantum $(h = 6{,}626 \cdot 10^{-34}\,\text{J} \cdot \text{s})$
Energieniveaus für das Wasserstoffatom ⊙ 120-1	$E_n = -\dfrac{m_e \cdot e^4}{8\,\varepsilon_0^2 \cdot h^2} \cdot \dfrac{1}{n^2}$ $E_n = -13{,}6\,\text{eV} \cdot \dfrac{1}{n^2}$ $E_n = -R_\infty \cdot h \cdot c \cdot \dfrac{1}{n^2}$	m Masse l Breite des Potenzialtopfs m_e Masse des Elektrons e Elementarladung ε_0 elektrische Feldkonstante R_∞ Rydberg-Konstante $(R_\infty = 1{,}097 \cdot 10^7\,\text{m}^{-1})$

Atomkerne, Kernstrahlung, Kernenergie

Atomare Masseneinheit u	$1\,\text{u} = \dfrac{1}{12}\, m_a\,(^{12}_{6}\text{C})$	m_a Atommasse u atomare Masseneinheit
Relative Atommasse A_r	$A_r = \dfrac{m_a}{\text{u}}$	Z Protonenanzahl (Kernladungszahl, Ordnungszahl im Periodensystem)
Massenzahl A	$A = Z + N$	N Neutronenanzahl
α-Zerfall	$^{A}_{Z}\text{X} \rightarrow\, ^{A-4}_{Z-2}\text{Y}^{2-} + {}^{4}_{2}\text{He}^{2+}$	A Massenzahl
β-Zerfall	$^{A}_{Z}\text{X} \rightarrow\, ^{A}_{Z+1}\text{Y}^{+} + {}^{0}_{-1}\text{e}^{-} + {}^{0}_{0}\bar{\nu}$	X,Y Symbol des Elements X* angeregtes Radionuklid
γ-Zerfall	$^{A}_{Z}\text{X}^{*} \rightarrow\, ^{A}_{Z}\text{X} + {}^{0}_{0}\gamma$	m_p Masse eines Protons m_n Masse eines Neutrons
Massendefekt Δm ⊙ 120-2	$\Delta m = (Z \cdot m_p + N \cdot m_n) - m_k$	m_k Gesamtmasse des Kerns
Kernbindungsenergie E_B	$E_B = \Delta m \cdot c^2$	Δm Massendefekt c Lichtgeschwindigkeit
Halbwertszeit $T_{1/2}$	$T_{1/2} = \ln 2 \cdot \lambda^{-1}$	λ Zerfallskonstante
Zerfallsgesetz ↻ 120-2	$N = N_0 \cdot \text{e}^{-\lambda \cdot t};\ N = N_0 \cdot \left(\dfrac{1}{2}\right)^{\frac{t}{T_{1/2}}}$	N_0 Anzahl der Kerne zum Zeitpunkt $t = 0$ N Anzahl der Kerne zum Zeitpunkt t t Zeit
Aktivität A eines Radionuklids	$A = \dfrac{\Delta N}{\Delta t}$ $A = \lambda \cdot N \qquad A = A_0 \cdot \text{e}^{-\lambda \cdot t}$	ΔN Anzahl der in der Zeitdauer Δt zerfallenen Kerne E aufgen. Strahlungsenergie
Energiedosis D Äquivalentdosis H	$D = \dfrac{E}{m} \qquad\qquad H = D \cdot q$	A_0 Anfangsaktivität m Masse des bestrahlten Körpers q Qualitätsfaktor
Ionendosis J	$J = \dfrac{Q}{m}$	Q Betrag der von ionisierender Strahlung in Luft gebildeten elektrischen Ladung m Masse der Luft

Physik

Chemie

Übersichten zur Chemie

Chemische Elemente ↻ 121-1

Die Werte in eckigen Klammern geben die Atommassen der längstlebigen zurzeit bekannten Atomart des betreffenden Elements an.
Die Massenzahlen der Elemente sind nach der Häufigkeit der natürlich vorkommenden Isotope (Atomarten) geordnet.

Element	Symbol	Ord-nungs-zahl	Atommasse in u (gerundet)	Massenzahlen natürlicher Isotope	Oxidationszahlen (häufig auftretende)	Elektro-negativi-tätswert[1]
Actinium	Ac	89	227	227; 228	+3	1,1
Aluminium	Al	13	27	27	+3	1,5
Americium	Am	95	[243]		+3	1,3
Antimon	Sb	51	122	121; 123	+3; +5; −3	1,9
Argon	Ar	18	40	40; 36; 38	±0	−
Arsen	As	33	75	75	+3; +5; −3	2,0
Astat	At	85	[210]	215; 216; 218	−1	2,2
Barium	Ba	56	137	138; 137; 136; 135; 134; 130; 132	+2	0,9
Berkelium	Bk	97	[247]		+3	1,3
Beryllium	Be	4	9	9	+2	1,5
Bismut	Bi	83	209	209	+3; −3	1,9
Blei	Pb	82	207	208; 206; 207; 204	+2; +4	1,8
Bor	B	5	11	11; 10	+3	2,0
Brom	Br	35	80	79; 81	+1; +5; −1	2,8
Cadmium	Cd	48	112,5	114; 112; 111; 110; 113; 116; 106; 108	+2	1,7
Caesium	Cs	55	133	133	+1	0,7
Calcium	Ca	20	40	40; 44; 42; 48; 43; 46	+2	1,0
Californium	Cf	98	[251]		+3	1,3
Cer	Ce	58	140	140; 142; 138; 136	+3	1,1
Chlor	Cl	17	35,5	35; 37	+1; +3; +5; +7; −1	3,0
Chrom	Cr	24	52	52; 53; 50; 54	+2; +3; +6	1,6
Cobalt	Co	27	59	59	+2; +3	1,8
Curium	Cm	96	[247]		+3	1,3
Dysprosium	Dy	66	162,5	164; 162; 163; 161; 160; 158; 156	+3	1,2
Einsteinium	Es	99	[252]			1,3
Eisen	Fe	26	56	56; 54; 57; 58	+2; +3; +6	1,8
Erbium	Er	68	167	166; 168; 167; 170; 164; 162	+3	1,2
Europium	Eu	63	152	153; 151	+3	1,2
Fermium	Fm	100	[257]			1,3
Fluor	F	9	19	19	−1	4,0
Francium	Fr	87	[223]	223	+1	0,7
Gadolinium	Gd	64	157	158; 160; 156; 157; 155; 154; 152	+3	1,2

[1] nach Pauling

Element	Symbol	Ord-nungs-zahl	Atommasse in u (gerundet)	Massenzahlen natürlicher Isotope	Oxidationszahlen (häufig auftretende)	Elektro-negativi-tätswert
Gallium	Ga	31	70	69; 71	$+3$	1,6
Germanium	Ge	32	72,5	74; 72; 70; 73; 76	$+4$	1,8
Gold	Au	79	197	197	$+1; +3$	2,4
Hafnium	Hf	72	178,5	180; 178; 177; 179; 176; 174	$+4$	1,3
Helium	He	2	4	4; 3	± 0	–
Holmium	Ho	67	165	165	$+3$	1,2
Indium	In	49	115	115; 113	$+3$	1,8
Iod	I	53	127	127	$+1; +5; +7; -1$	2,5
Iridium	Ir	77	192	193; 191	$+3; +4$	2,2
Kalium	K	19	39	39; 41; 40	$+1$	0,8
Kohlenstoff	C	6	12	12; 13	$+2; +4; -2$	2,5
Krypton	Kr	36	84	84; 86; 83; 82; 80; 78	± 0	–
Kupfer	Cu	29	63,5	63; 65	$+1; +2$	1,9
Lanthan	La	57	139	139; 138	$+3$	1,1
Lithium	Li	3	7	7; 6	$+1$	1,0
Lutetium	Lu	71	175	175; 176	$+3$	1,2
Magnesium	Mg	12	24	24; 26; 25	$+2$	1,2
Mangan	Mn	25	55	55	$+2; +4; +6; +7$	1,5
Molybdän	Mo	42	96	98; 96; 95; 92; 100; 97; 94	$+6$	1,8
Natrium	Na	11	23	23	$+1$	0,9
Neodym	Nd	60	144	142; 144; 146; 143; 145; 148; 150	$+3$	1,2
Neon	Ne	10	20	20; 22; 21	± 0	–
Neptunium	Np	93	[237]	237	$+5$	1,8
Nickel	Ni	28	59	58; 60; 62; 61; 64	$+2$	1,6
Niob	Nb	41	93	93	$+5$	
Osmium	Os	76	190	192; 190; 189; 188; 187; 186; 184	$+4; +8$	2,2
Palladium	Pd	46	106	106; 108; 105; 110; 104; 102	$+2; +4$	2,2
Phosphor	P	15	31	31	$+3; +5; -3$	2,1
Platin	Pt	78	195	195; 194; 196; 198; 192; 190	$+2; +4$	2,2
Plutonium	Pu	94	[244]	239	$+4$	1,3
Polonium	Po	84	[209]	209; 210; 211; 212; 214; 215; 216; 218	$+4; -2$	2,0
Praseodym	Pr	59	141	141	$+3$	1,1
Promethium	Pm	61	[145]	147	$+3$	1,2
Protactinium	Pa	91	231	231; 234	$+5$	1,5
Quecksilber	Hg	80	200,5	202; 200; 199; 201; 198; 204; 196	$+1; +2$	1,9
Radium	Ra	88	226	223; 224; 226; 228	$+2$	0,9
Radon	Rn	86	[222]	218; 219; 220; 222	± 0	–
Rhenium	Re	75	186	187; 185	$+7$	1,9
Rhodium	Rh	45	103	103	$+3; +4$	2,2
Rubidium	Rb	37	85,5	85; 87	$+1$	0,8
Ruthenium	Ru	44	101	102; 104; 101; 99; 100; 96; 98	$+4; +8$	2,2
Samarium	Sm	62	150	152; 154; 147; 149; 148; 150; 144	$+3$	1,2

Element	Symbol	Ord-nungs-zahl	Atommasse in u (gerundet)	Massenzahlen natürlicher Isotope	Oxidationszahlen (häufig auftretende)	Elektro-negativi-tätswert
Sauerstoff	O	8	16	16; 18; 17	-2	3,5
Scandium	Sc	21	45	45	$+3$	1,3
Schwefel	S	16	32	32; 34; 33; 36	$+4; +6; -2$	2,5
Selen	Se	34	79	80; 78; 82; 76; 77; 74	$+4; +6; -2$	2,4
Silber	Ag	47	108	107; 109	$+1$	1,9
Silicium	Si	14	28	28; 29; 30	$+4; -4$	1,8
Stickstoff	N	7	14	14; 15	$+3; +5; -3$	3,0
Strontium	Sr	38	87,5	88; 86; 87; 84	$+2$	1,0
Tantal	Ta	73	181	181; 180	$+5$	1,5
Technetium	Tc	43	[98]		$+7$	1,9
Tellur	Te	52	127,5	130; 128; 126; 125; 124; 122; 123; 120	$+4; +6; -2$	2,1
Terbium	Tb	65	159	159	$+3$	1,2
Thallium	Tl	81	204	205; 203	$+3$	1,8
Thorium	Th	90	232	227; 228; 230; 231; 234	$+4$	1,3
Thulium	Tm	69	169	169	$+3$	1,2
Titan	Ti	22	48	48; 46; 47; 49; 50	$+4$	1,5
Uran	U	92	238	238; 234; 235	$+4; +5; +6$	1,7
Vanadium	V	23	51	51; 50	$+5$	1,6
Wasserstoff	H	1	1	1; 2	$+1; -1$	2,1
Wolfram	W	74	184	184; 186; 182; 183; 180	$+6$	1,7
Xenon	Xe	54	131	132; 129; 131; 134; 136; 130; 128; 124; 126	± 0	–
Ytterbium	Yb	70	173	174; 172; 173; 171; 176; 170; 168	$+3$	1,1
Yttrium	Y	39	89	89	$+3$	1,3
Zink	Zn	30	65	64; 66; 68; 67; 70	$+2$	1,6
Zinn	Sn	50	119	120; 118; 116; 119; 117; 124; 122; 112; 114; 115	$+2; +4$	1,8
Zirconium	Zr	40	91	90; 94; 92; 91; 96	$+4$	1,4

Atom- und Ionenradien einiger Elemente

Symbol	Atom-radius in 10^{-12} m	Ionen-radius in 10^{-12} m	Symbol	Atom-radius in 10^{-12} m	Ionen-radius in 10^{-12} m	Symbol	Atom-radius in 10^{-12} m	Ionen-radius in 10^{-12} m
Al	143	50 (+3)	I	133	216 (−1)	S	104	184 (−2)
Ba	217	135 (+2)	K	231	133 (+1)	Se	117	198 (−2)
Be	112	31 (+2)	Cu	128	72 (+2)	Ag	144	126 (+1)
Br	114	195 (−1)	Li	152	60 (+1)	Si	117	41 (+4)
Cs	262	169 (+1)	Mg	160	65 (+2)	N	70	171 (−3)
Ca	197	97 (+2)	Na	186	95 (+1)	Sr	215	113 (+2)
Cl	99	181 (−1)	P	110	212 (−3)	Te	137	221 (−2)
Fe	124	64 (+3)	Rb	244	148 (+1)	Zn	133	74 (+2)
F	64	136 (−1)	O	66	140 (−2)			

Chemie

Chemische Zeichen und Namen von Ionen

Chemisches Zeichen	Name	Chemisches Zeichen	Name	Chemisches Zeichen	Name
NH_4^+	Ammonium-Ion	SO_4^{2-}	Sulfat-Ion	PO_4^{3-}	Phosphat-Ion
F^-	Fluorid-Ion	HSO_4^-	Hydrogensulfat-Ion	HPO_4^{2-}	Hydrogen-phosphat-Ion
Cl^-	Chlorid-Ion	SO_3^{2-}	Sulfit-Ion	$H_2PO_4^-$	Dihydrogen-phosphat-Ion
Br^-	Bromid-Ion	HSO_3^-	Hydrogensulfit-Ion		
I^-	Iodid-Ion	NO_3^-	Nitrat-Ion	ClO_2^-	Chlorit-Ion
O^{2-}	Oxid-Ion	NO_2^-	Nitrit-Ion	ClO_3^-	Chlorat-Ion
OH^-	Hydroxid-Ion	CO_3^{2-}	Carbonat-Ion	ClO_4^-	Perchlorat-Ion
H^-	Hydrid-Ion	HCO_3^-	Hydrogen-carbonat-Ion	S^{2-}	Sulfid-Ion
H^+	Wasserstoff-Ion (Proton)			HS^-	Hydrogensulfid-Ion
		CN^-	Cyanid-Ion	$HCOO^-$	Formiat-Ion
H_3O^+	Oxonium(-Ion) (Hydronium-Ion)	CrO_4^{2-}	Chromat-Ion	CH_3COO^-	Acetat-Ion

Griechische Zahlwörter in der chemischen Nomenklatur

Ziffer	Zahlwort	Ziffer	Zahlwort	Ziffer	Zahlwort
1/2	hemi	7	hepta	14	tetradeca
1	mono	8	octa	15	pentadeca
2	di, bi(s)	9	nona	16	hexadeca
3	tri	10	deca	17	heptadeca
4	tetra	11	undeca	18	octadeca
5	penta	12	dodeca	19	enneadeca
6	hexa	13	trideca	20	eicosa

Namen und allgemeine Formeln von organischen Verbindungen

Kohlenwasserstoffe			Verbindungen mit funktionellen Gruppen im Molekül R, R': Kohlenwasserstoffreste	
Name	Allgemeine Formel	Strukturmerkmal	Name	Allgemeine Formel
Alkane	C_nH_{2n+2}	$-C-C-$	Alkohole	$R-OH$
Alkene	C_nH_{2n}	$C=C$	Aldehyde	$R-C{\overset{O}{\underset{H}{<}}}$
Alkine	C_nH_{2n-2}	$-C\equiv C-$	Ether	$R-O-R'$
			Ketone	$R-C-R'$, O
Diene	C_nH_{2n-2}	$C=C-C=C$	Carbonsäuren	$R-C{\overset{O}{\underset{OH}{<}}}$
Cycloalkane	C_nH_{2n}	(Ringstruktur)	Ester	$R-C{\overset{O}{\underset{O-R'}{<}}}$
			Amine	$R-NH_2$
			Nitrile	$R-C\equiv N$
			Sulfonsäuren	$R-SO_3H$

Anorganische Stoffe (zers.: zersetzlich; subl.: sublimiert, [1] bei 101,3 kPa) ↻ 125-1

Name	Symbol/ Formel	Molare Masse M in g·mol^{-1} (gerundet)	Aggregatzustand bei 25 °C	Dichte ϱ in g·cm^{-3} bei 25 °C (* bei 0 °C)	Schmelztemperatur[1] ϑ_S in °C	Siedetemperatur[1] ϑ_V in °C
Aluminium	Al	27	s	2,70	660	2450
Aluminiumchlorid	AlCl$_3$	133	s	2,44	192,5 (u. Druck)	subl. bei 180
Aluminiumhydroxid	Al(OH)$_3$	78	s	2,42	zers. ab 170	−
Aluminiumoxid	Al$_2$O$_3$	102	s	3,90	2045	2980
Aluminiumsulfat-18-hydrat	Al$_2$(SO$_4$)$_3$· 18 H$_2$O	666	s	1,69	zers. ab 86	−
Ammoniak	NH$_3$	17	g	0,77 g·l^{-1}*	− 78	− 33
Ammoniumcarbonat-1-hydrat	(NH$_4$)$_2$CO$_3$· H$_2$O	114	s		zers. ab 58	−
Ammoniumchlorid	NH$_4$Cl	53,5	s	1,54	zers. ab 350	subl. bei 340
Ammoniumnitrat	NH$_4$NO$_3$	80	s	1,73	169	zers. ab 200
Ammoniumsulfat	(NH$_4$)$_2$SO$_4$	132	s	1,77	zers. ab 280	−
Argon	Ar	40	g	1,78 g·l^{-1}*	− 189	− 186
Barium	Ba	137	s	3,50	725	1640
Bariumcarbonat	BaCO$_3$	197	s	4,40	zers. ab 1350	−
Bariumchlorid	BaCl$_2$	208	s	3,9	963	1562
Bariumhydroxid	Ba(OH)$_2$	171	s	4,5	408	−
Bariumsulfat	BaSO$_4$	233	s	4,48	1350	−
Blei	Pb	207	s	11,34	327	1740
Blei(II)-chlorid	PbCl$_2$	278	s	5,85	498	954
Blei(II)-oxid	PbO	223	s	9,53	890	1470
Blei(II, IV)-oxid	Pb$_3$O$_4$	685	s	9,10	zers. ab 500	−
Blei(IV)-oxid	PbO$_2$	239	s	9,37	zers. ab 290	−
Blei(II)-sulfat	PbSO$_4$	303	s	6,2	1170	−
Brom	Br$_2$	160	l	3,12	− 7	58,7
Bromwasserstoff	HBr	81	g	3,64 g · l^{-1}*	− 87	− 67
Caesium	Cs	133	s	1,9	29	690
Calcium	Ca	40	s	1,55	838	1490
Calciumbromid	CaBr$_2$	200	s	3,35	730	810
Calciumcarbonat	CaCO$_3$	100	s	2,93	zers. ab 825	−
Calciumchlorid	CaCl$_2$	111	s	2,15	772	>1600
Calciumhydroxid	Ca(OH)$_2$	74	s	2,23	zers. ab 580	−
Calciumoxid	CaO	56	s	3,40	≈ 2570	2850
Calciumsulfat	CaSO$_4$	136	s	2,96	1450	−
Calciumsulfat-2-hydrat	CaSO$_4$ · 2 H$_2$O	172	s	2,32	zers. ab 100	−
Chlor	Cl$_2$	71	g	3,214 g · l^{-1}*	− 101	− 35
Chlorwasserstoff	HCl	36,5	g	1,639 g · l^{-1}*	− 112	− 85
Chrom	Cr	52	s	7,19	≈ 1900	2642
Chrom(III)-chlorid	CrCl$_3$	158	s	2,76	≈ 1150	subl. bei ≈ 1300
Chrom(III)-oxid	Cr$_2$O$_3$	152	s	5,21	2437	≈ 3000
Chrom(III)-sulfat-18-Wasser	Cr$_2$(SO$_4$)$_3$· 18 H$_2$O	716	s	1,86	zers. ab 100	−
Cobalt	Co	59	s	8,90	1490	≈ 2900
Cobalt(II)-chlorid	CoCl$_2$	130	s	3,36	727	1050
Deuterium	D$_2$	4	g	0,170 g · l^{-1}*	− 254,6	− 249,7
Deuteriumoxid	D$_2$O	20	l	1,11	3,8	101,4

Aggregatzustand: s = fest; l = flüssig; g = gasförmig

Chemie ◀

Name	Symbol/ Formel	Molare Masse M in g·mol^{-1} (gerundet)	Aggregat- zustand bei 25 °C	Dichte ϱ in g·cm^{-3} bei 25 °C (* bei 0 °C)	Schmelz- tempe- ratur[1] ϑ_S in °C	Siede- tempe- ratur[1] ϑ_V in °C
Eisen	Fe	56	s	7,86	1 540	≈ 3 000
Eisen(III)-chlorid	FeCl$_3$	162	s	2,80	306	zers. ab 315
Eisen(III)-hydroxid	Fe(OH)$_3$	107	s	3,4 … 3,9	zers. ab 500	−
Eisen(II)-oxid	FeO	72	s	5,70	1 360	−
Eisen(III)-oxid	Fe$_2$O$_3$	160	s	5,24	zers. ab 1 560	−
Eisen(II, III)-oxid	Fe$_3$O$_4$	231,5	s	5,18	zers. ab 1 538	−
Eisen(II)-sulfat	FeSO$_4$	152	s	2,84	zers.	−
Eisen(II)-sulfid	FeS	88	s	4,84	1 195	zers.
Fluor	F$_2$	38	g	1,69 g·l^{-1}*	− 220	− 188
Fluorwasserstoff	HF	20	g	0,99 (l)	− 83	19
Gold	Au	197	s	19,3	1 063	2 970
Helium	He	4	g	0,179 g·l^{-1}*	− 270	− 269
Iod	I$_2$	254	s	4,94	114	182,8
Iodwasserstoff	HI	128	g	5,79 g·l^{-1}*	− 51	− 35
Kalium	K	39	s	0,86	64	760
Kaliumbromid	KBr	119	s	2,75	734	1 382
Kaliumcarbonat	K$_2$CO$_3$	138	s	2,43	897	zers.
Kaliumchlorid	KCl	74,5	s	1,98	770	1 405
Kaliumfluorid	KF	58	s	2,48	857	1 502
Kaliumhydroxid	KOH	56	s	2,04	360	1 320
Kaliumiodid	KI	166	s	3,13	682	1 324
Kaliumnitrat	KNO$_3$	101	s	2,11	339	zers. ab 400
Kaliumnitrit	KNO$_2$	85	s	1,91	zers. ab 350	−
Kaliumpermanganat	KMnO$_4$	158	s	2,70	zers. ab 240	−
Kaliumsulfat	K$_2$SO$_4$	174	s	2,66	1 074	1 688
Kohlenstoff (Diamant)	C	12	s	3,51	ab 3 550	−
Kohlenstoff (Graphit)	C	12	s	2,26	3 730	−
Kohlenstoffdioxid	CO$_2$	44	g	1,977 g·l^{-1}*	− 57 (u. Druck)	subl. bei − 79
Kohlenstoffdisulfid	CS$_2$	76	l	1,26	− 112	46
Kohlenstoffmonooxid	CO	28	g	1,250 g·l^{-1}*	− 205	− 192
Krypton	Kr	84	g	3,71 g·l^{-1}*	− 157	− 152
Kupfer	Cu	63,5	s	8,96	1 083	2 600
Kupfer(I)-chlorid	CuCl	99	s	4,14	422	1 367
Kupfer(II)-chlorid	CuCl$_2$	134,5	s	3,4	630	zers. ab 990
Kupfer(I)-oxid	Cu$_2$O	143	s	6,0	1 232	zers. ab 1800
Kupfer(II)-oxid	CuO	79,5	s	6,45	1 326	−
Kupfer(II)-sulfat	CuSO$_4$	159,5	s	3,61	200	zers. ab 650
Kupfer(II)-sulfat- 5-hydrat	CuSO$_4$· 5 H$_2$O	249,5	s	2,3	zers. ab 110	−
Kupfer(II)-sulfid	CuS	95,5	s	4,6	zers. ab 200	−
Lithium	Li	7	s	0,534	180	1 372
Lithiumhydrid	LiH	8	s	0,82	680	
Magnesium	Mg	24	s	1,74	650	1 110
Magnesiumchlorid	MgCl$_2$	95	s	2,32	712	1 420
Magnesiumhydroxid	Mg(OH)$_2$	58	s	2,4	zers. ab 350	−
Magnesiumoxid	MgO	40	s	3,65	2 800	3 600
Magnesiumsulfat	MgSO$_4$	120	s	2,66	1 127	−
Mangan	Mn	55	s	7,43	1 244	≈ 2 100
Mangan(II)-chlorid	MnCl$_2$	126	s	2,98	650	1 190
Mangan(IV)-oxid	MnO$_2$	87	s	5,03	535	zers.
Mangan(II)-sulfat	MnSO$_4$	151	s	3,18	700	zers. bei 850

Chemie

Name	Symbol/ Formel	Molare Masse M in $g \cdot mol^{-1}$ (gerundet)	Aggregat- zustand bei 25 °C	Dichte ϱ in $g \cdot cm^{-3}$ bei 25 °C (* bei 0 °C)	Schmelz- tempe- ratur[1] ϑ_S in °C	Siede- tempe- ratur[1] ϑ_V in °C
Natrium	Na	23	s	0,97	98	892
Natriumbromid	NaBr	103	s	3,21	747	1 390
Natriumcarbonat- 10-hydrat	$Na_2CO_3 \cdot$ 10 H_2O	286	s	1,46	33	–
Natriumchlorid	NaCl	58,5	s	2,16	800	1 465
Natriumhydrogen- carbonat	$NaHCO_3$	84	s	2,20	zers. ab 270	–
Natriumhydroxid	NaOH	40	s	2,13	322	1 390
Natriumiodid	NaI	150	s	3,67	662	1 305
Natriumnitrat	$NaNO_3$	85	s	2,25	310	zers. ab 380
Natriumsulfat	Na_2SO_4	142	s	2,69	884	–
Neon	Ne	20	g	$0,899 g \cdot l^{-1}$*	– 249	– 246
Ozon	O_3	48	g	$2,14 g \cdot l^{-1}$*	– 193	– 111
Perchlorsäure	$HClO_4$	100,5	l	1,76	– 112	zers.
Phosphor (weiß)	P	31	s	1,82	44	280
Phosphor(V)-oxid	P_2O_5	142	s	2,30	566	subl. bei 358
Phosphorsäure	H_3PO_4	98	s	1,88	42	zers. ab 213
Platin	Pt	195	s	21,45	1770	3825
Quecksilber	Hg	200,5	l	13,53	– 39	357
Quecksilber(I)-chlorid	Hg_2Cl_2	472	s	7,15	302	subl. bei 383
Quecksilber(II)-oxid	HgO	216,5	s	11,14	zers. ab 500	–
Salpetersäure	HNO_3	63	l	1,51	– 42	86
Sauerstoff	O_2	32	g	$1,429 g \cdot l^{-1}$*	– 219	– 183
Schwefel (amorph)	S	32	s	1,92	120	444,6
Schwefel (monoklin)	S	32	s	1,96	119	444,6
Schwefel (rhombisch)	S	32	s	2,07	113	444,6
Schwefeldioxid	SO_2	64	g	$2,926 g \cdot l^{-1}$*	– 76	– 10
Schwefelsäure	H_2SO_4	98	l	1,83	11	zers. ab 338
Schwefeltrioxid (α)	SO_3	80	l	1,99	17	45
Silber	Ag	108	s	10,50	961	2212
Silberbromid	AgBr	188	s	6,47	430	zers. ab 700
Silberchlorid	AgCl	143	s	5,56	455	1 554
Silberiodid	AgI	235	s	5,71	557	1 506
Silbernitrat	$AgNO_3$	170	s	4,35	209	zers. ab 444
Silicium	Si	28	s	2,33	1410	3 280
Siliciumdioxid (Quarz)	SiO_2	60	s	2,65	1713	> 2 200
Stickstoff	N_2	28	g	$1,251 g \cdot l^{-1}$*	– 210	– 195,8
Stickstoffdioxid	NO_2	46	g	1,49	– 11	21
Stickstoffmonooxid	NO	30	g	$1,340 g \cdot l^{-1}$*	– 164	– 152
Strontium	Sr	88	s	2,58	757	1 364
Wasser	H_2O	18	l	1,0	0	100
Wasserstoff	H_2	2	g	$0,0899 g \cdot l^{-1}$*	– 259,3	– 252,8
Wasserstoffperoxid	H_2O_2	34	l	1,46	– 0,43	150
Xenon	Xe	131	g	$5,89 g \cdot l^{-1}$*	– 112	– 108,0
Zink	Zn	65	s	7,14	419	906
Zinkchlorid	$ZnCl_2$	136	s	2,90	318	732
Zinkoxid	ZnO	81,5	s	5,47	1975 (u. Druck)	subl. bei 1 800

Chemie

Organische Stoffe (zers.: zersetzlich; subl.: sublimiert; [1] bei 101,3 kPa) ↻ 128-1

Name	Formel	Molare Masse M in g·mol⁻¹ (gerundet)	Aggregatzustand bei 25 °C	Dichte ϱ in g·cm⁻³ bei 25 °C (* bei 0 °C)	Schmelztemperatur[1] ϑ_S in °C	Siedetemperatur[1] ϑ_V in °C
Acrylnitril	$CH_2=CH–CN$	53	l	0,81	−82	78
Aminobenzol (Anilin)	⬡–NH_2	93	l	1,02	−6,2	184,4
2-Amino-ethansäure (Glycin)	$CH_2(NH_2)–COOH$	75	s	1,16	zers. ab 232	−
2-Amino-propansäure (Alanin)	$CH_3–CH(NH_2)–COOH$	89	s	1,40	zers. ab 295	−
Anthracen	(Struktur)	178	s	1,242	216	340
Benzaldehyd	⬡–CHO	106	l	1,05	−26	178
Benzoesäure	⬡–$COOH$	122	s	1,27 (15 °C)	121,7	249
Benzol (Benzen)	⬡	78	l	0,88	5,49	80,1
Benzolsulfonsäure	⬡–SO_3H	158	s	−	≈ 60	−
Brenztraubensäure (2-Ketopropansäure)	$CH_3–\underset{\underset{O}{\|}}{C}–COOH$	88	l	1,26	11	165
Biphenyl	⬡–⬡	154	s	0,9896 (77 °C)	69	255
Brombenzol	⬡–Br	157	l	1,495	−30,6	155,6
Bromethan	$CH_3–CH_2–Br$	109	l	1,46	−119	38,4
Brommethan	$CH_3–Br$	95	g	1,73 (0 °C)	−93,7	3,6
Buta-1,3-dien	$CH_2=CH–CH=CH_2$	54	g	0,65 (−6 °C)	−109	−4,5
Butan	$CH_3–(CH_2)_2–CH_3$	58	g	2,703 g·l⁻¹*	−135	−0,5
Butan-1-ol	$CH_3–(CH_2)_3–OH$	74	l	0,81	−89	117
Butan-2-ol	$CH_3–\underset{\underset{OH}{\|}}{CH}–CH_2–CH_3$	74	l	0,81	−114	99
Butansäure (Buttersäure)	$C_3H_7–COOH$	88	l	0,96	−5,2	164
Butansäureethylester	$C_3H_7–COO–C_2H_5$	116	l	0,879 (20 °C)	−93,3	120
Chlorbenzol	⬡–Cl	113	l	1,10	−45	132
Chlorethan	$CH_3–CH_2–Cl$	64,5	g	0,92 (6 °C)	−136,4	12,3
Chlorethen (Vinylchlorid)	$CH_2=CH–Cl$	62,5	g	0,97 (−13 °C)	−159,7	−13,5
Chlormethan	CH_3Cl	50,5	g	2,31 g·l⁻¹*	−97	−23,7
Citronensäure	$HO–\underset{\underset{CH_2-COOH}{\|}}{\overset{\overset{CH_2-COOH}{\|}}{C}}–COOH$	192	s	1,54	153	zers.
Cyclohexan	C_6H_{12}	84	l	0,779	6,6	80,8
Cyclohexen	C_6H_{10}	82	l	0,81	−104	83
1,2-Dibromethan	$Br–CH_2–CH_2–Br$	188	l	2,18	10	131,6
1,2-Dichlorbenzol (o-Dichlorbenzol)	(Struktur, Cl,Cl)	147	l	1,31	−17,5	179,2
1,3-Dichlorbenzol (m-Dichlorbenzol)	(Struktur, Cl,Cl)	147	l	1,29	−24,4	172
1,4-Dichlorbenzol (p-Dichlorbenzol)	(Struktur, Cl,Cl)	147	s	1,26 (55 °C)	54	173,7
Dichlordifluormethan (Freon 12)	CCl_2F_2	121	g	1,468 (−30 °C)	−158	−30

Aggregatzustand: s = fest; l = flüssig; g = gasförmig

Name	Formel	Molare Masse M in g·mol⁻¹ (gerundet)	Aggregat- zustand bei 25 °C	Dichte ϱ in g·cm⁻³ bei 25 °C (* bei 0 °C)	Schmelz- tempe- ratur[1] ϑ_S in °C	Siede- tempe- ratur[1] ϑ_V in °C
1,2-Dichlorethan	Cl–CH₂–CH₂–Cl	99	l	1,26	−35,5	83,7
Dichlormethan	Cl–CH₂–Cl	85	l	1,34	−96,7	40,7
Diethylether	C₂H₅–O–C₂H₅	74	l	0,714	−116,3	34,5
1,2-Dihydroxybenzol (Brenzcatechin)	OH ⟨⟩OH	110	s	1,344	103	246
1,3-Dihydroxybenzol (Resorcin)	OH ⟨⟩OH	110	s	1,271 (15 °C)	110	280
1,4-Dihydroxybenzol (p-Hydrochinon)	OH ⟨⟩ OH	110	s	1,358	170	286
1,2-Dimethylbenzol (o-Xylol)	CH₃ ⟨⟩CH₃	106	l	0,875	−25	144
1,3-Dimethylbenzol (m-Xylol)	CH₃ ⟨⟩CH₃	106	l	0,864	−48	139
1,4-Dimethylbenzol (p-Xylol)	CH₃–⟨⟩–CH₃	106	l	0,861	13	138
Ethan	CH₃–CH₃	30	g	1,356 g·l⁻¹*	−183,2	−88,5
Ethanal (Acetaldehyd)	CH₃CHO	44	g	0,788 (13 °C)	−123	20,2
Ethanol	C₂H₅OH	46	l	0,79	−114,2	78,4
Ethansäure (Essigsäure)	CH₃COOH	60	l	1,05	16,6	118,1
Ethansäure- ethylester	CH₃–COO–C₂H₅	88	l	0,899	−83,6	77,1
Ethansäure- methylester	CH₃–COO–CH₃	74	l	0,92	−98	56,9
Ethen (Ethylen)	CH₂=CH₂	28	g	1,260 g·l⁻¹*	−169,5	−103,9
Ethin (Acetylen)	CH≡CH	26	g	1,17 g·l⁻¹*	−81,8	−83,8
Ethylbenzol	⟨⟩–CH₂–CH₃	106	l	0,87	−93,9	136,2
Ethylenglykol (Glykol)	HO–CH₂–CH₂–OH	62	l	1,113	−12,9	197,8
Furan	⟨O⟩	68	l	0,94	−86	32
Glucose (Traubenzucker)	C₆H₁₂O₆	180	s	1,54	146	zers. ab 200
Glycerin (Gycerol)	CH₂–CH–CH₂ | | | OH OH OH	92	l	1,26	18	zers. bei 290
Harnstoff	CO(NH₂)₂	60	s	1,34	132,7	zers.
Heptan	CH₃–(CH₂)₅–CH₃	100	l	0,68	−90	98
Hept-l-en	CH₂=CH–(CH₂)₄–CH₃	98	l	0,70	−119	94
Hexachlorcyclohexan (Lindan)	C₆H₆Cl₆	291	s	1,85	113	323
Hexadecansäure (Palmitinsäure)	CH₃–(CH₂)₁₄–COOH	256	s	0,85 (62 °C)	62,6	219 (2,7 kPa)
Hexan	CH₃–(CH₂)₄–CH₃	86	l	0,659	−94,3	68,7
Hexan-1-ol	CH₃–(CH₂)₅–OH	102,2	l	0,82	−45	157
Hexansäure (Capronsäure)	CH₃–(CH₂)₄–COOH	116,2	l	0,92	−4	205
Hex-l-en	C₆H₁₂	84	l	0,6732	−139,8	63,5
Hex-l-in	C₆H₁₀	82	l	0,719 (15 °C)	−124	71,5
2-Hydroxybenzoesäure (Salicylsäure)	⟨⟩ COOH OH	138	s	1,44	158	sub. zers. 200 °C
Isopropylbenzol	C₆H₅–CH(CH₃)₂	120	l	0,86	−97	153

Name	Formel	Molare Masse M in g·mol⁻¹ (gerundet)	Aggregatzustand bei 25 °C	Dichte ϱ in g·cm⁻³ bei 25 °C (* bei 0 °C)	Schmelztemperatur[1] ϑ_S in °C	Siedetemperatur[1] ϑ_V in °C
Methan	CH_4	16	g	0,717 g·l⁻¹*	−182,5	−161,4
Methanal (Formaldehyd)	HCHO	30	g	0,82 (−20 °C)	−92	−21
Methanol	CH_3OH	32	l	0,79	−97,7	64,7
Methansäure (Ameisensäure)	HCOOH	46	l	1,22	8,4	100,5
Methylbenzol (Toluol)	◯–CH_3	92	l	0,87 (15 °C)	−95,3	110,8
2-Methylpropan	$(CH_3)_2$–CH–CH_3	58	g	2,67 g·l⁻¹*	−145	−11,7
2-Methylpropan-2-ol	$(CH_3)_3$C–OH	74	l	0,78	24	82
Milchsäure (2-Hydroxypropansäure)	CH_3–CH–COOH | OH	90	l	1,21	18	119 zers.
Naphthalin	◯◯	128	s	1,168 (22 °C)	80,4	217,9
Nitrobenzol	◯–NO_2	123	l	1,20	5,7	210,9
Octadecansäure (Stearinsäure)	CH_3–$(CH_2)_{16}$–COOH	284,5	s	0,94 (20 °C)	69,4	383
Octadecen-(9)-säure (Ölsäure)	$C_{17}H_{33}$COOH	282,5	l	0,89 (25 °C)	14	205
Octan	CH_3–$(CH_2)_6$–CH_3	114	l	0,7024	−56,5	125,8
Oxalsäure (Ethandisäure)	HOOC–COOH	90	s	1,901 (25 °C)	189,5	subl.
Pentan	CH_3–$(CH_2)_3$–CH_3	72	l	0,6337 (15 °C)	−129,7	36,2
Pentan-1-ol	CH_3–$(CH_2)_4$–OH	88,2	l	0,81	−78	138
Pentansäure (Valeriansäure)	CH_3–$(CH_2)_3$–COOH	102,1	l	0,94	−32	187
Phenol	◯–OH	94	s	1,05 (45 °C)	41	181,4
Phthalsäure	◯ COOH COOH	166	s	1,59	210	zers. ab 231
Propan	CH_3–CH_2–CH_3	44	g	2,01 g·l⁻¹*	−187,1	−42,1
Propan-1-ol	CH_3–$(CH_2)_2$–OH	60	l	0,8035	−126	97,2
Propan-2-ol	CH_3–CH–CH_3 | OH	60	l	0,7854	−89,5	82
Propanon (Aceton)	CH_3–CO–CH_3	58	l	0,79	−95	56,1
Propansäure (Propionsäure)	CH_3–CH_2–COOH	74,1	l	0,99	−21	141
Propen (Propylen)	CH_3–CH=CH_2	42	g	1,937 g·l⁻¹*	−185,2	−47,7
Propin	CH_3–C≡CH	40	g	1,787 g·l⁻¹*	−102	−23,3
Terephthalsäure	HOOC–◯–COOH	166	s	1,51	subl.	subl. bei ≈ 300
Tetrachlormethan	CCl_4	154	l	1,60	−22,9	76,7
Thiophen	◯S	84	l	1,06	−38	84
Trichlormethan (Chloroform)	$CHCl_3$	119,5	l	1,50 (15 °C)	−63,5	61,2
Triiodmethan	CHI_3	394	s	4,008 (17 °C)	119	218
1,3,5-Trimethylbenzol	H_3C ◯ CH_3 (CH_3)	120	l	0,86	−44	164
2,2,4-Trimethylpentan	$(CH_3)_3$C–CH_2–CH$(CH_3)_2$	114	l	0,69	−107	99
Vinylbenzol (Styrol)	◯–CH=CH_2	104	l	0,91	−31	145

Molare Standardgrößen – Anorganische Verbindungen ↻ 131-1

Tabellierungsbedingungen für molare Standardgrößen: 25 °C (298 K) und 101,3 kPa;
$\Delta_f H_m^0$: molare Standardbildungsenthalpie; $\Delta_f G_m^0$: molare freie Standardbildungsenthalpie;
S_m^0: molare Standardentropie

Name	Symbol/ Formel	Aggregat- zustand	$\Delta_f H_m^0$ in kJ · mol^{-1}	$\Delta_f G_m^0$ in kJ · mol^{-1}	S_m^0 in J · K^{-1} · mol^{-1}
Aluminium	Al	s	0	0	28
Aluminium-Ion	Al^{3+}	aq	− 525	− 481	− 322
Aluminiumchlorid	AlCl$_3$	s	− 706	− 630	109
Aluminiumoxid	Al$_2$O$_3$	s	− 1676	− 1582	51
Ammoniak	NH$_3$	g	− 46	− 16	193
Ammoniaklösung	NH$_3$	aq	− 80	− 26	111
Ammonium-Ion	NH$_4^+$	aq	− 132	− 79	113
Ammoniumchlorid	NH$_4$Cl	s	− 315	− 203	95
Ammoniumnitrat	NH$_4$NO$_3$	s	− 366	− 184	151
Barium-Ion	Ba^{2+}	aq	− 538	− 561	10
Bariumchlorid	BaCl$_2$	s	− 859	− 810	124
Blei	Pb	s	0	0	65
Blei(II)-Ion	Pb^{2+}	aq	− 2	− 24	10
Blei(II)-chlorid	PbCl$_2$	s	− 359	− 314	136
Blei(II)-oxid (rot)	PbO	s	− 219	− 189	66
Blei(II)-sulfat	PbSO$_4$	s	− 923	− 816	148
Blei(II)-sulfid	PbS	s	− 99	− 97	91
Brom	Br$_2$	g	31	3	245
Brom	Br$_2$	l	0	0	152
Brom-Atome	Br	g	112	82	175
Bromid-Ion	Br$^-$	aq	− 122	− 104	82
Bromwasserstoff	HBr	g	− 36	− 53	199
Bromwasserstoffsäure	HBr	aq	− 122	− 104	82
Calcium-Ion	Ca^{2+}	aq	− 543	− 554	− 53
Calciumcarbonat	CaCO$_3$	s	− 1207	− 1129	93
Calciumchlorid	CaCl$_2$	s	− 796	− 748	105
Calciumchlorid-6-hydrat	CaCl$_2$ · 6 H$_2$O	s	− 2609		
Calciumoxid	CaO	s	− 635	− 604	38
Calciumsulfat	CaSO$_4$	s	− 1434	− 1322	107
Calciumsulfat-1/2-hydrat	CaSO$_4$ · 1/2 H$_2$O	s	− 1577	− 1437	130
Calciumsulfat-2-hydrat	CaSO$_4$ · 2 H$_2$O	s	− 2023	− 1797	194
Carbonat-Ion	CO$_3^{2-}$	aq	− 677	− 528	− 57
Chlor	Cl$_2$	g	0	0	223
Chlor-Atome	Cl	g	121	105	165
Chlorid-Ion	Cl$^-$	aq	− 167	− 131	56
Chlorwasserstoff	HCl	g	− 92	− 95	187
Chlorwasserstoffsäure (Salzsäure)	HCl	aq	− 167	− 131	56
Distickstoffpentaoxid	N$_2$O$_5$	g	11	118	347
Distickstofftetraoxid	N$_2$O$_4$	g	9	98	304
Eisen	Fe	s	0	0	27
Eisen(II)-Ion	Fe^{2+}	aq	− 89	− 79	− 138
Eisen(III)-Ion	Fe^{3+}	aq	− 49	− 5	− 316
Eisen(III)-chlorid	FeCl$_3$	s	− 399	− 334	142
Eisen(II)-oxid	FeO	s	− 272	− 251	61
Eisen(III)-oxid (Hämatit)	Fe$_2$O$_3$	s	− 824	− 742	87
Eisen(II, III)-oxid	Fe$_3$O$_4$	s	− 1118	− 1015	146
Eisen(II)-sulfid	FeS	s	− 102	− 102	60
Eisen(II)-sulfid (Pyrit)	FeS$_2$	s	− 172	− 160	53
Fluor	F$_2$	g	0	0	203
Fluor-Atome	F	g	79	62	159
Fluorid-Ion	F$^-$	aq	− 333	− 279	− 14
Fluorwasserstoff	HF	g	− 273	− 275	174

Aggregatzustand: s = fest; l = flüssig; g = gasförmig; aq = in wässriger Lösung bei c = 1 mol · l^{-1}

Chemie

Name	Symbol/Formel	Aggregat-zustand	$\Delta_f H_m^0$ in $kJ \cdot mol^{-1}$	$\Delta_f G_m^0$ in $kJ \cdot mol^{-1}$	S_m^0 in $J \cdot K^{-1} \cdot mol^{-1}$
Hydronium-Ion (Oxonium)	H_3O^+	aq	-286	-237	70
Hydroxid-Ion	OH^-	aq	-230	-157	-11
Iod	I_2	g	62	19	261
Iod	I_2	s	0	0	116
Iod-Atome	I	g	107	70	181
Iodid-Ion	I^-	aq	-55	-52	111
Iodwasserstoff	HI	g	26	2	207
Kalium	K	s	0	0	65
Kalium-Atome	K	g	89	60	160
Kalium-Ion	K^+	aq	-252	-283	102
Kaliumbromid	KBr	s	-394	-380	96
Kaliumcarbonat	K_2CO_3	s	-1150	-1065	156
Kaliumchlorid	KCl	s	-437	-409	83
Kaliumhydroxid	KOH	s	-425	-379	79
Kaliumiodid	KI	s	-328	-323	106
Kaliumnitrat	KNO_3	s	-495	-395	133
Kaliumoxid	K_2O	s	-361	-323	102
Kaliumpermanganat	$KMnO_4$	s	-813	-714	172
Kohlenstoff (Diamant)	C	s	2	3	2
Kohlenstoff (Graphit)	C	s	0	0	6
Kohlenstoff-Atome	C	g	717	671	158
Kohlenstoffdioxid	CO_2	g	-394	-394	214
Kohlenstoffdisulfid	CS_2	g	117	67	238
Kohlenstoffdisulfid	CS_2	l	90	65	151
Kohlenstoffmonooxid	CO	g	-111	-137	198
Kupfer	Cu	s	0	0	33
Kupfer-Atome	Cu	g	338	298	166
Kupfer(I)-Ion	Cu^+	aq	72	50	41
Kupfer(II)-Ion	Cu^{2+}	aq	65	66	-100
Kupfer(II)-chlorid	$CuCl_2$	s	-218	-174	108
Kupfer(I)-oxid	Cu_2O	s	-171	-148	92
Kupfer(II)-oxid	CuO	s	-156	-128	43
Kupfer(II)-sulfat	$CuSO_4$	s	-771	-662	109
Kupfer(II)-sulfat-5-hydrat	$CuSO_4 \cdot 5\,H_2O$	s	-2280	-1880	300
Kupfer(II)-sulfid	CuS	s	-53	-53	66
Lithium	Li	s	0	0	29
Lithium-Ion	Li^+	aq	-279	-293	-13
Lithiumoxid	Li_2O	s	-599	-562	38
Magnesium	Mg	s	0	0	33
Magnesium-Atome	Mg	g	146	112	149
Magnesium-Ion	Mg^{2+}	aq	-467	-455	-138
Magnesiumchlorid	$MgCl_2$	s	-642	-592	90
Magnesiumoxid	MgO	s	-601	-569	27
Mangan(II)-Ion	Mn^{2+}	aq	-221	-228	-74
Mangan(II)-oxid	MnO	s	-385	-363	60
Mangan(IV)-oxid	MnO_2	s	-520	-465	53
Natrium	Na	s	0	0	51
Natrium-Atome	Na	g	107	77	154
Natrium-Ion	Na^+	g	611	573	148
Natrium-Ion (aq)	Na^+	aq	-240	-262	59
Natriumbromid	$NaBr$	s	-361	-349	87
Natriumcarbonat	Na_2CO_3	s	-1131	-1048	139
Natriumcarbonat-10-Wasser	$Na_2CO_3 \cdot 10\,H_2O$	s	-4085		
Natriumchlorid	$NaCl$	g	-181	-201	230
Natriumchlorid	$NaCl$	s	-411	-384	72
Natriumhydroxid	$NaOH$	s	-426	-380	64
Natriumiodid	NaI	s	-288	-285	98
Natriumnitrat	$NaNO_3$	s	-468	-367	116
Natriumoxid	Na_2O	s	-418	-379	75

Name	Symbol/ Formel	Aggregat- zustand	$\Delta_f H_m^0$ in $kJ \cdot mol^{-1}$	$\Delta_f G_m^0$ in $kJ \cdot mol^{-1}$	S_m^0 in $J \cdot K^{-1} \cdot mol^{-1}$
Natriumperoxid	Na_2O_2	s	−513	−450	95
Natriumsulfat	Na_2SO_4	s	−1388	−1270	150
Natriumsulfat-10-hydrat	$Na_2SO_4 \cdot 10\,H_2O$	s	−4324	−3644	593
Nitrat-Ion	NO_3^-	aq	−205	−109	146
Ozon	O_3	g	143	164	239
Permanganat-Ion	MnO_4^-	aq	−541	−447	191
Phosphat-Ion	PO_4^{3-}	aq	−1277	−1019	−222
Phosphor (weiß)	P	s	0	0	41
Phosphor (rot)	P	s	−17	−12	23
Phosphor	P_4	g	59	24,5	280
Phosphor(V)-oxid (dimer)	P_4O_{10}	s	−3010	−2723	229
Phosphorsäure	H_3PO_4	s	−1279	−1119	110
Quecksilber(II)-chlorid	$HgCl_2$	s	−230	−184	144
Quecksilber(II)-oxid (rot)	HgO	s	−91	−59	70
Salpetersäure	HNO_3	g	−134	−74	266
Salpetersäure	HNO_3	l	−174	−81	156
Sauerstoff	O_2	g	0	0	205
Sauerstoff-Atome	O	g	249	232	161
Schwefel (rhombisch)	S	s	0	0	32
Schwefel (monoklin)	S	s	0,4	0,1	33
Schwefel	S_8	g	100	49	430
Schwefeldioxid	SO_2	g	−297	−300	248
Schwefelsäure	H_2SO_4	l	−814	−690	157
Schwefeltrioxid	SO_3	g	−396	−371	257
Schwefelwasserstoff	H_2S	g	−21	−33	206
Sulfat-Ion	SO_4^{2-}	aq	−909	−744	20
Sulfid-Ion	S^{2-}	aq	33	86	−15
Sulfit-Ion	SO_3^{2-}	aq	−625		44
Silber	Ag	s	0	0	43
Silber-Atome	Ag	g	284	245	173
Silber-Ion	Ag^+	aq	106	77	73
Silberbromid	AgBr	s	−101	−97	107
Silberchlorid	AgCl	s	−127	−110	96
Silberiodid	AgI	s	−62	−66	115
Silbersulfid	Ag_2S	s	−33	−41	144
Siliciumdioxid (Quarz)	SiO_2	s	−911	−856	41
Stickstoff	N_2	g	0	0	192
Stickstoff-Atome	N	g	473	456	153
Stickstoffdioxid	NO_2	g	33	51	240
Stickstoffmonooxid	NO	g	90	87	211
Thiosulfat-Ion	$S_2O_3^{2-}$	aq	−645		121
Tetraamminkupfer(II)-Ion	$[Cu(NH_3)_4]^{2+}$	aq	334	−256	807
Wasser	H_2O	g	−242	−229	189
Wasser	H_2O	l	−286	−237	70
Wasserstoff	H_2	g	0	0	131
Wasserstoff-Atome	H	g	218	203	115
Wasserstoff-Ion	H^+	aq	0	0	0
Wasserstoffperoxid	H_2O_2	l	−188	−120	110
Zink	Zn	s	0	0	42
Zink-Atome	Zn	g	130	95	161
Zink-Ion	Zn^{2+}	aq	−154	−147	−112
Zinkchlorid	$ZnCl_2$	s	−415	−369	111
Zinkiodid	ZnI_2	s	−208	−209	161
Zinkoxid	ZnO	s	−350	−320	44

Chemie

Molare Standardgrößen – Organische Verbindungen ↻ 134-1

Tabellierungsbedingungen für molare Standardgrößen: 25 °C (298 K) und 101,3 kPa;
$\Delta_f H_m^0$: molare Standardbildungsenthalpie;
$\Delta_f G_m^0$: molare freie Standardbildungsenthalpie;
S_m^0: molare Standardentropie;
$\Delta_V H_m^0$: molare Standardverbrennungsenthalpie

Name	Formel	Aggregat-zustand	$\Delta_f H_m^0$ in kJ·mol⁻¹	$\Delta_f G_m^0$ in kJ·mol⁻¹	S_m^0 in J·K⁻¹·mol⁻¹	$\Delta_V H_m^0$ in kJ·mol⁻¹
Aminobenzol (Anilin)	$C_6H_5NH_2$	l	31	148	192	
Acetat-Ionen	CH_3COO^-	aq	−486	−368	86	
Benzoesäure	C_6H_5COOH	s	−385	−245	167	−3221
Benzol	⬡	g	83	130	269	−3265 (l)
Benzol	⬡	l	49	125	173	
Brommethan	CH_3Br	g	−36	−27	246	
Buta-1,3-dien	$CH_2=CHCH=CH_2$	g	110	151	279	
Butan	$CH_3(CH_2)_2CH_3$	g	−126	−17	310	−2874
But-1-en	C_4H_8	g	0	71	306	−271,5
Campher	$C_{10}H_{16}O$	s				−5910
Chlormethan	CH_3Cl	g	−86	−63	235	
Cyclohexan	C_6H_{12}	g	−123	32	298	−3916 (l)
Cyclohexan	C_6H_{12}	l	−156	27	204	
Essigsäureethylester	$CH_3COOC_2H_5$	l	−479	−333	259	
Ethan	C_2H_6	g	−85	−33	230	−1557
Ethanal (Acetaldehyd)	CH_3CHO	g	−166	−133	264	−1191
Ethanol	C_2H_5OH	l	−277	−174	161	−1364
Ethansäure (Essigsäure)	CH_3COOH	l	−484	−389	160	−872
Ethen	C_2H_4	g	52	68	219	−1409
Ethin	C_2H_2	g	227	209	201	−1299
Ethylenglykol (Glykol)	$HO-CH_2-CH_2-OH$	l	−454	−327	179	
Fluormethan	CH_3F	g	−234	−210	223	
Formiat-Ionen	$HCOO^-$	aq	−426	−351	92	
α-D-Glucose	$C_6H_{12}O_6$	s	−1274	−910	212	−2820
Glycerin	$C_3H_5(OH)_3$	l	−666	−480	205	−1650
Glycin	NH_2CH_2COOH	s	−529	−369	104	
Harnstoff	$CO(NH_2)_2$	s	−333	−197	105	
Heptan	C_7H_{16}	l	−224	1	329	
Heptan	C_7H_{16}	g	−188	8	428	
Hexan	C_6H_{14}	l	−199	−4	296	−4158
Hexan	C_6H_{14}	g	−167	0	389	
Methan	CH_4	g	−75	−51	186	−889
Methanal (Formaldehyd)	$HCHO$	g	−116	−110	219	−563
Methanol	CH_3OH	g	−201	−162	240	−725 (l)
Methanol	CH_3OH	l	−239	−166	127	
Methansäure (Ameisensäure)	$HCOOH$	l	−425	−361	129	−270
Methansäure (Ameisensäure)	$HCOOH$	aq	−426	−351	92	
Methylbenzol (Toluol)	⬡–CH_3	l	12	114	221	−3907
Nitrobenzol	⬡–NO_2	l	16	146	224	
Nonan	C_9H_{20}	g	−229	25	506	−6118
Nonan	C_9H_{20}	l	−275	12	394	
Octan	C_8H_{18}	g	−208	17	467	
Octan	C_8H_{18}	l	−250	7	361	−5464
Palmitinsäure	$C_{15}H_{31}COOH$	s	−903	−315	476	

Aggregatzustand: s = fest; l = flüssig; g = gasförmig; aq = in wässriger Lösung bei $c = 1$ mol·l⁻¹

Name	Formel	Aggregat-zustand	$\Delta_f H_m^0$ in kJ $\cdot$ mol^{-1}	$\Delta_f G_m^0$ in kJ $\cdot$ mol^{-1}	S_m^0 in J $\cdot$ K$^{-1} \cdot$ mol^{-1}	$\Delta_V H_m^0$ in kJ $\cdot$ mol^{-1}
Pentan	C_5H_{12}	g	-146	-8	349	
Pentan	C_5H_{12}	l	-173	-9	263	-3509
Phenol	⬡–OH	s	-165	-50	144	-3050
Propan	C_3H_8	g	-104	-23	270	-2217
Propanal	CH_3CH_2CHO	g	-192	-131	305	$-1815\,(l)$
Propan-1-ol	C_3H_7OH	g	-258	-163	325	-2016
Propan-2-ol	C_3H_7OH	g	-272	-173	310	-2003
Propan-2-ol	C_3H_7OH	l	-318	-180	180	
Propanon (Aceton)	CH_3COCH_3	l	-248	-155	200	-1785
Propen	$CH_3CH{=}CH_2$	g	20	63	267	-2056
Propin	$CH_3C{\equiv}CH$	g	185	194	248	-1936
Saccharose	$C_{12}H_{22}O_{11}$	s	-2222	-1544	360	-5650
Stearinsäure	$C_{17}H_{35}COOH$	s	-949			-11298
Tetrabrommethan	CBr_4	g	50	36	358	
Tetrachlormethan	CCl_4	l	-133	-63	216	
Tetrachlormethan	CCl_4	g	-100	-58	310	
Trichlormethan (Chloroform)	$CHCl_3$	g	-101	-68	296	
Trichlormethan (Chloroform)	$CHCl_3$	l	-132	-71	203	
Triiodmethan (Iodoform)	CHI_3	g	220	187	356	

Massenanteil und Dichte von sauren und alkalischen Lösungen

Lösung	Verdünnte Lösung *gesättigte Lösung bei 20 °C			Konzentrierte Lösung		
	Massen-anteil in %	Dichte bei 20 °C in g $\cdot$ cm^{-3}	Stoffmengen-konzentration in mol $\cdot$ l^{-1}	Massen-anteil in %	Dichte bei 20 °C in g $\cdot$ cm^{-3}	Stoffmengen-konzentration in mol $\cdot$ l^{-1}
Salzsäure	7	1,033	2	25	1,12	8
				37	1,18	12
Schwefelsäure	9	1,059	1	96	1,84	17,97
Salpetersäure	12	1,066	2	65	1,39	14,35
Phosphorsäure	10	1,05	1,1	85	1,69	14,65
Essigsäure	12	1,015	2	98	1,05	17,22
Natronlauge	8	1,087	2,2	32	1,35	10,79
Kalilauge	11	1,1	2,2	27	1,26	6,12
Kalkwasser	0,12*	1,001*	0,017*			
Barytwasser	1,8	1,04*	0,11*			
Ammoniaklösung	3	0,987	1,7	25	0,91	13,35
Ameisensäure				99	1,22	26

pH-Werte von Lösungen

pH-Wert	0 1 2 3 4 5 6	7	8 9 10 11 12 13 14
Eigenschaft der Lösung	stark sauer schwach sauer	neutral	schwach alkalisch stark alkalisch
Stoffmengenkonzentration von Hydronium-Ionen und Hydroxid-Ionen	$c(H_3O^+) > c(OH^-)$	$c(H_3O^+) = c(OH^-)$	$c(H_3O^+) < c(OH^-)$

Chemie

Umschlagsbereiche für Säure-Base-Indikatoren

Indikator	pH-Wert-Bereich des Farbumschlages	Farbe des Indikators	
		unterer pH-Wert	oberer pH-Wert
Thymolblau 1. Stufe	1,2 … 2,8	rot	gelb
Methylgelb	2,4 … 4,0	rot	gelb
Methylorange	3,0 … 4,4	rot	gelborange
Methylrot	4,4 … 6,2	rosa	gelb
Lackmus	5,0 … 8,0	rot	blau
Bromthymolblau	6,0 … 7,6	gelb	blau
Thymolblau 2. Stufe	8,0 … 9,6	gelb	blau
Phenolphthalein	8,3 … 10,0	farblos	rot
Alizaringelb	10,1 … 12	gelb	orangebraun

Molare Gitterenthalpie $\Delta_G H_m$ von Ionensubstanzen bei 25 °C

Ver-bindung	$\Delta_G H_m$ in $kJ \cdot mol^{-1}$	Ver-bindung	$\Delta_G H_m$ in $kJ \cdot mol^{-1}$	Ver-bindung	$\Delta_G H_m$ in $kJ \cdot mol^{-1}$	Ver-bindung	$\Delta_G H_m$ in $kJ \cdot mol^{-1}$
LiF	− 1039	NaCl	− 780	CaF_2	− 2617	MgO	− 3929
LiCl	− 850	KCl	− 710	$CaCl_2$	− 2231	CaO	− 3477
LiBr	− 802	RbCl	− 686	$CaBr_2$	− 2134	SrO	− 3205
LiI	− 742	CsCl	− 651	CaI_2	− 2043	BaO	− 3042

Molare Hydratationsenthalpie $\Delta_H H_m$ einiger Ionen bei 25 °C

Ion	$\Delta_H H_m$ in $kJ \cdot mol^{-1}$	Ion	$\Delta_H H_m$ in $kJ \cdot mol^{-1}$	Ion	$\Delta_H H_m$ in $kJ \cdot mol^{-1}$
H_3O^+	− 1085	Be^{2+}	− 2500	OH^-	− 365
Li^+	− 510	Mg^{2+}	− 1910	F^-	− 510
Na^+	− 400	Ca^{2+}	− 1580	Cl^-	− 380
K^+	− 325	Sr^{2+}	− 1430	Br^-	− 340
Rb^+	− 300	Ba^{2+}	− 1290	I^-	− 300
Cs^+	− 270	Al^{3+}	− 4610	NO_3^-	− 256

Komplexzerfallskonstanten (Dissoziationskonstanten) bei 25 °C

Gleichgewicht	Komplexzerfallskonstante K_D	$pK_D = -\lg \{K_D\}$
$[Ag(CN)_2]^- \rightleftharpoons Ag^+ + 2\,CN^-$	$1,0 \cdot 10^{-20}$ $mol^2 \cdot l^{-2}$	20
$[Ag(NH_3)_2]^+ \rightleftharpoons Ag^+ + 2\,NH_3$	$6,0 \cdot 10^{-8}$ $mol^2 \cdot l^{-2}$	7,2
$[Ag(S_2O_3)_2]^{3-} \rightleftharpoons Ag^+ + 2\,S_2O_3^{2-}$	$5,0 \cdot 10^{-14}$ $mol^2 \cdot l^{-2}$	13,3
$[AlF_6]^{3-} \rightleftharpoons Al^{3+} + 6\,F^-$	$1,4 \cdot 10^{-20}$ $mol^6 \cdot l^{-6}$	19,9
$[Co(NH_3)_6]^{2+} \rightleftharpoons Co^{2+} + 6\,NH_3$	$1,3 \cdot 10^{-5}$ $mol^6 \cdot l^{-6}$	4,9
$[Co(NH_3)_6]^{3+} \rightleftharpoons Co^{3+} + 6\,NH_3$	$2,2 \cdot 10^{-34}$ $mol^6 \cdot l^{-6}$	33,7
$[Cu(NH_3)_4]^{2+} \rightleftharpoons Cu^{2+} + 4\,NH_3$	$4,7 \cdot 10^{-15}$ $mol^4 \cdot l^{-4}$	14,3
$[Fe(CN)_6]^{4-} \rightleftharpoons Fe^{2+} + 6\,CN^-$	$1,0 \cdot 10^{-35}$ $mol^6 \cdot l^{-6}$	35

Chemie

Säurekonstanten K_S und Basekonstanten K_B bei 22 °C ↻ 137-1

Säure-stärke	K_S in mol·1^{-1}	pK_S	Formel der Säure	Formel der korrespon-dierenden Base	pK_B	K_B in mol·1^{-1}	Base-stärke
	$1{,}0 \cdot 10^{11}$	−11	HI	I^-	25	$1{,}0 \cdot 10^{-25}$	
	$1{,}0 \cdot 10^{10}$	−10	$HClO_4$	ClO_4^-	24	$1{,}0 \cdot 10^{-24}$	
	$1{,}0 \cdot 10^{9}$	−9	HBr	Br^-	23	$1{,}0 \cdot 10^{-23}$	
	$1{,}0 \cdot 10^{7}$	−7	HCl	Cl^-	21	$1{,}0 \cdot 10^{-21}$	
	$1{,}0 \cdot 10^{3}$	−3	H_2SO_4	HSO_4^-	17	$1{,}0 \cdot 10^{-17}$	
	55,5	−1,74	H_3O^+	H_2O	15,74	$1{,}8 \cdot 10^{-16}$	
	$2{,}1 \cdot 10^{1}$	−1,32	HNO_3	NO_3^-	15,32	$4{,}8 \cdot 10^{-16}$	
	$6{,}6 \cdot 10^{-1}$	0,18	$[(NH_2)CO(NH_3)]^+$	$CO(NH_2)_2$	13,82	$1{,}5 \cdot 10^{-14}$	
	$5{,}6 \cdot 10^{-2}$	1,25	HOOC–COOH	HOOC–COO$^-$	12,75	$1{,}77 \cdot 10^{-13}$	
	$1{,}5 \cdot 10^{-2}$	1,81	H_2SO_3	HSO_3^-	12,19	$6{,}5 \cdot 10^{-13}$	
	$1{,}2 \cdot 10^{-2}$	1,92	HSO_4^-	SO_4^{2-}	12,08	$8{,}3 \cdot 10^{-13}$	
	$7{,}5 \cdot 10^{-3}$	2,12	H_3PO_4	$H_2PO_4^-$	11,88	$1{,}3 \cdot 10^{-12}$	
	$6{,}0 \cdot 10^{-3}$	2,22	$[Fe(H_2O)_6]^{3+}$	$[Fe(OH)(H_2O)_5]^{2+}$	11,78	$1{,}7 \cdot 10^{-12}$	
	$7{,}2 \cdot 10^{-4}$	3,14	HF	F^-	10,86	$1{,}4 \cdot 10^{-11}$	
	$4{,}5 \cdot 10^{-4}$	3,35	HNO_2	NO_2^-	10,65	$2{,}2 \cdot 10^{-11}$	
	$1{,}8 \cdot 10^{-4}$	3,75	HCOOH	HCOO$^-$	10,25	$5{,}6 \cdot 10^{-11}$	
	$2{,}6 \cdot 10^{-5}$	4,58	$C_6H_5NH_3^+$	$C_6H_5NH_2$	9,42	$3{,}8 \cdot 10^{-10}$	
	$1{,}8 \cdot 10^{-5}$	4,75	CH_3COOH	CH_3COO^-	9,25	$5{,}6 \cdot 10^{-10}$	
	$1{,}4 \cdot 10^{-5}$	4,85	$[Al(H_2O)_6]^{3+}$	$[Al(OH)(H_2O)_5]^{2+}$	9,15	$7{,}1 \cdot 10^{-10}$	
	$3{,}0 \cdot 10^{-7}$	6,52	H_2CO_3	HCO_3^-	7,48	$3{,}3 \cdot 10^{-8}$	
	$1{,}2 \cdot 10^{-7}$	6,92	H_2S	HS^-	7,08	$8{,}3 \cdot 10^{-8}$	
	$9{,}1 \cdot 10^{-8}$	7,04	HSO_3^-	SO_3^{2-}	6,96	$1{,}1 \cdot 10^{-7}$	
	$6{,}2 \cdot 10^{-8}$	7,20	$H_2PO_4^-$	HPO_4^{2-}	6,80	$1{,}6 \cdot 10^{-7}$	
	$5{,}6 \cdot 10^{-10}$	9,25	NH_4^+	NH_3	4,75	$1{,}8 \cdot 10^{-5}$	
	$4{,}0 \cdot 10^{-10}$	9,40	HCN	CN^-	4,60	$2{,}5 \cdot 10^{-5}$	
	$2{,}5 \cdot 10^{-10}$	9,60	$[Zn(H_2O)_6]^{2+}$	$[Zn(OH)(H_2O)_5]^+$	4,40	$4{,}0 \cdot 10^{-5}$	
	$1{,}3 \cdot 10^{-10}$	9,89	C_6H_5OH	$C_6H_5O^-$	4,11	$7{,}8 \cdot 10^{-5}$	
	$4{,}0 \cdot 10^{-11}$	10,40	HCO_3^-	CO_3^{2-}	3,60	$2{,}5 \cdot 10^{-4}$	
	$4{,}4 \cdot 10^{-13}$	12,36	HPO_4^{2-}	PO_4^{3-}	1,64	$2{,}3 \cdot 10^{-2}$	
	$1{,}0 \cdot 10^{-13}$	13,00	HS^-	S^{2-}	1,00	$1{,}0 \cdot 10^{-1}$	
	$1{,}8 \cdot 10^{-16}$	15,74	H_2O	OH^-	−1,74	55,5	
	$1{,}0 \cdot 10^{-23}$	23	NH_3	NH_2^-	−9	$1{,}0 \cdot 10^{9}$	
	$1{,}0 \cdot 10^{-24}$	24	OH^-	O^{2-}	−10	$1{,}0 \cdot 10^{10}$	

Kryoskopische und ebullioskopische Konstanten k_G und k_S von Lösemitteln

Lösemittel	Schmelztemperatur ϑ_S in °C	k_G in K·kg·mol^{-1}	Siedetemperatur ϑ_V in °C	k_S in K·kg·mol^{-1}
Wasser	0	1,86	100	0,515
Benzol	5,5	5,12	80,1	2,53
Cyclohexan	6,5	20,2	80,8	2,79
Campher	179,5	40,4		
Essigsäure	16,6	3,9	118,1	3,07
Ethanol	−114,2	7,3	78,8	1,20

Chemie

Löslichkeitsprodukte bei 25 °C

Name des Stoffes	Formel	Löslichkeitsprodukt K_L		Löslichkeitsexponent pK_L
		Zahlenwert	Einheit	
Aluminiumhydroxid	$Al(OH)_3$	$1,0 \cdot 10^{-33}$	$mol^4 \cdot l^{-4}$	33,0
Bariumcarbonat	$BaCO_3$	$8,1 \cdot 10^{-9}$	$mol^2 \cdot l^{-2}$	8,1
Bariumhydroxid	$Ba(OH)_2$	$4,3 \cdot 10^{-3}$	$mol^3 \cdot l^{-3}$	2,4
Bariumphosphat	$Ba_3(PO_4)_2$	$6,0 \cdot 10^{-38}$	$mol^5 \cdot l^{-5}$	37,2
Bariumsulfat	$BaSO_4$	$1,0 \cdot 10^{-10}$	$mol^2 \cdot l^{-2}$	10,0
Bismut(III)-sulfid	Bi_2S_3	$1,6 \cdot 10^{-72}$	$mol^5 \cdot l^{-5}$	71,8
Blei(II)-carbonat	$PbCO_3$	$3,3 \cdot 10^{-14}$	$mol^2 \cdot l^{-2}$	13,5
Blei(II)-chlorid	$PbCl_2$	$2,0 \cdot 10^{-5}$	$mol^3 \cdot l^{-3}$	4,7
Bleihydroxid	$Pb(OH)_2$	$2,8 \cdot 10^{-16}$	$mol^3 \cdot l^{-3}$	15,55
Blei(II)-iodid	PbI_2	$8,7 \cdot 10^{-9}$	$mol^3 \cdot l^{-3}$	8,1
Blei(II)-sulfid	PbS	$3,4 \cdot 10^{-28}$	$mol^2 \cdot l^{-2}$	27,5
Blei(II)-sulfat	$PbSO_4$	$1,5 \cdot 10^{-8}$	$mol^2 \cdot l^{-2}$	7,8
Cadmiumcarbonat	$CdCO_3$	$2,5 \cdot 10^{-14}$	$mol^2 \cdot l^{-2}$	13,6
Cadmiumhydroxid	$Cd(OH)_2$	$1,2 \cdot 10^{-14}$	$mol^3 \cdot l^{-3}$	13,9
Cadmiumsulfid	CdS	$1,0 \cdot 10^{-29}$	$mol^2 \cdot l^{-2}$	29,0
Calciumcarbonat	$CaCO_3$	$4,8 \cdot 10^{-9}$	$mol^2 \cdot l^{-2}$	8,3
Calciumhydroxid	$Ca(OH)_2$	$5,5 \cdot 10^{-6}$	$mol^3 \cdot l^{-3}$	5,3
Calciumoxalat	$Ca(COO)_2$	$2,6 \cdot 10^{-9}$	$mol^2 \cdot l^{-2}$	8,6
Calciumphospat	$Ca_3(PO_4)_2$	$1,0 \cdot 10^{-25}$	$mol^5 \cdot l^{-5}$	25,0
Calciumsulfat	$CaSO_4$	$6,1 \cdot 10^{-5}$	$mol^2 \cdot l^{-2}$	4,2
Eisen(II)-hydroxid	$Fe(OH)_2$	$4,8 \cdot 10^{-16}$	$mol^3 \cdot l^{-3}$	15,3
Eisen(III)-hydroxid	$Fe(OH)_3$	$3,8 \cdot 10^{-38}$	$mol^4 \cdot l^{-4}$	37,4
Eisen(II)-phospat	$Fe_3(PO_4)_2$	$1,0 \cdot 10^{-36}$	$mol^5 \cdot l^{-5}$	36,0
Eisen(III)-phospat	$FePO_4$	$4,0 \cdot 10^{-27}$	$mol^2 \cdot l^{-2}$	26,4
Eisen(II)-sulfid	FeS	$5,0 \cdot 10^{-18}$	$mol^2 \cdot l^{-2}$	17,3
Kupfer(I)-chlorid	$CuCl$	$1,0 \cdot 10^{-6}$	$mol^2 \cdot l^{-2}$	6,0
Kupfer(II)-sulfid	CuS	$8,0 \cdot 10^{-45}$	$mol^2 \cdot l^{-2}$	44,1
Magnesiumcarbonat	$MgCO_3$	$2,6 \cdot 10^{-5}$	$mol^2 \cdot l^{-2}$	4,6
Magnesiumhydroxid	$Mg(OH)_2$	$2,6 \cdot 10^{-12}$	$mol^3 \cdot l^{-3}$	11,6
Magnesiumphospat	$Mg_3(PO_4)_2$	$6,0 \cdot 10^{-23}$	$mol^5 \cdot l^{-5}$	22,2
Manganhydroxid	$Mn(OH)_2$	$4,0 \cdot 10^{-14}$	$mol^3 \cdot l^{-3}$	13,4
Nickel(II)-hydroxid	$Ni(OH)_2$	$1,6 \cdot 10^{-14}$	$mol^3 \cdot l^{-3}$	13,8
Nickelsulfid	NiS	$1,0 \cdot 10^{-26}$	$mol^2 \cdot l^{-2}$	26,0
Quecksilber(I)-chlorid (Kalomel)	Hg_2Cl_2	$2,0 \cdot 10^{-18}$	$mol^3 \cdot l^{-3}$	17,7
Quecksilber(II)-sulfid (schwarz)	HgS	$1,0 \cdot 10^{-52}$	$mol^2 \cdot l^{-2}$	52,0
Silberbromid	$AgBr$	$6,3 \cdot 10^{-13}$	$mol^2 \cdot l^{-2}$	12,2
Silbercarbonat	Ag_2CO_3	$6,2 \cdot 10^{-12}$	$mol^3 \cdot l^{-3}$	11,2
Silberchlorid	$AgCl$	$1,6 \cdot 10^{-10}$	$mol^2 \cdot l^{-2}$	9,8
Silberchromat	Ag_2CrO_4	$4,0 \cdot 10^{-12}$	$mol^3 \cdot l^{-3}$	11,4
Silberhydroxid	$AgOH$	$1,5 \cdot 10^{-8}$	$mol^2 \cdot l^{-2}$	7,8
Silberiodid	AgI	$1,5 \cdot 10^{-16}$	$mol^2 \cdot l^{-2}$	15,8
Silberphospat	Ag_3PO_4	$1,8 \cdot 10^{-18}$	$mol^4 \cdot l^{-4}$	17,7
Silbersulfid	Ag_2S	$1,6 \cdot 10^{-49}$	$mol^3 \cdot l^{-3}$	48,8
Zinkcarbonat	$ZnCO_3$	$6,0 \cdot 10^{-11}$	$mol^2 \cdot l^{-2}$	10,2

Chemie

Löslichkeit einiger Salze in Wasser

Angabe in den weißen Feldern:
100 g Wasser lösen a g Salz bis zur Sättigung bei 101,3 kPa und 20 °C.

Ionen	Cl^-	Br^-	I^-	NO_3^-	S^{2-}	SO_4^{2-}	CO_3^{2-}	PO_4^{3-}
Na^+	36	91	179	88	19	19	22	12
K^+	34	66	144	32	–	11	112	23
NH_4^+	37	74	172	188	–	75	100	20
Mg^{2+}	54	102	148	71	–	36	$2 \cdot 10^{-1}$	–
Ca^{2+}	75	142	204	127	–	$2 \cdot 10^{-1}$	$2 \cdot 10^{-3}$	$2 \cdot 10^{-2}$
Ba^{2+}	36	104	170	9	–	$3 \cdot 10^{-4}$	$2 \cdot 10^{-3}$	–
Cu^{2+}	77	122	–	122	$3 \cdot 10^{-3}$	21	–	–
Ag^+	$2 \cdot 10^{-4}$	$1 \cdot 10^{-5}$	$3 \cdot 10^{-7}$	218	$1 \cdot 10^{-5}$	$8 \cdot 10^{-1}$	$3 \cdot 10^{-3}$	–
Zn^{2+}	367	447	432	118	–	54	$2 \cdot 10^{-2}$	–
Pb^{2+}	1	$9 \cdot 10^{-1}$	$7 \cdot 10^{-2}$	52	$9 \cdot 10^{-5}$	$4 \cdot 10^{-3}$	$1 \cdot 10^{-4}$	$1 \cdot 10^{-7}$
Fe^{2+}	62	–	–	–	$6 \cdot 10^{-4}$	27	–	–
Al^{3+}	46	–	–	75	–	36	–	–

Löslichkeit einiger Gase in Wasser

Löslichkeit wird in g Gas je kg Wasser bei 101,3 kPa angegeben.

Gas		Temperatur in °C					
Name	Chemisches Zeichen	0	20	25	40	60	80
Helium	He	0,0017	0,0015	0,0015	0,0014	0,0013	
Argon	Ar	0,099	0,059	0,053	0,042	0,030	
Wasserstoff	H_2	0,0019	0,0016	0,0015	0,0014	0,0012	0,0008
Stickstoff	N_2	0,0294	0,0190	0,0175	0,0139	0,0105	0,0066
Sauerstoff	O_2	0,0694	0,0434	0,0393	0,0308	0,0227	0,0138
Chlor	Cl_2	5,0	7,25	6,41	4,59	3,30	2,23
Ammoniak	NH_3	897	529	480	316	168	65
Schwefelwasserstoff	H_2S	7,07	3,85	3,38	2,36	1,48	0,77
Schwefeldioxid	SO_2	228	113	94,1	54,1		
Kohlenstoffmonooxid	CO	0,0440	0,0284	0,0260	0,0208	0,0152	0,0098
Kohlenstoffdioxid	CO_2	3,35	1,69	1,45	0,973	0,576	
Methan	CH_4	0,0396	0,0232	0,0209	0,0159	0,0114	0,0070
Ethan	C_2H_6	0,132	0,062	0,0535	0,0366	0,0239	0,0134
Ethen	C_2H_4	0,281	0,149	0,131			

Chemie

Elektrochemische Spannungsreihe der Metalle (Standardpotenziale bei 25 °C und 101,3 kPa)

Reduktionsmittel $\rightleftharpoons$ Oxidationsmittel $+z \cdot e^-$			Redoxpaar	Standardpotenzial E^0 in V
Li (s)	$\rightleftharpoons$ Li$^+$(aq)	$+e^-$	Li/Li$^+$	$-3{,}04$
K (s)	$\rightleftharpoons$ K$^+$(aq)	$+e^-$	K/K$^+$	$-2{,}92$
Ba (s)	$\rightleftharpoons$ Ba^{2+}(aq)	$+2e^-$	Ba/Ba^{2+}	$-2{,}90$
Ca (s)	$\rightleftharpoons$ Ca^{2+}(aq)	$+2e^-$	Ca/Ca^{2+}	$-2{,}87$
Na (s)	$\rightleftharpoons$ Na$^+$(aq)	$+e^-$	Na/Na$^+$	$-2{,}71$
Mg (s)	$\rightleftharpoons$ Mg^{2+}(aq)	$+2e^-$	Mg/Mg^{2+}	$-2{,}36$
Be (s)	$\rightleftharpoons$ Be^{2+}(aq)	$+2e^-$	Be/Be^{2+}	$-1{,}85$
Al (s)	$\rightleftharpoons$ Al^{3+}(aq)	$+3e^-$	Al/Al^{3+}	$-1{,}66$
Ti (s)	$\rightleftharpoons$ Ti^{3+}(aq)	$+3e^-$	Ti/Ti^{3+}	$-1{,}21$
Mn (s)	$\rightleftharpoons$ Mn^{2+}(aq)	$+2e^-$	Mn/Mn^{2+}	$-1{,}18$
V (s)	$\rightleftharpoons$ V^{2+}(aq)	$+2e^-$	V/V^{2+}	$-1{,}17$
Zn (s)	$\rightleftharpoons$ Zn^{2+}(aq)	$+2e^-$	Zn/Zn^{2+}	$-0{,}76$
Cr (s)	$\rightleftharpoons$ Cr^{3+}(aq)	$+3e^-$	Cr/Cr^{3+}	$-0{,}74$
Fe (s)	$\rightleftharpoons$ Fe^{2+}(aq)	$+2e^-$	Fe/Fe^{2+}	$-0{,}41$
Cd (s)	$\rightleftharpoons$ Cd^{2+}(aq)	$+2e^-$	Cd/Cd^{2+}	$-0{,}40$
Co (s)	$\rightleftharpoons$ Co^{2+}(aq)	$+2e^-$	Co/Co^{2+}	$-0{,}28$
Ni (s)	$\rightleftharpoons$ Ni^{2+}(aq)	$+2e^-$	Ni/Ni^{2+}	$-0{,}23$
Sn (s)	$\rightleftharpoons$ Sn^{2+}(aq)	$+2e^-$	Sn/Sn^{2+}	$-0{,}14$
Pb (s)	$\rightleftharpoons$ Pb^{2+}(aq)	$+2e^-$	Pb/Pb^{2+}	$-0{,}13$
Fe (s)	$\rightleftharpoons$ Fe^{3+}(aq)	$+3e^-$	Fe/Fe^{3+}	$-0{,}02$
$H_2(g) + 2\,H_2O(l) \rightleftharpoons 2\,H_3O^+(aq)$		$+2e^-$	$H_2/2\,H_3O^+$	0.00 (pH $=0$)
Cu (s)	$\rightleftharpoons$ Cu^{2+}(aq)	$+2e^-$	Cu/Cu^{2+}	$+0{,}35$
Cu (s)	$\rightleftharpoons$ Cu$^+$(aq)	$+e^-$	Cu/Cu$^+$	$+0{,}52$
Ag (s)	$\rightleftharpoons$ Ag$^+$(aq)	$+e^-$	Ag/Ag$^+$	$+0{,}80$
Hg (I)	$\rightleftharpoons$ Hg^{2+}(aq)	$+2e^-$	Hg/Hg^{2+}	$+0{,}85$
Pt (s)	$\rightleftharpoons$ Pt^{2+}(aq)	$+2e^-$	Pt/Pt^{2+}	$+1{,}20$
Au (s)	$\rightleftharpoons$ Au^{3+}(aq)	$+3e^-$	Au/Au^{3+}	$+1{,}50$

Elektrochemische Spannungsreihe der Nichtmetalle und Halbmetalle
(Standardpotenziale bei 25 °C und 101,3 kPa)

Reduktionsmittel $\rightleftharpoons$ Oxidationsmittel $+z \cdot e^-$			Redoxpaar	Standardpotenzial E^0 in V
Se^{2-}(aq)	$\rightleftharpoons$ Se (s)	$+2e^-$	Se^{2-}/Se	$-0{,}92$
S^{2-}(aq)	$\rightleftharpoons$ S (s)	$+2e^-$	S^{2-}/S	$-0{,}48$
2 I$^-$(aq)	$\rightleftharpoons$ I$_2$(s)	$+2e^-$	2I$^-$/I$_2$	$+0{,}54$
2 Br$^-$(aq)	$\rightleftharpoons$ Br$_2$(I)	$+2e^-$	2Br$^-$/Br$_2$	$+1{,}07$
2 Cl$^-$(aq)	$\rightleftharpoons$ Cl$_2$(g)	$+2e^-$	2Cl$^-$/Cl$_2$	$+1{,}36$
2 F$^-$(aq)	$\rightleftharpoons$ F$_2$(g)	$+2e^-$	2F$^-$/F$_2$	$+2{,}87$

s = fest; l = flüssig; g = gasförmig; aq = in wässriger Lösung

Chemie

Elektrochemische Spannungsreihe einiger Redoxreaktionen
(Standardpotenziale bei 25 °C und 101,3 kPa)

Reduktionsmittel	$\rightleftharpoons$ Oxidationsmittel	$+z \cdot e^-$	Standardpotenzial E^0 in V
$H_2(g) + 2 OH^-(aq)$	$\rightleftharpoons 2 H_2O(l)$	$+2e^-$	$-0,83^*$ für pH = 14
$Cd(s) + 2 OH^-(aq)$	$\rightleftharpoons Cd(OH)_2(s)$	$+2e^-$	$-0,82^*$ für pH = 14
$C_2O_4^{2-}(aq)$	$\rightleftharpoons 2 CO_2(g)$	$+2e^-$	$-0,49$
$H_2(g) + 2 H_2O(l)$	$\rightleftharpoons 2 H_3O^+(aq)$	$+2e^-$	$-0,41^*$ für pH = 7
$Cr^{2+}(aq)$	$\rightleftharpoons Cr^{3+}(aq)$	$+e^-$	$-0,41$
$Pb(s) + SO_4^{2-}(aq)$	$\rightleftharpoons PbSO_4(s)$	$+2e^-$	$-0,36$
$HCOOH(l) + 2 H_2O(l)$	$\rightleftharpoons CO_2(g) + 2 H_3O^+(aq)$	$+2e^-$	$-0,20^*$ für pH = 0
$HCHO(g) + 3 H_2O(l)$	$\rightleftharpoons HCOOH(l) + 2 H_3O^+(aq)$	$+2e^-$	$+0,06$ für pH = 0
$H_2S(g) + 2 H_2O(l)$	$\rightleftharpoons 2 H_3O^+(aq) + S(s)$	$+2e^-$	$+0,14$
$Cu^+(aq)$	$\rightleftharpoons Cu^{2+}(aq)$	$+e^-$	$+0,17$
$Ag(s) + Cl^-(aq)$	$\rightleftharpoons AgCl(s)$	$+e^-$	$+0,22$
$4 OH^-(aq)$	$\rightleftharpoons O_2(g) + 2 H_2O(l)$	$+4e^-$	$+0,40^*$ für pH = 14
$AsO_3^{3-}(aq) + 3 H_2O(l)$	$\rightleftharpoons AsO_4^{3-}(aq) + 2 H_3O^+(aq)$	$+2e^-$	$+0,56^*$ für pH = 0
$MnO_2(s) + 4 OH^-(aq)$	$\rightleftharpoons MnO_4^-(aq) + 2 H_2O(l)$	$+3e^-$	$+0,59^*$ für pH = 14
$H_2O_2(l) + 2 H_2O(l)$	$\rightleftharpoons O_2(g) + 2 H_3O^+(aq)$	$+2e^-$	$+0,68^*$ für pH = 0
$Fe^{2+}(aq)$	$\rightleftharpoons Fe^{3+}(aq)$	$+e^-$	$+0,77$
$4 OH^-(aq)$	$\rightleftharpoons O_2(g) + 2 H_2O(l)$	$+4e^-$	$+0,82^*$ für pH = 7
$NO(g) + 6 H_2O(l)$	$\rightleftharpoons NO_3^-(aq) + 4 H_3O^+(aq)$	$+3e^-$	$+0,96^*$ für pH = 0
$6 H_2O(l)$	$\rightleftharpoons O_2(g) + 4 H_3O^+(aq)$	$+4e^-$	$+1,23^*$ für pH = 0
$Mn^{2+}(aq) + 6 H_2O(l)$	$\rightleftharpoons MnO_2(s) + 4 H_3O^+(aq)$	$+2e^-$	$+1,23^*$ für pH = 0
$2 Cr^{3+}(aq) + 21 H_2O(l)$	$\rightleftharpoons Cr_2O_7^{2-}(aq) + 14 H_3O^+(aq)$	$+6e^-$	$+1,33^*$ für pH = 0
$Pb^{2+}(aq) + 6 H_2O(l)$	$\rightleftharpoons PbO_2(s) + 4 H_3O^+(aq)$	$+2e^-$	$+1,46^*$ für pH = 0
$Mn^{2+}(aq) + 12 H_2O(l)$	$\rightleftharpoons MnO_4^-(aq) + 8 H_3O^+(aq)$	$+5e^-$	$+1,51^*$ für pH = 0
$PbSO_4(s) + 6 H_2O(l)$	$\rightleftharpoons PbO_2(s) + 4 H_3O^+(aq) + SO_4^{2-}(aq)$	$+2e^-$	$+1,69^*$ für pH = 0
$4 H_2O(l)$	$\rightleftharpoons H_2O_2(l) + 2 H_3O^+(aq)$	$+2e^-$	$+1,77^*$ für pH = 0
$2 SO_4^{2-}(aq)$	$\rightleftharpoons S_2O_8^{2-}(aq)$	$+2e^-$	$+2,01$
$O_2(g) + 3 H_2O(l)$	$\rightleftharpoons O_3(g) + 2 H_3O^+(aq)$	$+2e^-$	$+2,07$

* pH-Wert-abhängige Zellspannungen; s = fest; l = flüssig; g = gasförmig; aq = in wässriger Lösung

Flammenfärbung ausgewählter Metalle

Metall	Farbe der Flamme		Metall	Farbe der Flamme	
Lithium	karminrot		Caesium	blauviolett	
Natrium	gelb		Calcium	ziegelrot	
Kalium	hellviolett		Strontiom	karminrot	
Rubidium	rotviolett		Barium	fahlgrün	
Kupfer	grün		Blei	bläulich	

Einteilung des Wassers nach Härtebereichen

Wasserhärte in °dH	0 … 8,4	8,4 … 14	> 14
Härtebereich	weich	mittel	hart
Bedeutung	$1\,°dH \stackrel{\wedge}{=} \beta(CaO) = 10\,mg \cdot l^{-1}$		$1\,°dH \stackrel{\wedge}{=} c(Ca^{2+}) = 0,178\,mmol \cdot l^{-1}$

Chemie ◀

Größengleichungen der Chemie

Berechnungen zu Stoffmenge, Masse und Volumen

Stoffmenge n (Basiseinheit: mol) ⊙ 142-1	$n = \dfrac{N}{N_A};\quad n = \dfrac{m}{M};\quad n = \dfrac{V_n}{V_{m,n}};$ $$n = c \cdot V(\text{Ls});\qquad n = \dfrac{p \cdot V}{R \cdot T}$$	n Stoffmenge einer Stoffportion N Teilchenanzahl einer Stoffportion N_A Avogadro-Konstante m Masse M molare Masse
molare Masse M (Einheit: $g \cdot mol^{-1}$) ⊙ 142-2	$$M = \dfrac{m}{n} \qquad M = \dfrac{m \cdot V_{m,n}}{V_n}$$ $$M = V_m \cdot \varrho \qquad M = \dfrac{m \cdot R \cdot T}{p \cdot V}$$ $$M(B) = k_G \cdot \dfrac{m(B)}{\Delta T_G \cdot m(\text{Lm})}$$ mit $\Delta T_G = T(\text{Lm}) - T(\text{Ls})$ $$M(B) = k_S \cdot \dfrac{m(B)}{\Delta T_S \cdot m(\text{Lm})}$$	V_n Normvolumen $V_{m,n}$ molares Normvolumen c Stoffmengenkonzentration $V(\text{Ls})$ Volumen der Lösung p Druck $\quad V$ Volumen T Temperatur R universelle Gaskonstante V_m molares Volumen ϱ Dichte $M(B)$ molare Masse des Stoffes B $m(B)$ Masse des Stoffes B k_G kryoskopische Konstante ΔT_G Gefriertemperaturerniedrigung $m(\text{Lm})$ Masse des Lösemittels k_S ebullioskopische Konstante ΔT_S Siedetemperaturerhöhung T_n Normtemperatur 273,15 K p_n Normdruck 101,3 kPa
molares Volumen V_m ⊙ 142-3	$$V_m = \dfrac{V}{n}$$	
Normvolumen V_n molares Normvolumen $V_{m,n}$	$V_n = \dfrac{p \cdot T_n}{p_n \cdot T} \cdot V \qquad V_{m,n} = \dfrac{V_n}{n}$	

Zusammensetzungsgrößen

Massenanteil w ⊙ 142-4	$$w(B) = \dfrac{m(B)}{m(\text{Gem})}$$	$m(B)$ Masse des Stoffes B $m(\text{Gem})$ Masse des Stoffgemisches $V(B)$ Volumen des Stoffes B $\Sigma V(\text{Kom})$ Summe der Volumina der Komponenten des Gemisches $\Sigma n(\text{Kom})$ Summe der Stoffmengen der Komponenten des Gemisches **Einheiten:** 1; %; ‰; ppm, ppb, ppt[1]
Volumenanteil φ ⊙ 142-5	$$\varphi(B) = \dfrac{V(B)}{\Sigma V(\text{Kom})}$$	
Stoffmengenanteil x	$$x(B) = \dfrac{n(B)}{\Sigma n(\text{Kom})}$$	
Volumenkonzentration σ	$$\sigma(B) = \dfrac{V(B)}{V(\text{Ls})}$$	$V(\text{Ls})$ Volumen der Lösung in l **Einheit:** $l \cdot l^{-1}$
Massenkonzentration β ⊙ 142-6	$$\beta(B) = \dfrac{m(B)}{V(\text{Ls})}$$	$m(B)$ Masse des Stoffes B $V(\text{Ls})$ Volumen der Lösung in l **Einheiten:** $g \cdot l^{-1}$, $g \cdot cm^{-3}$, ...
Stoffmengenkonzentration c ⊙ 142-7	$$c(B) = \dfrac{n(B)}{V(\text{Ls})}$$	$n(B)$ Stoffmenge des Stoffes B $V(\text{Ls})$ Volumen der Lösung in l **Einheiten:** $mol \cdot l^{-1}$, $mol \cdot m^{-3}$, ...
Molalität b ⊙ 142-8	$$b(B) = \dfrac{n(B)}{m(\text{Lm})}$$ $$b(B) = \dfrac{m(B)}{m(\text{Lm}) \cdot M(B)}$$	$n(B)$ Stoffmenge des Stoffes B $m(\text{Lm})$ Masse des Lösemittels $m(B)$ Masse des Stoffes B $M(B)$ molare Masse des Stoffes B **Einheiten:** $mol \cdot g^{-1}$, $mol \cdot kg^{-1}$, ...

[1] ppm (parts per million) $\hat{=}$ $1:10^6$, ppb (parts per billion) $\hat{=}$ $1:10^9$, ppt (parts per trillion) $\hat{=}$ $1:10^{12}$

Allgemeine Größengleichungen

(Massen- und Volumenberechnungen bei chemischen Reaktionen)

	Masse gegeben	Volumen gegeben
Masse gesucht	$\dfrac{m(A)}{m(B)} = \dfrac{n(A) \cdot M(A)}{n(B) \cdot M(B)}$	$\dfrac{m(A)}{V(B)} = \dfrac{n(A) \cdot M(A)}{n(B) \cdot V_m(B)}$
Volumen gesucht	$\dfrac{V(A)}{m(B)} = \dfrac{n(A) \cdot V_m(A)}{n(B) \cdot M(B)}$	$\dfrac{V(A)}{V(B)} = \dfrac{n(A)}{n(B)}$ (*)

n Stoffmenge in mol
m Masse der beteiligten Stoffe in g
M molare Masse in $g \cdot mol^{-1}$
V_m molares Volumen in $l \cdot mol^{-1}$
A Stoff der gesuchten Größe
B Stoff der gegebenen Größe
(*)   gilt nur für Gase

Berechnung des Blutalkoholgehalts

$$w(C_2H_5OH) = \frac{m(C_2H_5OH)}{x \cdot m(\text{Körper})} = \frac{V(C_2H_5OH) \cdot \varrho}{x \cdot m(\text{Körper})}$$

mit $\varrho = 0{,}79 \ g/cm^3$ (Dichte des Alkohols) und
bei Frauen: $x = 0{,}6$ bei Männern: $x = 0{,}7$

$w(C_2H_5OH)$ Massenanteil des Alkohols im Blut, wird in ‰ angegeben
$m(C_2H_5OH)$ Masse des aufgenommenen Alkohols in g
$m(\text{Körper})$ Masse des Körpers in g
$V(C_2H_5OH)$ Volumen des Alkohols in cm^3

Mischungsregeln

Mischungsgleichung	$m_1 \cdot w_1 + m_2 \cdot w_2 = (m_1 + m_2) \cdot w_3$
Kreuz-Mischungsregel	Zum Herstellen einer Lösung des Massenanteils w_3 müssen die Massen m_1 und m_2 der zu mischenden Lösungen 1 und 2 im Verhältnis $\dfrac{m_1}{m_2} = \dfrac{w_3 - w_2}{w_1 - w_3}$ stehen.

w_1, w_2 Massenanteile eines Stoffes in den gegebenen Lösungen 1 und 2
w_3 Massenanteil des Stoffes in der herzustellenden Lösung (gewünschter Massenanteil)
m_1, m_2 Massen der zu mischenden Lösungen 1 und 2

Reaktionskinetik

Mittlere (durchschnittliche) Reaktionsgeschwindigkeit v	$v = -\dfrac{\Delta c(A)}{v(A) \cdot \Delta t}; \quad v = -\dfrac{\Delta p(A)}{v(A) \cdot \Delta t}$
Momentane Reaktionsgeschwindigkeit v	$v = -\dfrac{1}{v(A)} \cdot \dfrac{dc(A)}{dt}$ $v = -\dfrac{1}{v(A)} \cdot \dfrac{dp(A)}{dt}$
Geschwindigkeitsgleichung für eine Reaktion erster Ordnung	Für die Reaktion $A \rightarrow B + C$ gilt: $v = -\dfrac{dc(A)}{dt} = k \cdot c(A)$ $\ln\{c(A)\} = \ln\{c_0(A)\} - k \cdot t$
Reaktionsgeschwindigkeit und Temperatur (Arrhenius-Gleichung)	$k = A \cdot e^{-\frac{E_A}{R \cdot T}}; \ln\{k\} = \ln\{A\} - \dfrac{E_A}{R \cdot T}$

$c(A)$ Stoffmengenkonzentration des Ausgangsstoffes A
$\Delta c(A)$ Änderung von $c(A)$
$v(A)$ Stöchiometriezahl von A
$\Delta p(A)$ Änderung des Partialdruckes eines Ausgangsstoffes
k Reaktionsgeschwindigkeitskonstante
t Zeit
c_0 Anfangskonzentration
$\{c(A)\} = \dfrac{c(A)}{mol \cdot 1^{-1}}$
A Aktionskonstante (Frequenzfaktor)
e   Euler'sche Zahl
E_A molare Aktivierungsenergie
R (universelle) Gaskonstante
T absolute Temperatur

Chemische Thermodynamik

Molare Reaktionsenergie $\Delta_r U_m$	Für die Änderung der molaren inneren Energie (molare Reaktionsenergie) gilt: $\Delta_r U_m = Q_m - p \cdot \Delta_r V_m$	Q_m p $\Delta_r V_m$ $\Delta_r U_m$ $m(H_2O)$ $c_p(H_2O)$ ΔT n_F	molare Reaktionswärme Druck molares Reaktionsvolumen molare Reaktionsenergie Masse des Kalorimeterwassers spezifische Wärmekapazität des Wassers bei p = konst. Temperaturänderung Stoffmenge der Formelumsätze
Molare Reaktionsenthalpie $\Delta_r H_m$ ⊙ 144-1	$\Delta_r H_m = \Delta_r U_m + p \cdot \Delta_r V_m$ Für p = konst. gilt: $\Delta_r H_m = -\dfrac{m(H_2O) \cdot c_p(H_2O) \cdot \Delta T}{n_F}$ **(kalorimetrische Grundgleichung)**		
Berechnung der molaren Standardreaktionsenthalpie $\Delta_r H_m^0$ nach dem Satz von Hess ⊙ 144-2	Für die Reaktion $v(A)A + v(B)B \rightarrow v(C)C + v(D)D$ gilt: $\Delta_r H_m^0$ $= [v(C) \cdot \Delta_f H_m^0(C) + v(D) \cdot \Delta_f H_m^0(D)]$ $\quad - [v(A) \cdot \Delta_f H_m^0(A) + v(B) \cdot \Delta_f H_m^0(B)]$	$v(A), v(B), \ldots$ $\Delta_f H_m^0$ $\Delta_H H_m$ $\Delta_G H_m$	Stöchiometriezahlen der Stoffe A, B, C, D molare Standardbildungsenthalpie molare Hydratationsenthalpie molare Gitterenthalpie
Molare Lösungsenthalpie $\Delta_L H_m$	$\Delta_L H_m = \Delta_H H_m - \Delta_G H_m$		
Entropie S und molare Standardreaktionsentropie $\Delta_r S_m^0$ ⊙ 144-3	$S = k \cdot \ln W; \quad k = \dfrac{R}{N_A}$ $\Delta_r S_m^0 = S_m^0(Rp) - S_m^0(As)$ $\Delta S_U = -\dfrac{\Delta_r H_m^0}{T}$	k W S_m^0 Rp As ΔS_U	Boltzmann-Konstante thermodyn. Wahrscheinlichkeit molare Standardentropie Reaktionsprodukte Ausgangsstoffe Entropieänderung der Umgebung
Molare freie Reaktionsenthalpie $\Delta_r G_m$	$\Delta_r G_m = \Delta_r H_m - T \cdot \Delta_r S_m$ **(Gibbs-Helmholtz-Gleichung)**	$\Delta_r S_m$ T	molare Reaktionsentropie Temperatur der Reaktion in K

Chemisches Gleichgewicht

Massenwirkungsgesetz (MWG) ⊙ 144-4	Für die Reaktion $v(A)A + v(B)B \rightleftharpoons v(C)C + v(D)D$ gilt: $K_c = \dfrac{c^{v(C)}(C) \cdot c^{v(D)}(D)}{c^{v(A)}(A) \cdot c^{v(B)}(B)}$ $K_p = \dfrac{p^{v(C)}(C) \cdot p^{v(D)}(D)}{p^{v(A)}(A) \cdot p^{v(B)}(B)}$ $K_p = K_c \cdot (R \cdot T)^{\Delta v}$ mit $\Delta v = (v(C) + v(D)) - (v(A) + v(B))$	K_c, K_p c p v Einheit von K_c: Einheit von K_p:	Gleichgewichtskonstanten Stoffmengenkonzentration Partialdruck Stöchiometriezahl $(mol \cdot l^{-1})^{\Delta v}$ $kPa^{\Delta v}$
Gleichgewichtskonstante K	Molare freie Standardreaktionsenthalpie $\Delta_r G_m^0$ und Gleichgewichtskonstante K: $\Delta_r G_m^0 = -R \cdot T \cdot \ln\{K\}$ Berechnung der Gleichgewichtskonstante bei verschiedenen Temperaturen: $\ln\{K_2\} = \ln\{K_1\} + \dfrac{\Delta_r H_m^0}{R} \cdot \dfrac{T_2 - T_1}{T_1 \cdot T_2}$		

Säure-Base-Gleichgewichte

pH-Wert und pOH-Wert ⊙ 145-1	$\mathrm{pH} = -\lg\{c(\mathrm{H_3O^+})\}$ $\qquad c(\mathrm{H_3O^+}) = 10^{-\mathrm{pH}}\,\mathrm{mol}\cdot\mathrm{l}^{-1}$ ($c(\mathrm{H_3O^+})$ ist die Oxoniumkonzentration und $\{c(\mathrm{H_3O^+})\}$ ihr Zahlenwert.) $\mathrm{pOH} = -\lg\{c(\mathrm{OH^-})\}$ $\qquad c(\mathrm{OH^-}) = 10^{-\mathrm{pOH}}\,\mathrm{mol}\cdot\mathrm{l}^{-1}$ ($c(\mathrm{OH^-})$ ist die Hydroxid-Ionenkonzentration und $\{c(\mathrm{OH^-})\}$ ihr Zahlenwert.)	
Ionenprodukt K_W und Ionenexponent des Wassers $\mathrm{p}K_\mathrm{W}$	$K_\mathrm{W} = c(\mathrm{H_3O^+})\cdot c(\mathrm{OH^-})$ $\mathrm{p}K_\mathrm{W} = -\lg\{K_\mathrm{W}\}$ $\mathrm{p}K_\mathrm{W} = \mathrm{pH} + \mathrm{pOH} = 14$	$K_\mathrm{W} = 10^{-14}\,\mathrm{mol^2}\cdot\mathrm{l}^{-2}$ (bei 22 °C) $\{K_\mathrm{W}\}$ Zahlenwert für das Ionenprodukt des Wassers
Säurekonstante K_S und Säureexponent $\mathrm{p}K_\mathrm{S}$	Für die Reaktion $\mathrm{HA} + \mathrm{H_2O} \rightleftharpoons \mathrm{H_3O^+} + \mathrm{A^-}$ gilt: $K_\mathrm{S} = \dfrac{c(\mathrm{H_3O^+})\cdot c(\mathrm{A^-})}{c(\mathrm{HA})}$ $\quad \mathrm{p}K_\mathrm{S} = -\lg\{K_\mathrm{S}\}$ $\qquad\qquad\qquad\qquad\quad \mathrm{p}K_\mathrm{S} = 14 - \mathrm{p}K_\mathrm{B}$	HA Säure $\mathrm{A^-}$ korrespondierende Base K_S Säurekonstante $\mathrm{p}K_\mathrm{S}$ Säureexponent $\{K_\mathrm{S}\}$ Zahlenwert von K_S
Basekonstante K_B und Baseexponent $\mathrm{p}K_\mathrm{B}$	Für die Reaktion $\mathrm{B} + \mathrm{H_2O} \rightleftharpoons \mathrm{OH^-} + \mathrm{BH^+}$ gilt: $K_\mathrm{B} = \dfrac{c(\mathrm{OH^-})\cdot c(\mathrm{BH^+})}{c(\mathrm{B})}$ $\quad \mathrm{p}K_\mathrm{B} = -\lg\{K_\mathrm{B}\}$ $\qquad\qquad\qquad\qquad\quad \mathrm{p}K_\mathrm{B} = 14 - \mathrm{p}K_\mathrm{S}$	B Base $\mathrm{BH^+}$ korrespondierende Säure K_B Basekonstante $\mathrm{p}K_\mathrm{B}$ Baseexponent $\{K_\mathrm{B}\}$ Zahlenwert von K_B
Protolysegrad α_S der Säure HA bzw. α_B der Base B ⊙ 145-2	$\alpha_\mathrm{S} = \dfrac{c(\mathrm{H_3O^+})}{c_0(\mathrm{HA})}$ $\quad \alpha_\mathrm{B} = \dfrac{c(\mathrm{OH^-})}{c_0(\mathrm{B})}$	c_0 Ausgangskonzentration α_S Protolysegrad der Säure K_S Säurekonstante K_B Basekonstante α_B Protolysegrad der Base
Ostwald'sches Verdünnungsgesetz	$K_\mathrm{S} = \dfrac{\alpha_\mathrm{S}^2}{1-\alpha_\mathrm{S}}\cdot c_0(\mathrm{HA})$ $\quad K_\mathrm{B} = \dfrac{\alpha_\mathrm{B}^2}{1-\alpha_\mathrm{B}}\cdot c_0(\mathrm{B})$	
Berechnung des pH-Wertes wässriger Lösungen ⊙ 145-3	sehr starke Säuren ($K_\mathrm{S} > 10^{1,74}\,\mathrm{mol}\cdot\mathrm{l}^{-1}$): $\mathrm{pH} = -\lg\{c_0(\mathrm{HA})\}$ mittelstarke bis sehr schwache Säuren ($K_\mathrm{S} < 10^{-4}\,\mathrm{mol}\cdot\mathrm{l}^{-1}$): $\mathrm{pH} = \dfrac{1}{2}(\mathrm{p}K_\mathrm{S} - \lg\{c_0(\mathrm{HA})\})$ starke Säuren $\left(10^{-2} < \dfrac{K_\mathrm{S}}{c_0} < 10^2\right)$: $c(\mathrm{H_3O^+}) = -\dfrac{K_\mathrm{S}}{2} + \sqrt{\left(\dfrac{K_\mathrm{S}}{2}\right)^2 + K_\mathrm{S}\cdot c_0(\mathrm{HA})}$ Ampholyte: $\mathrm{pH} = \dfrac{1}{2}(14 + \mathrm{p}K_\mathrm{S} - \mathrm{p}K_\mathrm{B})$	
pH-Wert einer Pufferlösung	$\mathrm{pH} = \mathrm{p}K_\mathrm{S} + \lg\dfrac{c(\mathrm{A^-})}{c(\mathrm{HA})}$ **(Henderson-Hasselbalch-Gleichung)**	

Berechnungen zur Titration von Lösungen ⊙ 145-4

Berechnung der Stoffmengenkonzentration	$c_1 = \dfrac{c_2\cdot V_2}{V_1}\cdot\dfrac{z_2}{z_1}$	c_1 Stoffmengenkonzentration der zu bestimmenden Lösung c_2 Stoffmengenkonzentration der Maßlösung V_1 Volumen der zu bestimmenden Lösung V_2 Volumen der verbrauchten Maßlösung z_1 Äquivalenzzahl des Stoffes in der zu bestimmenden Lösung z_2 Äquivalenzzahl des Stoffes in der Maßlösung M_1 molare Masse des zu bestimmenden Stoffes
Berechnung der Stoffmenge n_1 des zu bestimmenden Stoffes	$n_1 = c_2\cdot V_2\cdot\dfrac{z_2}{z_1}$	
Berechnung der Masse m_1 des zu bestimmenden Stoffes	$m_1 = M_1\cdot c_2\cdot V_2\cdot\dfrac{z_2}{z_1}$	

Chemie

Löslichkeitsgleichgewichte ☉ 146-1

Löslichkeitsprodukt K_L und Löslichkeitsexponent pK_L	Für das Gleichgewicht $M_a L_b \rightleftharpoons a\,M^{m+} + b\,L^{n-}$ gilt: $K_L(M_a L_b) = c^a(M^{m+}) \cdot c^b(L^{n-}); \quad pK_L = -\lg\{K_L\}$	Einheit des Löslichkeitsproduktes ist: $mol^{a+b} \cdot 1^{-(a+b)}$
Löslichkeit l	$l(M_a L_b) = \sqrt[a+b]{\dfrac{K_L(M_a L_b)}{a^a \cdot b^b}}$	$\{K_L\}$ Zahlenwert des Löslichkeitsproduktes
Komplexzerfallskonstante K_D und Komplexzerfallsexponent pK_D	Für das Gleichgewicht $ML_n \rightleftharpoons M + n\,L$ gilt: $K_D = \dfrac{c(M) \cdot c^n(L)}{c(ML_n)} \qquad K_D = \dfrac{1}{K_{St}}$ $pK_D = -\lg\{K_D\} = \lg\{K_{St}\}$	K_{St} Komplexstabilitätskonstante $\{K_{St}\}$ Zahlenwerte von K_{St} $\{K_D\}$ Zahlenwert von K_D

Elektrochemie

Faraday'sche Gesetze	1. Die bei einer Elektrolyse an den Elektroden abgeschiedene Stoffmenge ist proportional zur durch den Elektrolyten geflossenen Ladungsmenge: $n \sim I \cdot t$ 2. Die an den Elektroden abgeschiedenen Stoffmengen sind umgekehrt proportional zur Zahl der pro Formelumsatz ausgetauschten Elektronen: $n_1 : n_2 = z_2 : z_1$	n I t m M z F	Stoffmenge einer Stoffportion in mol Stromstärke Zeit Masse in g molare Masse in $g \cdot mol^{-1}$ Anzahl der ausgetauschten Elektronen je Formelumsatz Faraday-Konstante $F = 9{,}6485 \cdot 10^4\,C \cdot mol^{-1}$
Größengleichung der Elektrochemie	$I \cdot t = F \cdot n \cdot z \qquad \dfrac{m}{M} = \dfrac{I \cdot t}{F \cdot z}$		
Berechnung des Redoxpotenzials E (Nernst-Gleichung)	Für die Reaktion $Red \rightleftharpoons Ox + z \cdot e^-$ gilt: $E = E^0 + \dfrac{R \cdot T}{z \cdot F} \cdot \ln\dfrac{c(Ox)}{c(Red)}$ Für 25 °C ergibt sich: $E = E^0 + \dfrac{0{,}059\,V}{z} \cdot \lg\dfrac{c(Ox)}{c(Red)}$ $E = E^0 + \dfrac{0{,}059\,V}{z} \cdot \lg c(Me^{z+})$	E E^0 $c(Ox)$ $c(Red)$ $c(Me^{z+})$	Redoxpotenzial Standardelektrodenpotenzial für die Redoxreaktion Stoffmengenkonzentration des Oxidationsmittels Stoffmengenkonzentration des Reduktionsmittels Stoffmengenkonzentration der Metall-Ionen
Zellspannung U ☉ 146-2	$U = \Delta E = E(Katode) - E(Anode)$	R T	universelle Gaskonstante Temperatur
Zellspannung U und Gleichgewichtskonstante K	Im elektrochemischen Gleichgewicht bei $U = 0$ gilt: $U^0 = \dfrac{R \cdot T}{z \cdot F} \cdot \ln\{K\}$	U^0 R T z F $\{K\}$	Standardzellspannung universelle Gaskonstante Temperatur Anzahl der ausgetauschten Elektronen je Formelumsatz Faraday-Konstante Zahlenwert der Gleichgewichtskonstante
Molare freien Reaktionsenthalpie $\Delta_r G_m$ und Zellspannung U	$\Delta_r G_m = -z \cdot F \cdot U$		
Zellspannung U und pH-Wert einer Lösung	Aus der Zellspannung U einer Konzentrationszelle, die aus einer Standard-Wasserstoff-Halbzelle und einer Wasserstoff-Halbzelle mit einer Elektrolytlösung besteht, lässt sich der pH-Wert der Lösung berechnen: $pH = \dfrac{U}{0{,}059\,V}$		
Elektrischer Leitwert G	$G = \dfrac{1}{R}$	R	elektrischer Widerstand

Chemie ▶

Umgang mit Gefahrstoffen

Einstufung von Gefahrstoffen nach der GHS-Verordnung ↻ 147-1

Mit dem neuen GHS (*Globally Harmonised System of Classification and Labelling of Chemicals*) werden die Kriterien für die Einstufung der Gefahrstoffe neu festgelegt und mit international einheitlichen Piktogrammen versehen. Neu ist auch die Verwendung der Signalworte **„Gefahr"** und **„Achtung"** für das Ausmaß der Gefahr: „Gefahr" bei hoher Gefährdung oder „Achtung" bei geringerer Gefährdung.

Gefahren-piktogramme und -Code	Mit dem Gefahrenpiktogramm gekennzeichnete Stoffe und Gemische	Signalwort	Kennzeichnung nach bisheriger Gefahrstoffverordnung	
			Gefahrensymbol	Gefahren-hinweise
GHS01	explosive und sehr gefährliche selbstzersetzliche Stoffe und Gemische sowie sehr gefährliche organische Peroxide	Gefahr oder Achtung	E	R2, R3
GHS02	entzündbare, selbsterhitzungsfähige und gefährliche selbstzersetzliche Stoffe und Gemische, pyrophore Stoffe sowie Stoffe und Gemische, die bei Berührung mit Wasser entzündbare Gase entwickeln	Gefahr oder Achtung	F oder F oder –	R12, R11 oder R10; R17; R15
GHS02	gefährliche organische Peroxide	Gefahr oder Achtung	O	R7
GHS03	Stoffe und Gemische mit oxidierender Wirkung	Gefahr oder Achtung	O	R8, R9
GHS04	Gase unter Druck	Achtung	–	
GHS05	Stoffe und Gemische, die korrosiv auf Metalle wirken	Achtung	–	
GHS05	Stoffe und Gemische, die schwere Verätzungen der Haut und/oder schwere Augenschäden verursachen	Gefahr	C oder Xi	R34, R35, R41
GHS06	lebensgefährliche und giftige Stoffe und Gemische	Gefahr	T+ oder T	R26, R27, R28 oder R23, R24, R25
GHS07	gesundheitsschädliche Stoffe und Gemische	Achtung	Xn	R20, R21, R22
GHS07	Stoffe und Gemische, die Haut- und/oder Augenreizungen verursachen und/oder allergische Hautreaktionen, Reizungen der Atemwege und/oder Schläfrigkeit und Benommenheit verursachen können	Achtung	Xi	R36, R37, R38; R43; R67
GHS08	Stoffe und Gemische, die bei Verschlucken und Eindringen in die Atemwege tödlich sein können und/oder eine Gefahr für die Gesundheit darstellen. Diese Stoffe und Gemische schädigen bestimmte Organe und/oder können Krebs erzeugen, die Fruchtbarkeit beeinträchtigen, das Kind im Mutterleib schädigen und/oder genetische Defekte und/oder beim Einatmen Allergien, asthmaartige Symptome oder Atembeschwerden verursachen.	Gefahr oder Achtung	T+ T oder Xn	R45, R49, R40; R60, R62; R61, R63; R46; R39/...; R68/...; R48/...; R42; R33; R65
GHS09	Stoffe und Gemische, die sehr giftig oder giftig für Wasserorganismen sind	Achtung oder –	N	R50, R50/53 R51/53

Chemie

Entsorgungsratschläge (E-Sätze)

Nr.	Entsorgungsratschläge (E-Sätze)	Anzuwenden u. a. auf
E 1	verdünnen, in den Ausguss geben (WGK 0 bzw. 1)	kleinste Portionen ungefährlicher, reizender oder gesundheitsschädlicher Stoffe oder Stoffe mit oxidierender Wirkung, soweit wasserlöslich, sowie deren wässrige Lösungen; z. B. Natriumchlorid, Kaliumnitrat, Natronlauge ($w \leq 5\%$)
E 2	neutralisieren, in den Ausguss geben	saure und basische Stoffe und deren wässrige Lösungen; z. B. Calciumoxid, Kaliumhydroxid, Natriumhydroxid, Salzsäure, Salpetersäure, Schwefelsäure
E 3	in den Hausmüll geben, gegebenenfalls in PE-Beutel (Stäube)	Feststoffe, falls keine anderen Ratschläge gegeben; z. B. Eisen (Späne), Aktivkohle
E 4	als Sulfid fällen	Schwermetallsalze
E 5	mit Calcium-Ionen fällen, dann E1 oder E3	lösliche Fluoride, Oxalate; z. B. Natriumfluorid, Oxalsäure
E 6	nicht in den Hausmüll geben	Stoffe mit oxidierender Wirkung; explosive und selbstzersetzliche Stoffe; z. B. Kaliumpermanganat, Phosphor
E 7	im Abzug entsorgen	gasförmige Stoffe, diese wenn möglich absorbieren oder verbrennen; z. B. Stickstoffoxide, Kohlenstoffmonooxid, Wasserstoff, Ozon, Ethen, Ethin, Propan
E 8	der Sondermüllbeseitigung zuführen (Adresse zu erfragen bei der Kreis- oder Stadtverwaltung)	Laborabfälle im Sinne der TA Abfall; z. B. Blei und Bleiverbindungen (bei letzteren zuvor E4)
E 9	unter größter Vorsicht in kleinsten Portionen reagieren lassen (z. B. offen im Freien verbrennen)	explosive selbstzersetzliche und entzündbare Stoffe und Gemische; z. B. Phosphor, Diethylether
E 10	in gekennzeichneten Glasbehältern sammeln: 1. „Organische Abfälle – halogenhaltig" 2. „Organische Abfälle – halogenfrei" dann E8	organische Stoffe und Lösungen; z. B. Aceton, Methanol, Toluol, Bromethan, Trichlormethan
E 11	als Hydroxid fällen (pH = 8), den Niederschlag zu E8	gelöste Schwermetallsalze; z. B. Kupfersulfatlösung
E 12	nicht in die Kanalisation gelangen lassen	giftige Stoffe und Gemische sowie Stoffe und Gemische, die sehr giftig für Wasserorganismen sind; z. B. Benzin, Benzol, Kohlenstoffdisulfid, Quecksilber, Phenol, Toluol
E 13	aus der Lösung mit unedlerem Metall (z. B. Eisen) als Metall abscheiden (E14, E3)	z. B. Chrom- oder Kupfersalzlösungen
E 14	recycling-geeignet (Redestillation oder einem Recyclingunternehmen zuführen)	z. B. organische Lösemittel wie Aceton, Quecksilber- und Bleiverbindungen
E 15	mit Wasser vorsichtig umsetzen, frei werdende Gase absorbieren oder ins Freie ableiten	Carbide, Phosphide, Hydride
E 16	entsprechend den speziellen Ratschlägen für die Beseitigungsgruppen beseitigen	z. B. Brom, Bromwasser, Natrium, Kalium, Chromsalze und Chromate, Quecksilber

Chemie ▶

Biologie

Allgemeine Angaben

Ungefähre Artenanzahlen einiger Tier- und Pflanzengruppen (weltweit) ↻ 149-1

Tiergruppe	Artenanzahl
Einzeller	40 000
Schwämme	5 000
Hohltiere	10 000
Plattwürmer	16 100
Fadenwürmer	23 000
Ringelwürmer	17 000
Spinnentiere	68 000
Krebse	50 000

Tiergruppe	Artenanzahl
Weichtiere	130 000
Insekten	1 000 000
Heuschrecken	20 000
Käfer	350 000
Schmetterlinge	120 000
Wirbeltiere	46 500
Fische	20 600
Lurche	3 300
Kriechtiere	6 300
Vögel	8 600
Säugetiere	3 700

Pflanzengruppe	Artenanzahl
Eukaryotische Algen	33 000
Pilze*	90 000
Moose	26 000
Flechten	20 000
Farnartige	15 000
Samenpflanzen	236 000
Nacktsamer	800
Bedecktsamer	235 000

* Pilze gehören nicht zu den Pflanzen; sie bilden ein eigenes Reich.

Maximales Alter verschiedener Lebewesen

Tiere	Höchst-alter*
Rädertierchen	2 bis 3 T.
Stubenfliege	76 T.
Honigbiene – Arbeiterin – Königin	6 Wo. 5 J.
Bettwanze	6 M.
Zauneidechse	5–8 J.
Regenwurm	10 J.
Laubfrosch	22 J.

Tiere	Höchst-alter*
Haushuhn	30 J.
Anakonda	31 J.
Braunbär	47 J.
Adler	60–80 J.
Elefant	70 J.
Storch	70–100 J.
Hecht	100 J.
Elefanten-schildkröte	150 J.

Pflanzen	Höchst-alter*
Eichenfarn	7 J.
Heidekraut	42 J.
Eberesche	80 J.
Birke	120 J.
Salweide	150 J.
Apfel	200 J.
Kirsche	400 J.
Efeu	440 J.
Kiefer	500 J.

Pflanzen	Höchst-alter*
Ölbaum	700 J.
Rotbuche	900 J.
Zeder	1300 J.
Eiche	1300 J.
Eibe	1800 J.
Linde	1900 J.
Feige	2000 J.
Mammutbaum	4000 J.
Borstenkiefer	4600 J.

* Zeitangaben: T. = Tage, Wo. = Wochen, M. = Monate, J. = Jahre

Durchschnittliche Lebensdauer von Zellen in Organen des Menschen

Organe	Lebensdauer in Tagen (ca.)
Leber	10,0–20,0
Magen	1,8–9,1
Dünndarm	1,3–1,6
Dickdarm	10,0
Enddarm	6,2
After	4,3
Luftröhre	47,5

Organe	Lebensdauer in Tagen (ca.)
Lunge (Alveolen)	8,1
Harnblase	64,0
Rote Blut-körperchen	120,0
Weiße Blut-körperchen	1,0–3,0

Organe	Lebensdauer in Tagen (ca.)	
Epidermis:		
– Lippen	14,7	
– Fußsohlen	19,1	
– Bauch	19,4	
– Ohr	34,5	
Nervensystem	keine oder nur sehr geringe Erneuerung	

Biologie

Größenvergleich von Zellen

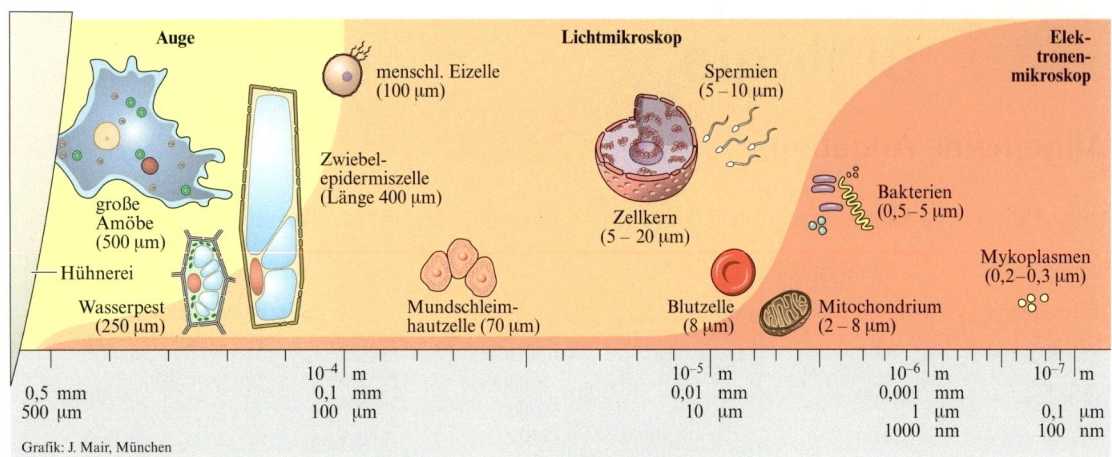

Grafik: J. Mair, München

Entwicklung der Lebewesen im Verlauf der Erdgeschichte

Zeit-alter	Epoche (Mio. Jahre)	Haupt-gruppe	Entwicklung der Organismen	Erstmalig treten auf
Erdneuzeit	Quartär (1,6 bis heute)	Bedecksamer / Säuger und Vögel	Pflanzen und Tiere der Eiszeiten; Einfluss der Menschen auf Biotope der Erde	Australopithecus, Homo habilis, H. erectus, H. sapiens
Erdneuzeit	Tertiär[1] (65 bis 2)		Vorläufer rezenter Formen von Pflanzen und Tieren; Ausbreitung der Säugetiere	Rezente Insektengattungen und rezente Säugerordnungen
Erdmittelalter	Kreide (145 bis 65)		Entfaltung der Knochenfische; Entwicklung der Säugetiere und Blütenpflanzen	erste Laubhölzer, echte Vögel
Erdmittelalter	Jura (200 bis 145)	Saurier	Volle Entfaltung der Nadelbäume; Blütezeit der Saurier	Urvogel Archaeopteryx, rezente Gattung von Ginkgo
Erdmittelalter	Trias (251 bis 200)	Nacktsamer	fast völliges Aussterben der Ammoniten; Riesenschachtelhalme und Riesenfarne	Saurier und erste kleine Säugetiere, Urschmetterlinge
Erdaltertum	Perm (299 bis 251)		Weiterentwicklung der Fische, Amphibien und Reptilien	Nadelbäume, Ginkgogewächse, Käfer
Erdaltertum	Karbon (359 bis 299)	erste Lurche / Farne	Blütezeit der Amphibien; Wälder aus Bärlapp, Schuppenbäumen und Farnen	erste Reptilien, geflügelte Insekten, Süßwassermuscheln
Erdaltertum	Devon (416 bis 359)		Farne, Moose und Schachtelhalme besiedeln feuchte Lebensräume des Festlandes	Übergangsformen von Fischen zu Lurchen, erste Insekten
Erdaltertum	Silur (444 bis 416)	erste Fische	Algen, Pilze und Flechten besiedeln das Land; Blütezeit der Wirbellosen	Panzerfische (mit Kiefer), Korallenriffe
Erdaltertum	Ordovicium (488 bis 444)	Algen	Entfaltung der Artenanzahl der Wirbellosen und Meeresalgen	erste Fische (ohne Kiefer), Quallen und Weichtiere
Erdaltertum	Kambrium (542 bis 488)	Wirbellose	erste vielzellige Tiere im Urozean; Blütezeit der Trilobiten	Algen, Krebse, Schnecken, Steinkorallen, Stachelhäuter
	Praekambrium (4600 bis 542)	Urbakterien	Entstehung des Lebens; Entwicklung der Fotosynthese	organische Moleküle, Urbakterien, algenartige Strukturen

[1] Das Tertiär wird in der neueren Fachliteratur unterteilt in *Paläogen* (65–23) und *Neogen* (23–1,6).

 Biologie

Stoff- und Energiewechsel

Energie-, Nährstoff-, Wasser- und Vitamingehalt ausgewählter Nahrungsmittel

(alle Angaben jeweils berechnet auf 100 g; 4,1868 kJ = 1 kcal; I. E. = Internationale Einheiten)

Nahrungsmittel	Energiegehalt		Nährstoffgehalt in g			Wasser-gehalt in g	Vitamingehalt			
	in kJ	in kcal	Eiweiß	Fett	Kohlen-hydrate		A in I. E.	B in mg	C in mg	E in mg
Roggenbrot	950	227	6,4	1,0	52,7	38,5	o. A.	o. A.	o. A.	o. A.
Brötchen	1126	269	6,8	0,5	58,0	34,0	o. A.	o. A.	o. A.	o. A.
Spaghetti	1544	369	12,5	1,2	75,2	10,4	o. A.	o. A.	o. A.	o. A.
Kartoffeln	318	76	2,1	0,1	17,7	79,8	5	0,11	20	0,06
Walnüsse	2725	651	14,8	64,0	15,8	3,5	30	1,43	2	1,5
Banane	356	85	1,1	0,2	22,2	75,7	190	0,05	10	0,2
Apfel (süß)	243	58	0,3	0,6	15,0	84,0	90	0,04	5	0,3
Joghurt	297	71	4,8	3,8	4,5	86,1	o. A.	o. A.	o. A.	o. A.
Kuhmilch	268	64	3,2	3,7	4,6	88,5	140	0,04	1	0,06
Butter	2996	716	0,6	81,0	0,7	17,4	3300	Spuren	Spuren	2,4
Margarine	3013	720	0,5	80,0	0,4	19,7	3000	–	–	30,0
Hühnerei	678	162	12,8	11,5	0,7	74,0	1100	0,12	–	1,0
Honig	1272	304	0,3	0,0	82,3	17,2	–	Spuren	1	–
Traubenzucker	1611	385	0,0	0,0	99,5	0,0	–	–	–	–
Forelle	423	101	19,2	2,1	0,0	77,6	150	0,09	–	–
Schweinekotelett	1427	341	15,2	30,6	0,0	53,9	–	0,8	–	0,6
Rinderfilet	511	122	19,2	4,4	0,0	75,1	–	0,1	–	0,5

Energiegehalt (*EG*) und respiratorischer Quotient (*RQ*) der Nährstoffe

Nährstoff	EG	RQ
Fette	38,9 kJ/g	0,7
Eiweiße (Proteine)	17,2 kJ/g	0,8
Kohlenhydrate	17,2 kJ/g	1,0

Die für den Abbau eines Nährstoffes im Körper nötige Menge O_2 steht zur dabei freigesetzten Menge an CO_2 in einem bestimmten Verhältnis.
Der **respiratorische Quotient** (*RQ*-Wert) der Nährstoffe gibt dieses Verhältnis an.

Täglicher Energiebedarf (Gesamtumsatz) bis zum 18. Lebensjahr

Alter (M. = Monate; J. = Jahre) mittlere Körpermasse (gerundet)		1–2 M. 5 kg	3–6 M. 7 kg	6–9 M. 9 kg	9–12 M. 10 kg	3 J. 15 kg	5 J. 18 kg	10 J. 32 kg	15 J. 56 kg	18 J. 65 kg
Energiebedarf je kg Körpermasse je Tag	in kJ	480	460	420	405	395	375	310	222	205
	in kcal	115	110	100	97	95	90	74	53	49

Körpermassenindex (= Body-Mass-Index, **BMI**) ↻ 151-1

$$BMI = \frac{\text{Körpermasse (in kg)}}{\text{Körpergröße (in m)} \cdot \text{Körpergröße (in m)}}$$

BMI-Werte bei Normalgewicht

Alter in J.	19–34	35–54	> 55
BMI-Wert	19–25	21–27	23–29

Biologie

Energiebedarf für verschiedene Tätigkeiten[1) ↻ 152-1

Tätigkeiten	kcal/h	kJ/h	Tätigkeiten	kcal/h	kJ/h	Tätigkeiten	kcal/h	kJ/h
Fenster putzen	290	1214	Fußballspielen	550	2303	Stehen	100	419
Wäsche bügeln	140	586	Schwimmen (1 m/s)	650	2721	Radfahren	700	2931
Aufräumen	210	879	Joggen (10 km/h)	570	2386	Tanzen	300	1256

[1) Durchschnittswerte bei 70 kg Körpermasse

Berechnung von Energieumsatz und Energiebedarf

Grundumsatz GU	bei Erwachsenen: $GU = 4{,}2 \text{ kJ} \cdot t \cdot m_k$ bei Jugendlichen: $GU = 6{,}2 \text{ kJ} \cdot t \cdot m_k$	t m_k	Zeit in Stunden Körpermasse in kg
Leistungsumsatz LU	$LU = (t_1 \cdot EV_1) + (t_2 \cdot EV_2) + \ldots + (t_n \cdot EV_n)$	t_j EV	Tätigkeitsdauer in Stunden Energieumsatz je Stunde der
Gesamtumsatz $GesU$	$GesU = GU + LU$		Tätigkeit

Empfehlungen für die Nährstoffzufuhr	Empfohlene Nährwertrelation: 30 % Fett, 55 % Kohlenhydrate, 15 % Proteine **Bedarfsfaktor** für Proteine: 0,9 g je kg Körpermasse und Tag

Abschätzung des Energiebedarfs mittels PAL-Werten (PAL = „physical activity level")

Gesamtumsatz (Energiebedarf) = Grundumsatz · PAL-Wert
Einteilung der PAL-Werte nach der täglichen (beruflichen) Aktivität:

PAL-Wert	Aktivität	Personengruppe (z. B.)
1,2	sitzende oder liegende Lebensweise	alte Menschen
1,4–1,5	sitzende Tätigkeit, wenig körperliche Aktivität	Feinmechaniker, Büroangestellte
1,6–1,7	sitzende Tätigkeit mit gelegentlicher zusätzlicher körperlicher Aktivität	Laborangestellte, Kraftfahrer, Studierende
1,8–1,9	gehende und stehende Tätigkeit	Handwerker, Verkäufer, Hausfrauen
2,0–2,4	körperlich anstrengende berufliche Tätigkeit	Bauarbeiter, Leistungssportler

Diffusion und Osmose

1. Fick'sches Diffusionsgesetz	$\dfrac{dn}{dt} = -D \cdot A \cdot \dfrac{dc}{dx}$	n A D c x c_i, c_a z	Stoffmenge $\quad$ t Diffusionszeit Durchtrittsfläche Diffusionskonstante Stoffmengenkonzentration Diffusionsweg Stoffmengenkonzentration beiderseits der Membran (innen und außen) Dicke der Membran
2. Fick'sches Diffusionsgesetz	$x = \sqrt{D \cdot t}$ max. Diffusionszeit: $t_{max} = \dfrac{x^2}{2 \cdot D}$		
Diffusion durch eine Membran	$\dfrac{dn}{dt} = -D \cdot A \cdot \dfrac{(c_i - c_a)}{z}$		
Osmose	Osmotischer Druck: $O = c \cdot R \cdot T$ Saugkraft der Zelle: $S = O - W$	c T R W	Stoffmengenkonz. der gelösten Stoffe Temperatur (universelle) Gaskonstante Turgor (Wanddruck)

Enzymreaktionen

Michaelis-Menten-Konstante K_m einer Enzymreaktion	Die Michaelis-Menten-Konstante K_m gibt diejenige Substratkonzentration an, bei der die Reaktionsgeschwindigkeit der Enzymreaktion halb so groß wie die maximale Reaktionsgeschwindigkeit ist.
Reaktionsgeschwindigkeit v_0 einer Enzymreaktion	$v_0 = \dfrac{V_{max} \cdot c(S)}{K_m + c(S)}$ Lineweaver-Burk-Gleichung: $\dfrac{1}{v_0} = \dfrac{K_m}{V_{max}} \cdot \dfrac{1}{c(S)} + \dfrac{1}{V_{max}}$

V_{max} maximale Reaktionsgeschwindigkeit
$c(S)$ Substratkonzentration

Biologie

Genetik und Evolution

„Code-Sonne": Schematische Darstellung des genetischen Codes

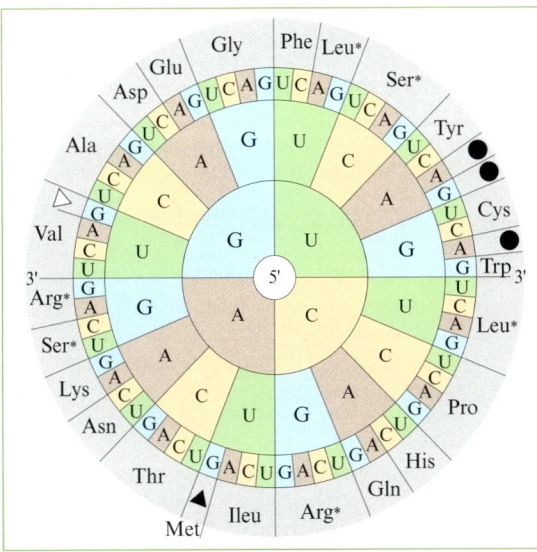

Eine Gruppe aus drei organischen Basen, die eine bestimmte Aminosäure verschlüsseln, wird Triplett oder auch Codon genannt.

Von innen nach außen gelesen erhält man für jedes Triplett die zugehörige Aminosäure, von außen nach innen erhält man für jede Aminosäure die zugehörigen Tripletts.

– Schwarzes bzw. weißes Dreieck: Startcodon für ein Eiweißmolekül
– Schwarzer Punkt: Stoppcodon für ein Eiweißmolekül
– U steht für Uracil

Uracil ist eine organische Base, die in manchen Nucleinsäuren anstelle der Base Thymin vorkommt. Der genetische Code gilt bei Viren und Bakterien ebenso wie bei Pflanzen, Pilzen, Tieren und beim Menschen, er ist universell.

* Redundanz erweitert

Hardy-Weinberg-Gesetz

Ideale Population (Modellannahme)	➤ keine Mutationen ➤ unendlich große Population ➤ keine Selektion ➤ kein Genfluss ➤ beliebige Paarung der Individuen (vollständige Panmixie)
Allelenhäufigkeiten in idealen Populationen (Hardy-Weinberg-Gesetz)	**Ausgangspopulation:** Für die Häufigkeit p bzw. q dominanter bzw. rezessiver Allele gilt: $p + q = 1$ **Folgepopulation:** Für p, q und die Genotyphäufigkeiten d (homozygot dominant), h (heterozygot) und r (homozygot rezessiv) gilt: $p^2 + 2pq + q^2 = 1$ $d + h + r = 1$ $p = d + 0{,}5h$ $q = 0{,}5h + r$

Chromosomensätze von Lebewesen[1]

Tiere		Pflanzen (u. a.)	
Stechmücke	6	Champignon*	8
Drosophila	8	Gartenerbse	14
Stubenfliege	12	Walderdbeere	14
Laubfrosch	24	Stieleiche	24
Hausschwein	38	Erdnuss	40
Mensch	46	Birke	84
Schimpanse	48	Adlerfarn	104
Schnabeltier	52	Euglena**	≈ 200
Hund	78	Schachtelhalm	216
Karpfen	104	Natternzunge	480
Neunauge	174	* Pilz ** Einzeller	

[1] Angegeben ist jeweils die Chromosomenanzahl eines diploiden Chromosomensatzes

Mutation und Selektion

Mutationsrate M_r (nach Nachtsheim)	$M_r = \dfrac{N_N}{2\,N_1}$	N_N Anzahl der Neumutanten N_I Gesamtanzahl der Individuen
Individualfitness W Mittlere Populationsfitness $\overline{W}$	$W = \dfrac{N_1}{N_{max}}$, $\overline{W} = \dfrac{f_1 \cdot W_1 + \ldots + f_n \cdot W_n}{f_1 + \ldots + f_n}$	N_1 Genotyphäufigkeit des betrachteten Genotyps N_{max} Nachkommenschaft des besten Genotyps
Genetische Last L	$L = \dfrac{W_{max} - \overline{W}}{W_{max}}$	W_n Individualfitness des Genotyps n f_n Häufigkeit des Genotyps n
Selektionskoeffizient S	$S = 1 - W$	W_{max} Fitness des besten Genotyps

Biologie

Ökologie

Wachstumsgesetze

Geburtenrate GR	$GR = \dfrac{\Delta N_G}{\Delta t \cdot N}$	N_G Anzahl der Geburten
Sterberate SR	$SR = \dfrac{\Delta N_T}{\Delta t \cdot N}$	N Gesamtzahl der betrachteten Individuen N_T Anzahl der Todesfälle t Zeit K max. Populationsgröße (Lebensraumkapazität)
Zuwachsrate r	$r = GR - SR$	
Logistisches Wachstum	$\dfrac{\mathrm{d}N}{\mathrm{d}t} = r \cdot N \cdot \dfrac{K - N}{K}$	
Exponentielles Wachstum	$\dfrac{\mathrm{d}N}{\mathrm{d}t} = r \cdot N$	exponentielle Wachstumskurve — logistische Wachstumskurve

Bestimmen der Wasserqualität

Sauerstoffgehalt $\beta(O_2)$ in mg/l (nach Winkler)	$\beta(O_2) = \dfrac{a \cdot 0{,}08 \cdot 1000}{V - b}$	V Volumen der Wasserprobe in ml a Verbrauch an Natriumthiosulfat-lösung in ml ($c = 0{,}01$ mol/l)
Sauerstoffsättigung S Sauerstoffdefizit $\beta(O_2)_{\mathrm{Def}}$	$S = \dfrac{\beta(O_2) \cdot 100\%}{\beta(O_2)_S}$ $\beta(O_2)_{\mathrm{Def}} = \beta(O_2) - \beta(O_2)_S$	b zugesetzte Reagenzienmenge in ml $\beta(O_2)$ gemessener Sauerstoffgehalt der Frischprobe bei der gemessenen Temperatur
Saprobienindex S_x	$S_x = \dfrac{\displaystyle\sum_{i=1}^{n} h_i \cdot s_i \cdot g_i}{\displaystyle\sum_{i=1}^{n} h_i \cdot g_i}$	$\beta(O_2)_S$ theoretischer Sauerstoffsättigungs-wert bei der gemessenen Temperatur n Anzahl der untersuchten Organismenarten

Saprobienwerte s einiger Zeigerarten	Zeigerart	s		
	Alpenstrudelwurm	1,0	h	Abundanz (Häufigkeitsklasse, zu ermitteln aus der ausgezählten Häufigkeit der Organismen einer Art)
	Steinfliegenlarven	1,0		
	flache Eintagsfliegenlarven	1,5		
	Bachstrudelwurm	1,5		
	Köcherfliegenlarven (mit Köcher)	1,5		
	Köcherfliegenlarven (ohne Köcher)	2,0	s	Saprobienwert für die einzelne Art
	Mützenschnecke	2,0	g	Indikationsgewicht (Gewichtungs-faktor mit den Werten 1, 2, 4, 8, 16, der die Eignung einer Art als Indi-kator für bestimmte Güteklassen angibt)
	Bachflohkrebs	2,0		
	weiße Strudelwürmer	2,5		
	Schneckenegel	2,5		
	Kriebelmückenlarven, -puppen	2,5		
	Wasserassel	3,0		
	Rote Zuckmückenlarve	3,6		
	Schlammröhrenwürmer	3,8		

Biomasseproduktion und Wasserbilanz bei Pflanzen

Biomasseproduktion S (langfristiger Stoffgewinn des Organismus)	$S = P_b - (R + m_V)$ $P_n = P_b - R$	P_b Brutto-Primärproduktion P_n Netto-Primärproduktion R Stoffverlust durch Atmung
Wassergehalt WG	$WG = FM - TM$	m_V Verlustmasse FM Frischmasse
Wasserbilanzquotient BQ	$BQ = \dfrac{m(H_2O)_{ab}}{m(H_2O)_{auf}}$	TM Trockenmasse $m(H_2O)_{ab}$; $m(H_2O)_{auf}$ Masse des abgegebenen bzw. aufgenommenen Wassers je Zeiteinheit
Lichtgenuss LG	$LG = \dfrac{E_{Ort}}{E_{frei}} \cdot 100\%$	E_{Ort} Beleuchtungsstärke am Wuchsort E_{frei} Beleuchtungsstärke im Freiland

Bestandsaufnahme von Pflanzen

Stufen	Deckungsgrad (bedeckter Anteil der Untersuchungsfläche)	Häufigkeit der Art in der Untersuchungsfläche	Abkürzungen zur Bezeichnung des Entwicklungsstatus
r	$< 5\%$	ein Individuum	**K** Keimpflanze; **J** Jungpflanze; **st** steril (ausgewachsene Pflanze ohne Blüten und Samen); **ko** knospend (Blüten- oder Blattknospen); **b** blühend; **f** fruchtend; **v** vergilbend; **t** tot (oberirdische Teile abgestorben) **S** nur als Samen zu finden **g** abgemäht
+	$< 5\%$	2–5 Individuen	
1	$< 5\%$	mehr als 5 Individuen, evtl. sogar zahlreich bei trotzdem geringem Bedeckungsgrad	
2	5–25 %	beliebige Individuenzahl	
3	26–50 %	beliebige Individuenzahl	
4	51–75 %	beliebige Individuenzahl	
5	$> 75\%$	beliebige Individuenzahl	

Zeigerwerte von Pflanzen ↻ 155-1

Stufen	Licht *L*	Temperatur *T*	Bodenfeuchtigkeit *F*	Bodenreaktion *R*	Stickstoffversorgung *N*
1	sehr schattig noch bei weniger als 1 %, selten bei mehr als 30 % r. B.* *Waldsauerklee*	sehr kalt in alpinen bzw. nivalen Lagen *Gletscher-Hahnenfuß*	sehr trocken auf trockene Böden beschränkt *Duvals Schaf-Schwingel*	stark sauer nicht auf schwachsauren bis basischen Böden *Ostalpen-Enzian*	sehr stickstoffarm stickstoffärmste Standorte anzeigend *Gemeiner Schwingel*
2	zwischen 1 und 3 *Hain-Gilbweiderich*	zwischen 1 und 3 *Alpen-Edelweiß*	zwischen 1 und 3 *Scharfer Mauerpfeffer*	zwischen 1 und 3 *Berg-Hauswurz*	zwischen 1 und 3 *Heide-Nelke*
3	schattig meist bei weniger als 5 % r. B.* *Vierblättrige Einbeere*	kühl in subalpinen Lagen *Zwerg-Birke*	trocken häufiger auf trockenen als auf frischen Böden *Kahles Bruchkraut*	sauer auf sauren, selten auf neutralen Böden *Roter Fingerhut*	stickstoffarm nur ausnahmsweise auf reicheren Böden *Feld-Mannstreu*
4	zwischen 3 und 5 *Mondviole*	zwischen 3 und 5 *Rosmarinheide*	zwischen 3 und 5 *Kornelkirsche*	zwischen 3 und 5 *Faulbaum*	zwischen 3 und 5 *Hain-Rispengras*
5	halbschattig meist bei mehr als 10 % r. B.*, selten aber im vollen Licht *Gefl. Lungenkraut*	mäßig warm in submontan-temperaten Lagen *Gold-Kälberkropf*	frisch mittelfeuchte Böden; meidet nasse oder öfter austrocknende Böden *Wiesen-Knäuelgras*	mäßig sauer selten auf stark sauren oder neutralen Böden *Saat-Wucherblume*	mäßig stickstoffreich seltener auf armen und reichen Böden *Sand-Mohn*
6	zwischen 5 und 7 selten bei $< 20\%$ r. B.* *Wald-Akelei*	zwischen 5 und 7 *Wilde Möhre*	zwischen 5 und 7 *Kl. Schneeglöckchen*	zwischen 5 und 7 *Knotiger Braunwurz*	zwischen 5 und 7 *Acker-Senf*
7	sonnig und schattig ab 30 % r. B.*, meist im vollen Licht *Wiesenkerbel*	warm in relativwarmen Tieflagen *Sommerflieder*	feucht auf durchfeuchteten, aber nicht nassen Böden *Kuckucks-Lichtnelke*	schwach sauer bis schwach basisch meidet stark saure Böden *Gemeine Kratzdistel*	stickstoffreich seltener auf mittelmäßigen und nur ausnahmsweise auf ärmeren Böden *Rohrglanzgras*
8	sonnig nur selten bei weniger als 40 % r. B.* *Deutsches Weidelgras*	zwischen 7 und 9 oft submediterran *Schopfige Traubenhyazinthe*	zwischen 7 und 9 *Sumpf-Kratzdistel*	zwischen 7 und 9 meist auf Kalk weisend *Purpurknabenkraut*	sehr stickstoffreich *Echter Hopfen*
9	sehr sonnig in voller Sonne, nicht bei $< 50\%$ r. B.* *Platthalm-Rispengras*	sehr warm mediterrane-Verbreitung *Milzfarn*	nass auf durchnässten, luftarmen Böden *Wasserschierling*	basisch kalkreiche Böden *Alpen-Vergissmeinnicht*	überm. stickstoffreich extrem nährstoffreiche bzw. verschmutzte Böden *Große Brennnessel*

* r. B.: relative Beleuchtung ist die Beleuchtung, die am Wuchsort zur vollen Belaubung der sommergrünen Pflanzen (Juli bis September) bei diffuser Beleuchtung (Nebel oder gleichmäßig bedeckter Himmel) herrscht

Biologie

Register

Mathematik und Informatik

Astronomie, Physik, Chemie, Biologie

---

*Eine Übersicht über wichtige Naturkonstanten mit genauen Zahlenwerten befindet sich auf der vorderen Umschlagklappe.

* Eine Übersicht über wichtige Naturkonstanten mit genauen Zahlenwerten befindet sich auf der vorderen Umschlagklappe.

---

* Eine Übersicht über wichtige Naturkonstanten mit genauen Zahlenwerten befindet sich auf der vorderen Umschlagklappe.